edition suhrkamp 2765

»Wir müssen unsere Männlichkeit wiederentdecken«, appelliert Björn Höcke an den deutschen Mann. Mit dieser Forderung ist der AfD-Politiker nicht allein: Von Neuseeland bis Kanada, von Brasilien bis Polen vernetzen sich Rechtspopulisten, sogenannte »Incels«, aber auch christliche Abtreibungsgegner unter dem Banner der Männlichkeit, um Frauen auf einen nachrangigen Platz in einer angeblich natürlichen Hierarchie zurückzuverweisen.
Susanne Kaiser bietet einen kompakten Überblick über die Geschichte und das Programm dieser Bewegung. Sie wertet Diskussionen in der »Mannosphäre« aus, zeigt internationale Verbindungen auf und fragt, warum rechte Mobilisierung überall auf der Welt gerade über die Themen Gender-Studies, LGBTQ-Rechte und Geschlechterrollen funktioniert.

Susanne Kaiser, geboren 1980, ist Journalistin und politische Beraterin. Sie schreibt unter anderem für *Die Zeit*, die *Neue Zürcher Zeitung* und *Der Spiegel.*

Susanne Kaiser

Politische Männlichkeit

Wie Incels, Fundamentalisten und Autoritäre für das Patriarchat mobilmachen

Suhrkamp

Für Jakob, Daniel und Luca

5. Auflage 2026

Erste Auflage 2020
edition suhrkamp 2765
Originalausgabe

Satz: Satz-Offizin Hümmer GmbH, Waldbüttelbrunn
Druck: C. H. Beck, Nördlingen
Umschlag gestaltet nach einem Konzept von Willy Fleckhaus: Rolf Staudt
Printed in Germany
ISBN 978-3-518-12765-0

Suhrkamp Verlag GmbH
Torstraße 44, 10119 Berlin
info@suhrkamp.de
www.suhrkamp.de

Inhalt

Einleitung

Einige Bilder aus der Zeit der Covid-19-Pandemie werden noch lange im kollektiven Gedächtnis bleiben: Aufnahmen von menschenleeren Stadtzentren, erschöpften Ärztinnen und Ärzten in überfüllten norditalienischen Krankenhäusern, von Drive-in-Testzentren in Südkorea oder Obdachlosen in Las Vegas, die auf einem Parkplatz in weißumrandeten Kästchen im Freien schlafen müssen, während die Bettenburgen in der Zocker-Metropole coronabedingt leerstehen. Eines dieser Bilder stammt aus dem Juli 2020, vom EU-Marathon-Gipfel in Brüssel. Es zeigt Angela Merkel und Bulgariens Ministerpräsident Bojko Borissow. Die deutsche Regierungschefin trägt ihren Mund-Nasen-Schutz – wie von Experten empfohlen – über den Mund und die Nase. Ihr männlicher Amtskollege hingegen übt sich in Lässigkeit: Er hat lediglich seinen Mund bedeckt, seine Nase liegt frei – »oben ohne« für Männer eben. Mit ausgestrecktem Zeigefinger weist Merkel Ministerpräsident Borissow zurecht.

Die »Nasen-Deppen«, überwiegend Männer, die auf dem schmalen Grat zwischen Lässigkeit und Fahrlässigkeit irrlichtern, sind zu einem entmutigenden Symbol der Coronazeit geworden.[1] Aber auf dem Foto ist mehr zu sehen als Leichtsinn im Angesicht einer Pandemie: Es zeigt auch ein neues weibliches Selbstbewusstsein auf der politischen Bühne. Und damit ist Angela Merkel nicht allein. Zu Beginn der Coronazeit ging eine Montage von sieben Gesichtern um die Welt. Sie gehörten den Staats- und Regierungsoberhäuptern, die ihre Länder am besten durch die Krise manövrierten und am souveränsten Führung demonstrierten. Es sind ausnahmslos weibliche Gesichter: die Porträts der Staats- und Regierungschefinnen von Deutschland, Taiwan, Neuseeland, Island, Finnland, Norwegen und Dänemark. Diese Frauen managten die Krise mit harten Maßnahmen, aber auch mit originellen Methoden. So veranstaltete etwa die norwegische Ministerpräsidentin Erna Solberg übers Fernsehen eine Pressekonferenz nur für Kinder, beantwortete geduldig deren Fragen und versicherte, es sei völlig in Ordnung, Angst zu haben. Bundeskanzlerin Angela Merkel wandte sich schon früh an ihre Mitbürger und erklärte so ruhig und klar wie schonungslos ehrlich, dass sich bis zu siebzig Prozent der Bevölkerung infizieren könnten und die Lage dementsprechend ernst sei und ernst genommen werden sollte. Die finnische Ministerpräsidentin Sanna Marin nutzte die sozialen Medien und den Einfluss von Influencerinnen auf junge Leute, um wichtige Informationen in alle Teile der Gesellschaft hinein zu verbreiten und im Kampf gegen das Coronavirus niemanden zurückzulassen.

Es sind die Gesichter einer neuen Politik, deren Bilder weltweit geteilt wurden, weil sie eine neue Form weiblicher Autorität repräsentieren. Dass der politische Stil der Politikerinnen anders ist als der ihrer männlichen Kollegen, wurde besonders in der Krisenzeit von der medialen Öffentlichkeit bemerkt und diskutiert. Magazine, Zeitungen und Nachrichtensender wie die *New York Times*, der *Guardian*, *Forbes*, CNN, aber auch nichtwestliche Medien wie das indische Journal *Yourstory* lobten den »neuen weiblichen Führungsstil« als vielversprechend und zukunftsweisend »in einer Ära der neuen globalen Bedrohungen«.[2] Frauen »sind die besseren Führungspersönlichkeiten, wie die Pandemie beweist«, so ihr Urteil.[3]

Sehr kritisch hingegen wurde der männliche Führungsstil gesehen, dargestellt als politisches Gebaren »starker Männer« wie Trump, Bolsonaro, Putin oder Netanjahu. Sie nutzten die globale Krise, um ihre autoritäre Herrschaft noch schneller auszubauen, statt im Interesse der Gemeinschaft zu handeln. Männliche Herrschaft wurde im globalen Diskurs mehr und mehr zur Negativfolie für weibliche Autorität: Im Gegensatz zu den weiblichen Lenkerinnen reagierten die autoritären Staatschefs mit trotzigem Leugnen auf die Pandemie, schoben die Schuld und die Verantwortung anderen in die Schuhe, instrumentalisierten Justiz und Sicherheitsbehörden, prangerten kritische Berichterstattung an und schränkten die Pressefreiheit ein. Sogar die Unternehmensberatung McKinsey konstatierte in einem Paper, der alte Führungsstil sei in der Krise. In den neuen Zeiten brauche es Eigenschaften wie Teamfähigkeit, Bedacht und Empathie, um neue globale Herausforderungen wie die Pandemie zu bewältigen.[4]

Dieser Aufstieg der Frauen ist eine globale Entwicklung, und er wird global bemerkt und anerkannt. Auch die Erfolgsgeschichten von Staats- und Regierungschefinnen nichtwestlicher Länder – Singapur, Nepal, Äthiopien, Bangladesch, Namibia und Georgien – im Kampf gegen die Pandemie fanden Beachtung.[5] Das blieb nicht ohne Folgen. Während tonangebende Medien weibliche Herrschaft priesen, kam ein weiterer Diskurs auf, ein Gegendiskurs: In der Halböffentlichkeit der sozialen Medien, der Kommentarspalten und der Internetforen brach sich der Frust über die neue weibliche Macht Bahn. Als der britische Schriftsteller Matt Haig das Bild der sieben Staatschefinnen bei Instagram mit dem Hinweis »Zeit, dass Frauen endlich die Welt regieren« postete, fanden sich darunter schnell Kommentare wie: »Incel tsunami incoming«.[6] »Incels« sind unfreiwillig enthaltsam lebende Männer, die einer radikalen misogynen Weltanschauung anhängen und ihren Frauenhass in der sogenannten »Mannosphäre« organisieren, also im männlich dominierten Internet. Der Begriff ist zusammengesetzt aus den Wörtern

»involuntary« und »celibate«. Mit seinem Verweis auf einen heraufziehenden Tsunami der Incels nahm der Kommentator vorweg, was inzwischen regelmäßig passiert, wenn es um Frauen geht, die sich in öffentlichen Bereichen bewähren, die von vielen immer noch als Männerdomänen angesehen werden: Es wird gemobbt, beleidigt, gedroht, gehasst und manchmal auch gehandelt, wie die Anschläge auf Frauen in den letzten Jahren zeigen.

Nicht nur Politikerinnen werden zum Ziel verbaler und bisweilen handfester Attacken, sondern alle Frauen, die im Licht der Öffentlichkeit stehen und für sich beanspruchen, in »männlichen Gebieten« – auch in vermeintlich unverfänglichen – erfolgreich zu sein, wie zum Beispiel Fußballkommentatorinnen oder Frauen in »männlichen« Filmrollen. Bei der Fußballweltmeisterschaft 2018 folgte auf jedes Spiel, das von einer Frau kommentiert wurde, ein hasserfüllter Shitstorm in den sozialen Medien, der die Kommentatorinnen aufgrund ihres Geschlechts herabwürdigte.[7] Und so lächerlich es klingen mag: Sehr viele Männer halten die Männlichkeit der *Ghostbusters* für unantastbar. Als 2016 der Trailer zu einer weiblichen Version erschien, wurde er auf YouTube in den Kommentaren als dumm und unwürdig verrissen – nicht etwa wegen der trashigen Geistergeschichte, sondern weil Frauen die Hauptrollen spielten. Über 46 Millionen Mal wurde der Clip aufgerufen, über eine Million Mal »disliked« und 260 000 Mal größtenteils verächtlich oder sogar offen misogyn kommentiert.[8] Zum Vergleich: Der Trailer zu einem der erfolgreichsten Filme überhaupt, *Star Wars: Der Aufstieg Skywalkers* aus dem Jahr 2019, wurde seltener, nämlich 44 Millionen Mal angeklickt, erntete nur 114 000 Dislikes und knapp 90 000 Kommentare, die nicht diskriminierend sind.[9]

Der Gegendiskurs findet nicht nur in obskuren Foren im

Darknet statt, sondern mitten in der Öffentlichkeit, innerhalb des liberalen progressiven Diskurses, als direkte Reaktion auf diesen. Es ist kein Zufall, dass Beiträge von und mit Frauen auf die beschriebene Weise behandelt werden, sondern vielmehr das gut organisierte Werk misogyner Trolle und Hater. Wenn man sich systematisch mit den Kommentarspalten zu Beiträgen von Frauen beschäftigt, und zwar in Mainstreammedien, wird das offenbar. Egal, um welches Thema es geht, sobald Begriffe wie »Feminismus« oder »Patriarchat« in der Überschrift, in den einleitenden Sätzen oder im Text auftauchen, passiert Folgendes: Die Kommentarspalte wird mit polemischen Aussagen überschwemmt, seitenweise müssen diese von der Moderation gelöscht werden, weil die Inhalte unangemessen, beleidigend, angreifend oder hetzerisch sind. Die Kommentare, die am Ende stehen bleiben, geben kaum noch eine inhaltliche Debatte wieder, sondern beziehen sich nur noch auf das Diskussionsgeschehen, indem sie beispielsweise Verwunderung über die vielen Hasskommentare zum Ausdruck bringen. Die Troll-Aktionen haben damit ihren Zweck erfüllt und jede Diskussion über weibliche Macht oder Errungenschaften, jede Kritik an patriarchalen Strukturen abgewürgt. Selbst völlig banale Artikel sind davon betroffen, wie das Beispiel über eine »Wanderung durch das Patriarchat« zeigt, in dem eine Autorin im Sommer 2020 über eine mehrtägige Fußreise als Frau alleine durch den Odenwald berichtet.[10] Der Text kommt feministisch unspektakulär daher und provoziert kaum. Dennoch musste *Zeit Online* einen großen Teil der Kommentare löschen.

Auch im Alltag lässt sich der Gegendiskurs beobachten, während des Coronalockdowns zum Beispiel im »Renegatentum« der »renitenten Männer auf der Straße«, wie das *Philosophie Magazin* feststellte: Sie verweigerten Ausgangssperren und Masken, weil sie dadurch ihre Männlichkeit und ihre moralische Identität in Gefahr sahen, und bekannten sich öffentlich zum Regelbruch, indem sie beispielsweise darüber twitterten.[11] Eine Studie über die Gender-Dimension der Mund-Nase-Bedeckung gegen die Verbreitung von Covid-19 hat ergeben, dass Männer während der Pandemie seltener eine Maske trugen, weil sie dies als »beschämend«, »ein Zeichen der Schwäche« oder »uncool« empfanden.[12]

Der reaktionäre Gegendiskurs entsteht aus einer Spannung heraus. Die realen sozialen Verhältnisse und Strukturen sind immer noch patriarchal, auch das zeigt Corona deutlich. Besonders, wenn es um Gleichberechtigung im Arbeitsleben und in der Familie geht. »In der Coronakrise stecken vor allem Frauen beruflich zurück. Alte Rollenmuster sind plötzlich wieder da«, sind sich Mainstreammedien einig.[13] Von »Retraditionalisierung« und »einer Rolle rückwärts in die fünfziger Jahre« ist die Rede.[14] Die alten Muster hegemonialer Männlichkeit wirken weiterhin fort. Gleichzeitig aber gibt es einen entscheidenden Unterschied zwischen heute und früher: das Medienecho. Wir als Gesellschaft prangern diese Zustände als Missstände an und verurteilen sie. Wir machen deutlich, dass es überhaupt nicht selbstverständlich ist, dass Frauen in Krisenzeiten in alte Rollen zurückgedrängt werden, sondern eine Tatsache, die wir mit Befremden und Empörung zur Kenntnis nehmen und kritisieren. Das ist der herrschende Diskurs.

Einerseits bestehen männliche Privilegien bis heute fort und sind strukturell tief in unserer Gesellschaft verankert; andererseits gerät das Patriarchat ethisch, normativ und diskursiv in Bedrängnis. Es herrscht ein gesellschaftlicher Konsens darüber, dass Gleichberechtigung ein erstrebenswertes Ziel ist, in der Öffentlichkeit ist diese Ansicht tonangebend. Das Gleiche zeigt sich bei der Diskussion um die vorbildlichen Staats- und Regierungschefinnen. Denn dass über sie als neue weibliche Führungselite in der Öffentlichkeit debattiert wird, lässt ja auch sichtbar werden, wie wenig selbstverständlich Frauen in politischen Spitzenpositionen noch immer sind. Tatsächlich werden lediglich 18 Länder (von mehr als 200) von Frauen regiert, in denen mit rund 550 Millionen Menschen nur 7 Prozent der Weltbevölkerung leben.[15] Gleichzeitig finden aber viele, dass diese Staatslenkerinnen die Zukunft sind und bald Normalität sein sollten. Wie unter einem Brennglas lässt uns die extreme Zeit der Pandemie diese Spannung deutlicher denn je erkennen. Diese Spannung ist ein wesentlicher Grund dafür, dass wir seit einigen Jahren eine Schwemme herabwürdigender und oft geradezu hasserfüllter Rhetorik gegenüber Frauen erleben.

Die Polemiken gegen Gleichberechtigung in Form reaktionärer Interventionen in Männerforen, Kommentarspalten oder in sozialen Medien sind nur ein kleiner Teil einer großen Bewegung, deren Agitationen gegen Frauen und Frauenrechte in vielen gesellschaftlichen und politischen Bereichen zu beobachten sind. Dass es ein gut organisiertes Netzwerk misogyner Akteure gibt, die global agieren, werde ich an vielen Beispielen zeigen. So finden wir herabwürdigende Rhetorik in den Schriften katholischer Geistlicher, den Äußerungen radikaler Abtreibungsgegner, den verbalen Rüpeleien autoritärer Politiker. Sie kann als Reaktion auf die tiefen Erschütterungen männlichen Selbstverständnisses in den letzten Jahrzehnten und als erbitterte Verteidigung maskuliner Privilegien und männlicher Herrschaft verstanden werden, die de facto noch existieren, in unserem Wertesystem aber infrage gestellt werden. In dieser Spannung hat sich die problematisch gewordene hegemoniale Männlichkeit politisiert, wie ich in diesem Buch zeigen will.

»Wir müssen unsere Männlichkeit wiederentdecken«, forderte Björn Höcke von der Alternative für Deutschland (AfD) in einer Rede in Erfurt am 18. November 2015. »Denn nur, wenn wir unsere Männlichkeit wiederentdecken, werden wir mannhaft. Und nur, wenn wir mannhaft werden, werden wir wehrhaft.« Höckes Seufzer des bedrängten Mannes ist kein Einzelfall, sondern Symptom einer politischen Auseinandersetzung, die auf dem Feld der Geschlechterverhältnisse ausgetragen wird. Mit Männlichkeit kann mobilisiert und Politik gemacht werden, Forderungen nach einer Restauration »echter Männlichkeit« und des Patriarchats fallen auf fruchtbaren Boden, von Maskenverweigerern bis Incels. Maskulinisten, Rechtspopulistinnen und Abtreibungsgegner versammeln sich unter dem Banner männlicher Vorherrschaft, um gegen die »Gender-Ideologie« mobilzumachen. Dabei zeigt sich ein immer wiederkehrendes Motiv, das im Denken vieler Protagonisten politisierter Männlichkeit eine zentrale Rolle spielt: In den Beziehungen zwischen den Geschlechtern herrsche eine natürliche Ordnung, eine natürliche Hierarchie, in der der Mann der Frau übergeordnet sei – wenn da nicht die sozialen Experimente linker, grüner und Gender-Aktivisten wären. Die moderne Vorstellung von Gleichheit – sei es vor dem Gesetz oder in ökonomischer Hinsicht – breche mit dieser natürlichen Ordnung.

Seinen Niederschlag findet dieser neu aufkommende Männlichkeitsdiskurs im Aufstieg rechtspopulistischer Parteien und starker Männer wie Donald Trump oder Jair Bolsonaro. Wie ein roter Faden zieht sich frauenfeindliche Agitation durch die Aussagen und Programme populistischer und autoritärer Parteien und Politiker. Kaum etwas eint die autoritären Bestrebungen jüngeren Datums so sehr wie der Kampf gegen den »Gender-Wahn«, gegen die als Herabsetzung empfundene Relativierung männlicher Macht. Der neue Männlichkeitsdiskurs ist eng verknüpft mit den politischen Erschütterungen der letzten Jahre.

Die Spannung, die zwischen den realen und den idealen Geschlechterverhältnissen besteht, hat etwas hervorgebracht, das der Soziologe und Männlichkeitsforscher Michael Kimmel als »gekränkten Anspruch« bezeichnet hat. Männer mit einem misogynen Weltbild, so Kimmel, glauben, sie hätten Anspruch auf eine Frau und auf eine ihnen angestammte männliche, das heißt herrschende Rolle innerhalb von Familie und Gesellschaft. Diesen vermeintlichen Anspruch leiten sie aus »der Tradition« her – ob sie sich auf eine tatsächliche oder bloß eine imaginierte Tradition beziehen, ist dabei irrelevant. Wird diese Erwartung nicht erfüllt, fühlen sie sich gedemütigt: Die Frauen würden sie links liegen lassen, hätten kein Interesse an ihnen.

Politiker wie Trump, Bolsonaro oder auch Höcke haben aus ebendiesem gekränkten Anspruch ein politisches Programm der männlichen Souveränität geformt. Sie machen sich den Frust, die Enttäuschung und die Wut jener zunutze, die überzeugt sind, im Stich gelassen worden zu sein, und locken sie mit dem Versprechen, die ihnen zustehenden Privilegien wiederherzustellen. Nicht umsonst ist die Restauration das Mittel der Wahl rechtspopulistischer Politiker: »Make Männlichkeit great again.«

Dass damit Wahlen gewonnen werden, zeigt das Beispiel Polen. In den Umfragen vor der Präsidentschaftswahl im Juni 2020 stand es schlecht um die Wiederwahl Andrzej Dudas. Mit seiner nationalkonservativen Partei Prawo i Sprawiedliwość (Recht und Gerechtigkeit, kurz PiS) hatte er fünf Jahre lang beinahe widerstandslos durchregiert und den demokratischen Rechtsstaat immer weiter in Richtung eines autoritären Systems umgebaut. Zum ersten Mal wurde dieses Vorgehen jetzt bei der Wahl im Sommer 2020 infrage gestellt und die Spaltung der polnischen Gesellschaft deutlich sichtbar, und zwar durch einen Gegenkandidaten für das Präsidentenamt, der in jeder Hinsicht als das Gegenteil von Duda gelten konnte. Der Herausforderer Rafał Trzaskowski, der Bürgermeister der Metropole Warschau, stand für eine weltoffene, liberale und europafreundliche Politik. Weil Prognosen und Umfragen einen knappen Wahlausgang vorhergesagt hatten, bediente sich Duda im letzten Moment eines Mittels, das schon vorher in Polen und in anderen Teilen der Welt bei Wahlen geholfen hatte: Er mobilisierte gegen die LGBTQ-Bewegung. Zwei Wochen vor der Abstimmung bezeichnete Duda diese bei einem Wahlkampfauftritt in Schlesien als »Neobolschewismus« und als »Ideologie«, die »destruktiver ist als der Kommunismus« und »Kinder sexualisiert«.[16] Außerdem stattete Duda nur vier Tage vor der Wahl dem US-amerikanischen Präsidenten Donald Trump einen Besuch im Weißen Haus ab, höchst ungewöhnlich für einen Präsidenten, sein Land so kurz vor dem Urnengang zu verlassen. Der polnische Präsident setzte damit den Rahmen, in dem sich die Wahl abspielen sollte: Er führte seinen Landsleuten einmal mehr vor Augen, was in Polen auf dem Spiel stünde – die »traditionellen polnischen Werte«, die »traditionelle Familie«, der Nationalstaat – und dass die Entscheidung über seine Zukunft auch eine richtungsweisende Entscheidung über die Zukunft Polens sei. Wie die USA befinde sich Polen in einem erbitterten »Kulturkampf«, so die Botschaft.

Die Stichwahl zwischen dem amtierenden Präsidenten und dem Herausforderer Trzaskowski ging denkbar knapp aus, doch am Ende ging Dudas Kalkül auf: Mit 51 zu 49 Prozent wurde er wiedergewählt. Das Beispiel Polen hat gezeigt, dass Politiker durch die Polemisierung gegen Minderheitenrechte und die Politisierung von Männlichkeit eine gesellschaftliche Spaltung vertiefen und sich so Stimmen verschaffen können. Polen, so steht zu befürchten, könnte dabei nur das jüngste Beispiel dieser Entwicklung sein.

I
Organisierte Misogynie

1. Die Incel-Bewegung

Als Stephan Balliet an Jom Kippur aufbricht, um in einer Synagoge in Halle ein Blutbad anzurichten, weiß er noch nicht, dass er den »Highscore« an diesem Tag nicht knacken wird. Er wird nicht »so viele Juden oder wenigstens Muslime wie möglich« umbringen, im Ranking »First Person Shooter/ Single Player« des Portals »Encyclopedia Dramatica« wird er nicht zu seinen Idolen Anders Behring Breivik auf Platz eins oder Brenton Tarrant auf Platz vier herankommen. Breivik hatte 2011 bei einem Bombenanschlag in Oslo und mit Schusswaffen in einem Zeltlager auf der Ferieninsel Utøya ein Massaker mit insgesamt 77 Toten verübt, die meisten von ihnen Jugendliche. Tarrant hatte 2019 bei seinem Terroranschlag auf zwei Moscheen in Christchurch 51 Musliminnen und Muslime umgebracht. Stephan Balliet wird kein gefeierter Star der globalen Amokläuferszene werden, wie er es sich wohl erhofft hatte, denn er tötet bloß zwei Menschen. Für Platz 50 des Hassrankings hätte er 14 Todesopfer gebraucht.

Stephan B., wie ihn die Presse später nennt, wird sehr schnell klar, dass er scheitern wird: »Ich bin ein complete loser«, sagt er in sächsischem Englisch in die Kamera, die seinen Terror-Livestream sendet. Die »guys« im Internet beeindruckt er nicht sonderlich, bloß fünf schauen ihm während der Tat zu. Ein bisschen zirkuliert der Stream anschließend in den Hassforen der Szene, und Balliet erntet Punkte für seinen Score, weil der Livestream funktioniert.[17] Punktabzug hingegen gibt es für alles, was schiefläuft, und das ist eine ganze Menge: Die Tür der Synagoge lässt sich nicht öffnen, er schießt den Reifen seines eigenen Tatfahrzeugs platt, die selbst gebauten Schusswaffen und Sprengsätze funktionieren nur selten, seine Shotgun aus dem 3-D-Drucker hat Ladehemmungen und fällt beim Nachladen auseinander.

Immerhin bekommt Balliet für den Anschlag sehr viel Aufmerksamkeit von der deutschen und internationalen Presse, die ausführlich über seinen Antisemitismus, die Gamer-Szene, Neonazi-Gruppierungen in Sachsen-Anhalt und Onlineradikalisierung berichtet. Was hingegen kaum Beachtung findet, ist ein Thema, das sich dominant durch die Geschichte von Stephan Balliet und von anderen Amokläufern vor ihm zieht: das Thema Männlichkeit. Dabei spielt Männlichkeit, vor allem die soldatische, eine ganz entscheidende Rolle bei den westlichen Amokattentätern der letzten zehn Jahre.

Schon in Stephan Balliets Eingangsstatement zu seinem Livestream ist das Thema prominent: »Hi, mein Name ist Anon und ich glaube, dass der Holocaust niemals stattgefunden hat. Der Feminismus ist der Grund für die sinkenden Geburtenraten im Westen, die das Einfallstor für Massenmigration sind. Und die Wurzel all diesen Übels ist der Jude.« Mit dem selbst gewählten Namen stellt Balliet seine Tat gleich zu Beginn in den Dienst der Internetkultur. In Foren nennen sich Verfasser, die ihre Identität nicht preisgeben wollen, einfach »Anon« als Kurzform für »anonymous«. In den Auseinandersetzungen mit Balliets Ideologie geht der mittlere Teil fast immer verloren: dass der Feminismus schuld daran sei, dass die Geburtenraten im Westen sinken, was die Ursache für Massenimmigration sei. »Ausländer« wiederum seien schuld daran, dass Männer wie er keine Frauen abbekämen, wird er bei seiner Vernehmung zwei Wochen später vor dem Haftrichter in Karlsruhe erklären. Er habe noch nie eine Freundin gehabt und sei ein unzufriedener weißer Mann. Tatsächlich wohnte er mit siebenundzwanzig Jahren noch bei seiner Mutter, in einem winzigen Zimmer, aus dem er nur selten herauskam, so berichten es die Eltern nach der Tat den Behörden.

Die krisenhafte Auseinandersetzung mit Männlichkeit zieht sich wie ein roter Faden durch das Video des Livestreams hindurch. Balliet spricht nicht mit sicherer, tiefer, sondern mit ungeduldiger, hoher Stimme. Dabei macht er sich unentwegt selbst schlecht, aus fast jedem Satz spricht Selbsthass. Noch bevor etwas nicht funktioniert, nimmt er sein Scheitern schon vorweg: »Das ist doch falsch. Meine Fresse, Mann, lad! Ach, scheiß drauf, machen wir das Nächste«, ist das Erste, was man von ihm hört, noch bevor er überhaupt die Kamera richtig platziert hat. Er wird dies dauernd wiederholen: »Klappt nicht, scheiß drauf«.

Das Selbstbild von Stephan Balliet ist das eines Versagers, der sich daran gewöhnt hat, dass die Dinge nicht so laufen, wie er es gerne hätte. Es muss sich gut anfühlen, aus dieser Lage heraus als Elitesoldat in militärischer Kleidung aufzutreten, als Kämpfer für eine geheime Organisation, die global vernetzt ist. »Nobody expects the Internet-SS«, spricht der Attentäter auf dem Weg zur Synagoge in die Kamera und kichert. Als er die Synagoge stürmen will, offenbart sich jedoch das Planungsdesaster: Alle Eingänge, die ins Innere führen, sind verschlossen. Die selbst gebauten Sprengsätze können den Holztüren nichts anhaben. In rechtsradikalen Kreisen wird er dafür viel Häme ernten. Balliet läuft planlos hin und her, scheint nicht weiterzuwissen. Das ist die Situation, in der unvermittelt eine Frau die Straße entlangläuft, stämmig, kurzhaarig, mit selbstbewusstem Schritt: »Muss das sein, wenn ich hier langgehe – Mann ey!«, schnauzt sie ihn schroff an, als würde es sich bei Balliets Anschlag um einen müßigen Karnevalsscherz handeln. Der Attentäter scheint nicht zu wissen, wie er reagieren soll. Bis er sich wieder gefangen und die Shotgun in Anschlag gebracht hat, ist sie an ihm vorüber. Deshalb schießt er ihr in den Rücken. Sie geht sofort zu Boden. Ohne ihr weiter Beachtung zu schenken, kehrt Balliet wortlos zurück zur Tür, doch sie lässt sich immer noch nicht öffnen. Verärgert läuft Balliet zurück zu der Frau, die bäuchlings auf dem Boden liegt, und feuert ihr eine Salve in den Rücken. Sein einziger Triumph ist dieser Moment. »Das Schwein«, beschimpft er die Tote. Diese Sekunden sind eine Schlüsselszene im Tatvideo. Denn der Mord an der Frau hat eine sichtbare Ermächtigung von Stephan Balliet zur Folge, zumindest vorübergehend, die einzige im gesamten Stream. »Töten ist nicht kompliziert«, gibt er sich skrupellos. Kurze Zeit später wird er einen Passanten, der bei der toten Frau steht und etwas murmelt, mit fester Stimme und in autoritärem Ton ansprechen: »Wie bitte?«, als ob er sagen wollte: »Wissen Sie denn nicht, mit wem Sie es hier zu tun haben?« Doch dann hat seine Shotgun erneut Ladehemmungen, und es will ihm nicht gelingen, auch den Mann zu erschießen, der langsam und ungläubig rückwärts zurück zu seinem Wagen stolpert. Die soldatische Autorität Balliets, die er über das Töten erlangt hat, ist dahin. Vielleicht beschimpft er die Frau aus diesem Grund noch einmal mit »das Schwein«, als er in sein Auto steigt. Dann sackt er endgültig zurück in die Versagerhaltung: »Was willst du erwarten von einer Niete?«, »unfähiger Versager«, »one time loser, always a loser«, sind die Sätze, die er wie ein Mantra zu sich selbst spricht.

Diese Sätze sind wichtig, denn sie sind Ausdruck einer Haltung, die Balliet mit anderen Männern verbindet: mit den sogenannten Incels – unfreiwillig enthaltsam lebenden Männern, die einer radikalen misogynen Weltanschauung anhängen.[18] Zum Incel, wie sich der Begriff bis heute entwickelt hat, wird man nicht, weil man noch nie eine Beziehung oder Sex hatte, sondern, weil man Frauen und die Gesellschaft dafür verantwortlich macht, dass es so ist. Vor allem in den USA und in Kanada, aber auch in anderen westlichen Ländern organisieren sich Männer in Internetforen, um Gewaltfantasien gegen Frauen auszutauschen und sie in manchen Fällen auch in die Tat umzusetzen. Aufgrund weiblicher Zurückweisung frustrierte Männer haben aus ihrem Frauenhass eine umfassende Ideologie geschmiedet. Sie sind weltweit vernetzt, besonders in rechtsextreme und rechtsterroristische Kreise hinein, so wie Balliet.

Die Ideologie geht so weit, dass sie Pläne zu einem »Incel-Aufstand« gegen das System beinhaltet. Mit Attentaten sollen möglichst viele Frauen und sexuell aktive Menschen getroffen werden. Anschließend übernehmen Incels die Macht und unterwerfen all diejenigen, die normale Beziehungen führen können. »Beta Male Uprising« oder »Beta-Rebellion« nennen sie ihre Idee. Was ziemlich verrückt klingt, haben tatsächlich schon mehrere Männer in die Tat umzusetzen versucht, und dabei viele Frauen umgebracht, wie etwa der »Incel-Killer« Scott Beierle, der Ende 2018 in einem Yogastudio in Florida mehrere Frauen niederschoss. Als »male supremacist« bezeichnet die amerikanische Presse ihn und seinesgleichen, wegen der ideologischen Nähe zur White-Supremacy-Bewegung und zur Alt-Right.

Tatsächlich gibt es Parallelen in den Weltanschauungen und Methoden von Incels und Rechtsextremen: Was für die einen die Beta-Rebellion durch Terrorismus mit anschließendem Systemsturz ist, ist für die anderen ein durch koordinierte Anschläge ausgelöster Rassenkrieg. Eine »Amokalypse« kündigte Brenton Tarrant, der Attentäter von Christchurch, fast ein Jahr vor seinem tatsächlichen Amoklauf bei Steam an, einer Plattform für die Gamer-Community.[19] Sein Post macht deutlich, wie vernetzt die Szenen sind: Er gibt sein Vorhaben in einer Gruppe bekannt, die David Sonboly gewidmet ist, dem Rechtsextremen also, der bei einem Amokattentat im Olympia-Einkaufszentrum in München im Jahr 2016 neun Jugendliche erschossen hatte. In Einzelfällen überschneiden sich die Ideologien auch in der Weltanschauung einer Person. Stephan Balliet ist sowohl Rechtsterrorist als auch mit der Incel-Community verbunden. Der Incel-Killer Beierle war rechtsextrem. Beierle wiederum war eines der Vorbilder von Balliet. Die Reihe frauenfeindlicher Attentäter, die dem Täter von Halle als Inspiration dienten, ist lang: Neben Beierle, Tarrant und Breivik gehören dazu auch Elliot Rodger und Alek Minassian. Es gibt eine ganze Bewegung von Männern, die ihre Frauenfeindlichkeit richtiggehend organisieren, ideologisieren und kulturell aufbereiten. Sie sind vernetzt, tauschen sich aus und schaukeln sich gegenseitig hoch.

Bei solchen Anschlägen ist häufig von »Amokläufen durch Einzeltäter mit psychischen Problemen« die Rede, wie beispielsweise die Diskussion nach dem Amoklauf durch Elliot Rodger im Jahr 2014 zeigt. Rodger wurde zum Vorbild für viele weitere Attentate gegen Frauen, dennoch wurde Misogynie als Tatmotiv von vielen kleingeredet.[20] Tatsächlich handelt es sich bei den Taten von Incels um eine Form der politischen Gewalt und des Terrorismus, wie ich in diesem Kapitel argumentieren werde.

2. Ein neuer Typus misogyner Männlichkeit

Die heutige Onlinesubkultur der unfreiwillig Zölibatären hat mit ihren Anfängen kaum noch etwas gemeinsam. Aktuell besteht die Bewegung überwiegend aus Männern, die eine misogyne und nihilistische Ideologie hegemonialer Männlichkeit[21] pflegen und Frauen die Schuld für ihre unfreiwillige Sexlosigkeit geben. Ins Leben gerufen wurde der Begriff »Incel« aber von einer Frau. Die kanadische Studentin Alana Boltwood richtete 1997 erst eine Website und später eine Mailingliste ein, um ihre Erfahrungen des unfreiwilligen Zölibats mit anderen zu teilen und mit Gleichgesinnten zu diskutieren.[22] Ihr Forum »Alana's Involuntary Celibacy Project« sollte nicht einem Geschlecht vorbehalten sein. Am Anfang stand also die Idee einer inklusiven Community für Menschen, die aufgrund von sozialen Phobien, Marginalisierung oder psychischen Krankheiten keinen Sex hatten und mit ihrer Situation unzufrieden waren: »Ich wollte eine Bewegung schaffen, die allen Menschen offensteht. [...] Wie eine Wissenschaftlerin, die etwas erfunden hat, das dann zur Kriegswaffe wird, kann ich den Begriff Incel nicht mehr rückgängig machen oder auf freundlichere Menschen beschränken«, so kommentiert Incel-Erfinderin Boltwood heute die Entwicklung.[23]

Inzwischen arbeitet Boltwood als Unternehmensberaterin und engagiert sich als queere Aktivistin. Mit der Incel-Szene hat sie nichts mehr zu tun, als 2014 das erste Incel-Attentat verübt wird, das auch als solches ins öffentliche Bewusstsein vordringt: Auf dem Campus Isla Vista der Universität von Santa Barbara in Kalifornien tötet der zweiundzwanzigjährige Elliot Rodger sechs Menschen und anschließend sich selbst. Eigentlich hegt er den Plan, ein Verbindungshaus von Studentinnen zu stürmen und dort ein Blutbad anzurichten, aber er kommt nicht in das Gebäude. Rodger hinterlässt ein Manifest und eine Videobotschaft, die seine Radikalisierung dokumentieren. Seitdem beziehen sich Amokläufer aus der Szene auf ihn und feiern ihn wie einen Märtyrer oder verehren ihn als »supreme Gentleman« oder »Saint Elliot«. So postete beispielsweise der Incel-Attentäter Alek Minassian auf Facebook kurz vor seiner Amokfahrt mit einem Van in Toronto: »Die Incel-Rebellion hat begonnen! Wir werden die Chads und Stacys unterwerfen! Heil dem supreme Gentleman Elliot Rodger!«

Natürlich gibt es auch Incels, die keine Terroristen werden, nicht einmal in ihrer Fantasie. Doch das organisierte Inceltum hat sich mittlerweile zu etwas entwickelt, bei dem Frauen bestenfalls als »das Andere« wahrgenommen werden. Aus den einschlägigen Incel-Foren sind Frauen seit vielen Jahren weitgehend ausgeschlossen. Wenn sie doch irgendwo mitmachen dürfen, dann unter einem eigenen Begriff: »Femcels«. Der Austausch der Incels in Foren oder auf Websites wie incels.co, Reddit oder 4chan ist von tiefsitzendem Misstrauen gegenüber Frauen geprägt, oft auch von unverhohlenem Hass, weil sie für die Misere von frauenlosen Männern verantwortlich gemacht werden.

Natürlich gibt es Ausnahmen. Es existieren einige ernst gemeinte Onlineselbsthilfegruppen wie das deutsche »Absolute Beginner«-Forum, das so streng moderiert wird, dass Hass und Feindlichkeit gegenüber Frauen und anderen Minderheiten keinen Platz finden. Dort diskutieren die Teilnehmer ihre eigene Situation, tauschen Erfahrungen aus oder suchen Rat. Prinzipiell kann man zwischen einem weit und einem eng gefassten Begriff von Incels unterscheiden. Im weiteren Sinne meint »Incel« jeden Menschen unabhängig vom Geschlecht, der unfreiwillig enthaltsam lebt. Im engeren Sinne, und um diesen geht es mir hier, handelt es sich um eine Bewegung von Männern, die ihren Frauenhass kultivieren und organisieren.

Tatsächlich werden die meisten Onlineangebote früher oder später von misogynen Posts und Threads unterwandert. Schon ihre Sprache zeigt die tiefe Verachtung, die Incels für Frauen und für sexuell Aktive übrighaben. Mit der Zeit hat sich ein ganzes Glossar entwickelt, verbunden mit einer hasserfüllten Weltanschauung: Frauen zum Beispiel werden als »Femoids« bezeichnet, eine Kurzform von »Female Humanoid« oder »Female Android«, was meint, dass sie für nicht vollständig menschlich gehalten werden. Wenn Incels über Frauen sprechen, dann benutzen sie als Pronomen »es«, um deren Unmenschlichkeit hervorzuheben. Sich selbst nennen sie entlehnt aus der Evolutionslehre »Beta Males«, die ganz pessimistischen auch »Deltas« oder »Epsilons«, in Abgrenzung zum »Alphamann«. »Alpha« meint das männliche Ideal, einen Mann mit bestem genetischem Material, der bei den Frauen Erfolg hat. Alphas werden auch als »Chads« bezeichnet. In der Incel-Theorie ist der typische Chad ein klischiertes Abbild von einem Mann: muskelbepackt, hochgewachsen, breitschultrig, schönes, aber kantig geschnittenes Gesicht mit markantem Kinn, und nicht zuletzt mit einem mächtigen Glied. Das weibliche Pendant ist eine »Stacy«: eine sehr begehrenswerte Frau, die oft als Karikatur eines vollbusigen blonden Püppchens dargestellt wird. Wenn Minassian kurz vor seiner Amoktat ankündigt, dass die Incels alle »Chads und Stacys unterwerfen« werden, dann verweist er damit auf das »Beta Male Uprising«, das in der Vorstellung der unfreiwillig Enthaltsamen zu einem neuen Gesellschaftssystem führt, in dem sie herrschen und neue Regeln für den Beziehungsmarkt prägen können. Darin besteht in der Weltanschauung der Incels die einzige Möglichkeit, sich an die Spitze der Gesellschaft zu befördern und durch Einfluss und Macht attraktiv zu werden.

Paare, die ganz »normal« Familien gründen, sind »Normies«. Bevor sie zu solchen werden, fahren »Femoids« aber für ein paar Jahre auf dem »Cock Carousel«: Incels glauben, dass Frauen genetisch bedingt nur darauf aus sind, mit möglichst vielen »genetisch hochwertigen« Alphamännern Sex zu haben. Wenn sie alt und verbraucht sind – in der Vorstellung der Incels ist dieser Zustand mit dreißig erreicht –, kommen Frauen in die Phase der Familienplanung. Dafür suchen sie sich einen mittelmäßigen Betamann, der treu ist, so die Idee, und gründen eine Familie. Dieser Typ Ehemann ist nicht zu beneiden, denn er ist maßgeblich für die Versorgung von Frau und Kindern zuständig und für nichts anderes.

Was Incels ihrem eigenen Glauben nach in ihre sexlose Lage versetzt, ist die evolutionsbiologisch begründete und an die Pareto-Verteilung angelehnte »80:20-Regel«, der zufolge 80 Prozent aller Frauen mit 20 Prozent der Männer verkehren und sich daher 80 Prozent aller Männer mit 20 Prozent der Frauen begnügen müssen. Weil Frauen nur auf Äußerlichkeiten fixiert sind, bevorzugen sie ausschließlich gut aussehende (*high quality*) Männer, während andere Eigenschaften wie Persönlichkeit, Humor, Intelligenz nicht als attraktiv zählen. Das führe dazu, dass ein Bruchteil der Männer, genetisch überlegene Alphamänner, in den Genuss des meisten heterosexuellen Geschlechtsverkehrs komme. Ihr Weltbild konstruieren Incels aus pseudonaturwissenschaftlichen Versatzstücken, indem sie sich beliebig aus einer deterministisch gedeuteten Biologie und der Evolutionspsychologie bedienen.

Beta oder Schlimmeres zu sein bedeutet in der Vorstellung der Zölibatären vor allem, über genetisch minderwertiges Material zu verfügen. Ihr unansehnliches Erscheinungsbild, so glauben Incels, ist für ihre Erfolglosigkeit verantwortlich. Dazu gehören besonders: ein »hässliches« Gesicht (»Uglycel«), mangelnde Körpergröße (»Heightcel«) und tatsächlich auch »schmale Handgelenke« (»Wristcel«). Ihr Erscheinungsbild ist den Incels zufolge ihrer Genetik geschuldet, und da sich diese nicht ändern lässt, impliziert die Incel-Ideologie eine fatalistische Lebenseinstellung: Ihrer Überzeugung nach sind sie dazu verdammt, ein sexuell nicht erfülltes Leben zu führen. Auf dem Partnermarkt haben sie von Anfang an verloren, nichts liegt dabei in den eigenen Händen. Tatsächlich fällt auf, wie notorisch diejenigen, die ihre Sozialisation in einem Manifest oder Geständnis beschreiben, Abstand zu Frauen halten, und zwar seit der Pubertät. Sie haben keine weiblichen Freunde, suchen nicht den Kontakt zu gleichaltrigen Mädchen. Wenn Annäherung stattfindet, dann nur in der Fantasie. Beschrieben wird dieser Fatalismus oft mit den Worten, man habe eine »Black Pill«, eine schwarze Pille, geschluckt. Die Pillenlogik spielt auf die Verschwörungstheorie der »Blue« und »Red Pill« an, die sowohl die Männerrechtsbewegung als auch die Alt-Right für ihre Ideologie aus dem Film *Matrix* entliehen haben. Gemäß dem verschwörungstheoretischen Impetus leben Menschen im Westen dank der blauen Pille in Ignoranz, in einer Art Gedankengefängnis. Die blaue Pille wird der Gesellschaft verabreicht von – je nach Ausrichtung – Feministinnen, dem Weltjudentum oder vom »liberalen System«. »Politische Korrektheit« und »soziale Gerechtigkeit« dienten als Instrumente, um Männer zu unterdrücken, die »weiße Identität« anzugreifen oder die »westliche Zivilisation« zu zerstören.

Die rote Pille hingegen lässt Individuen die unbequeme Wahrheit erkennen. Sie sorgt für ein politisches Erwachen entweder des männlichen oder des weißen Bewusstseins. Hat man sie einmal genommen, kann man nicht mehr zurück, man erkennt den perfiden Plan, der hinter Gleichstellungs- und Emanzipationsbewegungen steckt. Männer oder »Weiße« haben also die Wahl: weiter mit der blauen Pille bequem im liberalen Irrglauben leben oder die rote Pille schlucken und die Welt erkennen, wie sie wirklich ist – nämlich ungerecht gegenüber Männern und »Weißen«.

Man kann sich vorstellen, wie frustrierend ein solches Weltbild sein muss. Incels haben laut ihrer Selbsteinschätzung sehr viel Zeit, sich in Verschwörungsnarrative einzulesen, »Theorien« über Beziehungen zu ersinnen und Berechnungen anzustellen. Im Internet haben sie eine eigene kuriose Parallelwelt geschaffen mit geschlossenem Weltbild, verschwörungstheoretischen Welterklärungsansätzen und eigenen »Widerstandsformen« gegen das »System«, wie sie es konstruieren. Gewalt gegen Frauen wird darin mit viel Pathos zum romantischen Rebellentum sozial unterdrückter, aber moralisch überlegener Männer verklärt – zur Rebellion der »supreme Gentlemen«.

Eine der ersten Studien über unfreiwillig Enthaltsame kam zu dem Ergebnis, dass viele Incels im analogen Leben tatsächlich Schwierigkeiten mit sozialen Kontakten haben: Fast die Hälfte der befragten sexlosen Erwachsenen gab an, generell unfähig zu sein, eine soziale Beziehung herzustellen.[24] Der Weg in die depressive Abwärtsspirale scheint damit vorgezeichnet. Incels machen sich selbst und einander gegenseitig schlecht und radikalisieren sich auf diese Weise. Die Antriebslosigkeit durchzieht alle Bereiche ihres Lebens, nicht nur das Liebes- und Sozialleben, sondern ebenso das Berufsleben. Viele sind arbeitslos und nur in einem Feld aktiv: im Internet, entweder als Gamer oder beim Posten. Sie verlassen ihren Platz zu Hause vor dem PC nur selten. Für Menschen wie sie gibt es einen Begriff: NEET – »Not in Education, Employment or Training«. So ging es wohl auch Stephan Balliet, der sich selbst als »sozial isoliert« beschrieben hat. Er soll von Hartz IV und von den Zuwendungen seiner Mutter gelebt haben. Im Video sagt er: »I am a Niete« oder »I am a NEET«. Es ist an dieser Stelle nicht ganz klar, ob er einfach schlechtes Englisch spricht oder die typische Incel-Selbstbezeichnung meint.

In den Foren steigern sich Incels in einen zynischen, oft auch suizidalen Nihilismus hinein. Sie teilen (Selbst-)Hass und Gewaltfantasien gegen Frauen mit anderen, die sich in der »Gemeinschaft der Brüder« – die einzige, die sie haben – weiter verstärken. So werden Foren immer wieder geschlossen oder Seiten ganz vom Netz genommen, weil dort für die Legalisierung von Vergewaltigung und anderer Formen von Gewalt gegen Frauen plädiert wird. Das größte Incel-Forum war bis 2017 das Reddit-Unterforum /r/incels mit rund 40000 Mitgliedern. Es wurde nach einer Petition auf change.org durch die Reddit-Betreiber geschlossen, nachdem im Forum immer wieder zu Gewalt gegen Frauen aufgerufen worden war. Das zweitgrößte Reddit-Unterforum für Incels, /r/Braincels, wurde mit fast 17000 Nutzern nur ein Jahr später Ende 2018 nach dem Anschlag von Toronto vom Netz genommen.[25] Manche Foren werden geschlossen und sind kurze Zeit später mit leicht verändertem Namen wieder online. Eine Studie, für die fast 30 Millionen Posts aus 6 misogynen Foren und über 50 Unterforen der letzten Dekade ausgewertet wurden, hat gezeigt, wie die Mitglieder von einer Community, die geschlossen wird, zur nächsten weiterziehen und dabei immer toxischere Inhalte verbreiten.[26]

Bei incels.co, mit aktuell rund 12000 registrierten Nutzern eines der weltweit größten Incel-Foren, das zuvor unter incels.is und davor unter incels.me zu finden war, lässt sich die Mischung aus Selbst- und Frauenhass häufig unter ein und demselben Thread finden: Kurze Videoausschnitte, wie ein großer Mann einer kleinen Frau mehrmals mit der Faust ins Gesicht schlägt, wechseln sich zum Beispiel ab mit solchen, wie sich ein Mann langsam eine Pistole an den Kopf setzt. Darunter ist zu lesen: »Das Kind, das nicht vom Dorf umarmt wird, wird es niederbrennen, um die Wärme zu spüren.« Der Titel des Threads lautet »Wanna go ER so badly«, was so viel bedeutet wie: »Ich sehne mich danach, Amok zu laufen«.[27] »ER« sind die Initialen von Elliot Rodger.

In vielen Foren werden Tipps ausgetauscht, wie man am besten vergewaltigen kann, ohne dafür belangt zu werden. Beispielsweise gab sich ein User bei Reddit als Frau aus und ließ sich unter dem Thread »General question about how rapists get caught« (Allgemeine Frage dazu, wie Vergewaltiger gefasst werden) dazu beraten, wie nach einer Vergewaltigung vorgegangen wird, um dem Täter auf die Spur zu kommen.[28] Inzwischen aus den Archiven gelöschte Threads trugen Titel wie »All women are sluts« (Alle Frauen sind Schlampen), »Proof that girls are nothing but trash that use men« (Beweis, dass Mädchen nichts als Abfall sind und Männer ausnutzen) oder »Reasons why women are the embodiment of evil« (Warum Frauen die Verkörperung des Bösen sind).

Wie genau sich die hasserfüllte Theorie und Terminologie der Incels entwickelt hat, darüber gibt es bisher keine Studien. Das mag daran liegen, dass es enorm schwierig ist, eine solche Entstehungsgeschichte nachzuvollziehen, denn es handelt sich um ein Internetphänomen mit anonymen Nutzern und anarchischen Strukturen. Ideen und Begriffe wandern wie in einem Rhizom hin und her, ohne dass ihr Ursprung genauer bestimmt werden könnte. Auch wie viele aktive Incels es überhaupt gibt, ist kaum herauszufinden, denn Foren funktionieren anonym, oft muss man sich gar nicht anmelden und wenn doch, kann man sich beliebig viele Accounts zulegen. Die registrierten Nutzer geben aber immerhin Anhaltspunkte. So hat die eben zitierte Studie ungefähr eine Million Mitglieder in den wichtigsten Foren gezählt, wobei dort allgemein misogyne Foren untersucht wurden und viele User in mehreren Foren aktiv sind. Andererseits gibt es viele inhaltliche Überschneidungen zwischen Incels und anderen frauenhassenden Gruppen.[29] Man kann sich jedenfalls leicht vorstellen, was für eine Dimension die Subkultur des organisierten Frauenhasses hat.

3. Die »Mannosphäre«: Sammelbecken der gekränkten Männer

Ursprünglich stand mit der Entwicklung des Internets der Gedanke im Vordergrund, *alle* Nutzer sollten sich uneingeschränkt äußern und entfalten können. Inzwischen aber haben sich frauenfreie Räume gebildet, in denen unter dem Banner der Meinungsfreiheit gegen »politische Korrektheit«, Feminismus und Multikulturalismus polemisiert wird. »Meinungsfreiheit« heißt dabei für viele, dass der virtuelle Raum absolut frei sein soll von jeglichen ethischen oder moralischen Beschränkungen. Der Holocaust soll ebenso straffrei geleugnet werden dürfen wie Vernichtungsfantasien ausgesprochen oder rassistische und faschistische Weltbilder ungehindert propagiert werden können. Es hat sich eine ausufernde anonymisierte Welt der Misogynie entwickelt, in der es normal ist, frauenfeindlichen Hass zu verbreiten und Frauen, vor allem wenn sie in der Öffentlichkeit stehen, mit Vergewaltigung oder Ermordung zu bedrohen. Selbst bei Facebook oder Twitter – beide soziale Netzwerke haben mittlerweile relativ strenge Richtlinien gegen Hassrede – gehören Mord- und Vergewaltigungsdrohungen sowie rüde Beschimpfungen zum Alltag. Das Ziel dieses Onlinemobbings besteht darin, alles Weibliche von den Plattformen zu verdrängen. Frauen, so der treibende Gedanke hinter diesen Attacken, haben in der Öffentlichkeit, und dazu gehört natürlich auch das Internet, nichts verloren.

Was bei Facebook, Twitter und anderen sozialen Medien schon wegen ihrer Größe nicht gelingen kann, nämlich Frauen auszuschließen, ist in spezielleren Foren und Imageboards – Foren, auf denen vor allem Bilder und Videosequenzen getauscht werden – schon lange Realität, besonders wenn es sich um Foren handelt, die auf sogenannte »Männerthemen« ausgerichtet sind. So hat sich eine männliche Subkultur entwickelt, in der Frauen außen vor bleiben. Es gilt die Regel »There are no girls on the internet« (Es gibt keine Mädchen im Internet). Frauen sollen ihre eigene Weiblichkeit im virtuellen Raum nicht thematisieren, vor allem nicht in anonymen Chatrooms und Diskussionsforen. Tatsächlich ist damit aber die Auffassung verbunden, dass sich weibliche Wesen grundsätzlich nicht an Onlineaktivitäten beteiligen würden und sollten.

Zurück geht sie auf ein offizielles Regelwerk des Imageboards 4chan. Die offensivere Variante der Regel ist »Tits or gtfo«, Letzteres steht für »get the fuck out« – ein anderer als pornografischer Beitrag von Frauen ist nicht erwünscht. Die Phrase wird gepostet, wenn eine Frau sich als solche zu erkennen gibt und damit die »Aufmerksamkeit auf sich zu ziehen versucht«. Angeblich geht es dabei darum, die Onlinewelt als geschlechtslosen Raum zu bewahren, frei von »weiblichen Privilegien, die Frauen sonst aufgrund ihres Geschlechts genießen«.[30] Gesonderte Regeln für Männer gibt es freilich nicht. Männer stellen vielmehr die Norm dar, von der Frauen, wenn sie sich als solche zu erkennen geben, abweichen.

Die frauenfreie Zone im Internet ist als »Manosphere« bekannt, »Mannosphäre« zu Deutsch. Die Autorin Angela Nagle hat sich in ihrem Buch *Die digitale Gegenrevolution* mit ihr auseinandergesetzt und gezeigt, was für ein Sammelbecken frustrierter und gekränkter Männer sich hinter dem Begriff verbirgt. Nagle sieht eine sich online vollziehende antifeministische Gegenrevolution im Gange, die Teil eines größeren »Kulturkampfes« ist. »Die zahlreichen Internetseiten, Subkulturen und Selbstbilder, die zu dieser antifeministischen Internetbewegung gehören, sind in solchem Maße aus dem

Boden geschossen und gewachsen, dass dies zweifellos als ›digitale Revolution‹ verzeichnet worden wäre, wenn es sich um andere kulturelle Milieus gehandelt hätte«, so beurteilt Nagle, was sich da seit einiger Zeit entwickelt.[31]

Natürlich lassen sich in der Mannosphäre auch Angebote finden, in denen Frauenhass keine Rolle spielt. Foren, die Männer als soziale oder medizinische Gruppe betreffen, in denen es also beispielsweise um Gesundheits- und Vorsorgefragen, Selbstmordgedanken oder reale Benachteiligungen in sozialen Institutionen – besonders bei Familienangelegenheiten – geht. Sie sind aber die Ausnahme. Dominiert wird die frauenfreie Internetwelt der Mannosphäre von den dubiosen Akteuren des Maskulinismus:[32] von der Männerrechtsbewegung über die Männerseparatisten MGTOWs (Akronym für: »Men going their own way«, Männer, die ihren eigenen Weg gehen) und Incels bis hin zu »Red Pill«-Verschwörungstheoretikern und sogenannten Pick-up-Artists, kurz PUAs, die sich in Seminaren und gemeinsamen Clubbesuchen organisieren, um die »Kunst« zu erlernen und weiterzuentwickeln, wie man möglichst viele Frauen abschleppt. Auch wenn die genannten Akteure hier jeweils als eigene Gruppen behandelt werden und Selbstzuschreibungen maßgeblich sind, lassen sich keine scharf voneinander getrennten Kategorien bilden. Dafür sind die Überschneidungen schlicht zu zahlreich: Incels können MGTOWs sein, viele Pick-up-Artists waren vorher Incels, manche Männerrechtler sind Pick-up-Artists und so weiter.

Viele der dezidiert antifeministischen Gruppierungen haben sich unter dem Banner der »Männerbewegung« bereits in den neunziger Jahren als Gegenbewegung zum Feminismus gegründet. Sie sind auf der Suche nach »männlicher Authentizität in einer modernen, verweiblichten, zersplitterten Gesellschaft«, wie Nagle schreibt.[33] Sie argumentierten, dass die Gleichstellung von Mann und Frau längst erreicht sei und sich das Verhältnis sogar umgedreht habe, weil der Feminismus so erfolgreich war. Frauen genössen inzwischen mehr Rechte als Männer. Die wahren Unterdrücker seien nun die Frauen.

Dabei suchte die Männerrechtsbewegung, die als älteste maskulinistische Subkultur ihren Anfang bereits in den siebziger Jahren nahm, zunächst den Schulterschluss mit der Frauenrechtsbewegung. Sie hatte komplementär zum weiblichen Vorbild die »Befreiung des Mannes« zum Ziel, und zwar auf derselben Grundlage, auf der sich auch die Emanzipation der Frau gründete: auf der Kritik der Geschlechterrollen. Den Feminismus verstand sie damals als etwas, das nicht nur Frauen, sondern auch Männer aus den Zwängen ihrer traditionellen Rollen befreien konnte. Für Männer bedeutete dies, dass sie sich zum Beispiel aus der durch die Ernährerposition erzwungenen Abwesenheit von Familie, Haushalt und Kindererziehung oder aus der dem althergebrachten soldatischen Männlichkeitsideal entsprechenden Abschottung von Gefühl und Intimität emanzipieren wollten.

Doch wie der Männlichkeitsforscher Michael Kimmel in seinem Buch *Angry White Men* aus dem Jahr 2013 gezeigt hat, entwickelte sich die Bewegung spätestens seit Ende der achtziger Jahre in die entgegengesetzte Richtung:

> Wenn Männerrechtler zu Beginn noch die Kritik an der unterdrückenden Männerrolle teilten sowie den Willen, Männer daraus zu befreien, so verwandelte sich diese Kritik in eine Verherrlichung alles Maskulinen und in eine Art Begeisterung für die traditionelle männliche Rolle. Männer brauchten jetzt keine Befreiung mehr von traditioneller Männlichkeit. Sie brauchten jetzt die Befreiung von den Befreierinnen! Die […] Restauration traditioneller Männlichkeit war nun die Lösung. Als Problem identifizierten sie nunmehr die Frauen selbst, oder besser: Gleichheit und Ermächtigung von Frauen sowie den Feminismus.[34]

Als Frauen also tatsächlich immer mehr Rechte erlangten, in die Arbeitswelt vordrangen und auch Familienstrukturen flexibler wurden, machten einige Männerrechtler den Feminismus für ihre – tatsächliche oder konstruierte – schlechte Lage verantwortlich. Sie drehten diskursiv die Verhältnisse um, indem sie Männer zu Unterdrückten und Frauen zu Herrschenden erklärten, wie etwa Warren Farrell in seinem Bestseller *Mythos Männermacht* aus dem Jahr 1993, der zur »Bibel der Männerrechtsbewegung« avancierte. Ungefähr aus dieser Zeit stammt der Slogan »When you are accustomed to privilege, equality feels like oppression« (Wenn man an Privilegien gewöhnt ist, fühlt sich Gleichheit wie Unterdrückung an), der in der #MeToo-Debatte eine zweite Blüte erlebte. Wenn man sich anschaut, was Männerrechtsgruppen unter Diskriminierung verstehen, wird deutlich, wie es zu dem Sprichwort kommen konnte. Unter anderem monieren Männerrechtler spezielle Gesetze gegen häusliche Gewalt und gegen sexuelle Übergriffe. So würde der 1994 vom US-Kongress verabschiedete Violence Against Women Act angeblich Männer benachteiligen, weil er Frauen ermögliche, Männer mit falschen Anzeigen unter Druck zu setzen.

Die Bewegung, die sich vor allem seit der ersten Dekade des 21. Jahrhunderts online entwickelt hat, ist aufgrund der Anonymität im Internet um einiges extremer als die analogen Vorgänger, hasserfüllter, chauvinistischer und rechtsgerichteter. Gerade Foren wie das Unterforum »The Red Pill« der Seite Reddit sind anschlussfähig für Männerrechtler und Rechtsextreme, denn beide Gruppen fühlen sich von politischen Minderheiten unterdrückt. Was bei den einen »männliches Erwachen« ist, ist bei den anderen das »Erwachen der weißen Identität«. Inzwischen steht das Unterforum »unter Quarantäne«, was bedeutet, dass es nur noch zugänglich ist, wenn man bestätigt, die Warnung zur Kenntnis genommen zu haben, dass dort »schockierende und hochgradig verletzende Inhalte« verbreitet werden.[35]

An den Diskussionen lässt sich erkennen, welche misogynen Akteure mit welcher Agenda zusammenfinden. Die gemeinsame Grundlage ist, dass sie das Recht auf sexuelle Selbstbestimmung von Frauen bestreiten und das Gesellschaftssystem zurückweisen, das aus dieser Selbstbestimmung entstanden sei. Das Problem, das Maskulinisten scheinbar haben, ist, dass Frauen ihnen attraktiv erscheinen, gleichzeitig aber nicht einfach verfügbar und ihnen gefügig sind. An diesem Punkt finden alle zusammen: Incels, Männerrechtler, MGTOWs, Red Piller, Alt-Rightler, Pick-up-Artists. Besonders extrem kommt diese Ablehnung sexueller Selbstbestimmung von Frauen in Form von Forderungen zum Ausdruck, Vergewaltigung zu legalisieren. Aber auch in subtilerer Weise scheint diese Haltung an vielen Stellen durch. Im Red-Pill-Unterforum, das im Januar 2018 rund 250000 Mitglieder zählte, macht sich das bereits an den Foren-Regeln bemerkbar. Regel Nummer 10 besagt: »Do not announce that you are a woman« (Gib dich nicht als Frau zu erkennen). Die oben bereits angesprochene Regel basiert auf der Annahme, Frauen würden »regelmäßig ihr Geschlecht dafür missbrauchen, besondere Aufmerksamkeit im Internet zu erregen«.[36] Das bloße Sprechen als Frau wird von der männlich genormten Community als eine Provokation aufgefasst.

Die Gruppierungen unterscheiden sich indes hinsichtlich der Konsequenzen, die sie aus dieser Haltung ziehen. Wenn beispielsweise über falsche Vergewaltigungsvorwürfe, Gewalt von Frauen gegen Männer oder die Kultur des Männerhasses diskutiert wird, dann gehören die Debattenteilnehmer zur misogynen, antifeministischen Männerrechtsbewegung.[37] Ihr Aktivismus besteht in einer Form des sogenannten Victim-blaming, also darin, Frauen die Schuld zu geben, wenn ihnen Unrecht oder Gewalt angetan wird. Das bekannteste Gesicht der antifeministischen Männerrechtler ist Paul Elam – angeblich heißt er wirklich »Male« rückwärts gelesen – mit seiner Website »A voice for men«. Auf der Seite findet sich unter anderem ein YouTube-Video zum Prozess gegen den Filmproduzenten Harvey Weinstein. Darin wird der verurteilte Sexualstraftäter als das Opfer manipulativer Frauen dargestellt, die Sex berechnend einsetzen würden, um sich Vorteile für ihre Hollywoodkarrieren zu verschaffen, und zur Anklage schritten, wenn sich der Erfolg aufgrund der eigenen Unzulänglichkeit nicht einstellte.[38] Bis vor wenigen Jahren bloggte Elam als »The happy misogynist«, wo er unter anderem seine Ansichten zu der Frage teilte, ob Frauen vergewaltigt werden wollen:

> Die Antwort muss ganz eindeutig lauten: NEIN, SIE WOLLEN NICHT VERGEWALTIGT WERDEN. Sie betteln verdammt noch mal darum! [...] Da draußen gibt es viele Frauen, die verprügelt werden, weil sie so dumm (und oft arrogant) sind, dass sie durchs Leben gehen, als hätten sie ein Neonschild mit der Aufschrift: ICH BIN EINE DUMME UND HINTERHÄLTIGE SCHLAMPE – BITTE VERGEWALTIGE MICH über ihrem kleinen hohlen narzisstischen Schädel.[39]

In Elams Denken sind Männer durch ihre Abhängigkeit von der weiblichen Sexualität derart unterlegen, dass sie sich eigentlich dauerhaft in der Opferrolle befinden. Vergewaltigung erscheint daher wie ein legitimes Mittel, um sich daraus zu befreien. Dieser Täter-Opfer-Umkehr liegt ein sehr einfaches Weltbild zugrunde, in dem Männer als die Säulen aller Kultur und Zivilisation fungieren, während Frauen nur durch eines überhaupt Macht ausüben können – ihren biologisch weiblichen Körper: »Pussy« ist Elams Kürzel für weibliche Macht. Wenn er darüber referiert, dann ist »Pussy« nicht einfach ein abschätziger Begriff für das weibliche Geschlechtsteil, sondern steht für die Vorstellung einer allumfassenden weiblichen Macht: »Im modernen Schema der männlichen Identität steckt hinter jeder Ideologie, hinter jeder Agenda und hinter jedem Wertesystem das kopflose aufopfernde Streben nach ›Pussy‹. [...]. ›Pussy‹ ist die einzige wahre Ermächtigung, die Frauen jemals erfahren werden.«[40] Wenn man mal all das hoffnungslose Wunschdenken der feministischen Ideologie beiseiteließe, dann bliebe nur noch diese eine Wahrheit:

> Es sind Männer, und zwar ausschließlich Männer, die ihre Macht aus Errungenschaften ziehen, die Technologien erfinden, Staaten erschaffen, Krankheiten heilen, Imperien gründen und generell die Zivilisation voranbringen. Frauen hängen für all das von Männern ab und das einzige Mittel, über das sie verfügen, um irgendeine Art von Einfluss auszuüben, ist die Macht der Pussy, und die Pussy ist wahrlich mächtig. Wenn es irgendwann Sexroboter gibt, müssten Frauen plötzlich beweisen, dass sie über Wert als menschliche Wesen verfügen, der über das einfache Besitzen besagter Pussy hinausgeht.[41]

Indem Elam Frauen auf eine sexuelle Ressource reduziert, spricht er ihnen ihre Menschlichkeit ab. Das Einzige, was an Elams Konzept der Pussy menschlich erscheint, ist das auf den eigenen Vorteil bedachte Instrumentalisieren primärer Geschlechtsmerkmale, um Macht und Einfluss zu gewinnen. Durch eine solche Reduktion lässt sich jede Form der Misogynie, Gewaltfantasie oder Abwertung rechtfertigen. Männer sind demnach berechtigt, eine überlegene Stellung in der Gesellschaft einzunehmen. Jeder Fortschritt, den Frauen erreichen, wird in dieser Argumentation zu einer ungerechtfertigten Aneignung. Wie weiße Suprematisten sind auch männliche Suprematisten getrieben von der Angst, ihren überlegenen Status einzubüßen.

Bei den immer gleichen redundanten frauenverachtenden Aussagen könnte man meinen, die antifeministische Mannosphäre wäre ein in sich kohärenter Raum. Aber wie bei allen politischen Subkulturen gibt es auch hier Grabenkämpfe zwischen den unterschiedlichen Gruppierungen.[42] Die Untergruppe der Männerrechtsbewegung MGTOW zum Beispiel grenzt sich von anderen Akteuren der maskulinistischen Bewegung ab, indem sie, wie Incels auch, auf die sexuelle Selbstbestimmung von Frauen mit Rückzug reagiert. Beide Gruppierungen werden wiederum von den PUAs verachtet. In Forendiskussionen kann man MGTOWs daran erkennen, dass sie erörtern, wie sich bestimmte »Mechanismen« im zwischenmenschlichen Spiel von Mann und Frau vermeiden lassen. Ein solcher Mechanismus sei beispielsweise das »pedestalling pussy«, die »Erhöhung der Pussy«, wie Angela Nagle in Diskussionen beobachtet hat.[43] Gemeint ist damit, dass das weibliche Geschlecht, weil es über eine »Pussy« verfüge, vom männlichen Geschlecht »auf ein Podest gehoben« würde. Männer seien qua ihrer Biologie von Frauen(-körpern) sexuell abhängiger als andersherum. Dass sie »ihren eigenen Weg gehen«, bedeutet, dass MGTOWs eine Form von männlichem Separatismus pflegen und sich vollständig aus der Gesellschaft zurückziehen wollen, weil diese vom Feminismus so korrumpiert sei, dass Frauen eine Gefahr für Männer darstellten.[44] »Refusing to bow, serve and kneel for the opportunity to be treated like a disposable utility« (Verweigern, sich zu unterwerfen, zu dienen und zu knien für die Möglichkeit, wie ein wegwerfbarer Nützling behandelt zu werden) lautet die Selbstbeschreibung auf der Website mgtow.com. Auch MGTOWs verfügen über ein eigenes Glossar, das auffällig viele Überschneidungen mit Begriffen aufweist, die in der Incel-Community gebräuchlich sind, wie zum Beispiel »Cock Carousel«. Incels und MGTOWs teilen zahlreiche Aspekte des (sozial-)darwinistischen Weltanschauungssystems, wenn es um Alpha- und Betamänner, unterdrückte Männlichkeit und weibliche Manipulation geht. So haben MGTOWs Angst davor, dass Frauen sie mit List dazu bringen könnten, Kinder aufzuziehen, die gar nicht ihre sind, oder dass Frauen mit Absicht schwanger würden, um unterhaltsberechtigt zu sein, oder dass sie ihnen mit falschen Anschuldigungen über sexuelle Gewalt Fallen stellen könnten. Zentral für MGTOWs ist daher der Begriff »UnC. U. N. T.«. Mittels »Exorzismus« wollen sich diese Männer der Frauenwelt oder eigentlich: den Frauenkörpern entziehen.[45]

Konträr zu den MGTOWs positioniert sich die Bewegung der Pick-up-Artists, wie sich die Akteure selbst nennen. PUAs haben es sich zur Aufgabe gemacht, die sexuelle Selbstbestimmung von Frauen gewissermaßen zu überlisten. Wenn in Foren über das »Game« debattiert wird, dann sind PUAs an der Diskussion beteiligt. Die »Gurus«[46] der Szene haben ganze Selbsthilfebibeln geschrieben, aus denen Incels lernen können, vom Beta zum Alpha aufzusteigen, indem sie mit einem Griff in die Trickkiste der Evolutionspsychologie das »biologische Programm« von Frauen so manipulieren, dass diese in eine sexuelle Beziehung einwilligen. Auf die Widersprüche, einerseits von einem evolutionsbiologischen Programm auszugehen, das andererseits aber auf psychologischer Ebene durch das eigene Verhalten überlistet werden kann, gehe ich noch näher ein. Viele PUA-Foren lesen sich wie »eine finstere darwinistische Anleitung, wie man die verabscheute weibliche Beute listig zur Kapitulation bringt«, urteilt Nagle über die Community.[47] Sie beschreibt die Diskussionen als »unermüdlichen Strom von sexueller Frustration, Sorge über evolutionären Rang und schäumendem Frauenhass voller Beschreibungen von Frauen als ›wertlose Fotzen‹ und ›aufmerksamkeitsgeile Huren‹, die ›Schwanzkarussell‹ fahren«.[48]

Der wohl bekannteste Pick-up-Artist ist Roosh V, der eigentlich Daryush Valizadeh heißt. MGTOWs und Männerrechtler bezeichnet er als »sexuelle Loser«. Die Texte auf seinem Blog tragen Titel wie »When her no means yes« (Wenn ihr Nein Ja bedeutet), »The intellectual inferiority of women« (Die intellektuelle Minderwertigkeit von Frauen) oder »Why women shouldn't work« (Warum Frauen nicht arbeiten gehen sollten). Auf seinen ehemals sehr populären Websites »Return of Kings« und »Roosh V« rief er unter der zynischen Überschrift »How to stop rape« (Wie sich Vergewaltigungen verhindern lassen) zur Legalisierung von Vergewaltigung auf privatem Grund und Boden auf:

> Vergewaltigungen, die auf privatem Grund und Boden stattfinden, sollten legalisiert werden. [...] Ein Mädchen würde ihren Körper dann genauso schützen wie ihre Handtasche und ihr Smartphone. Wenn Vergewaltigungen legalisiert werden, dann wird ein Mädchen ihren Bewusstseinszustand nicht so beeinträchtigen, dass sie sich nicht dagegen wehren kann, von einem Mann, bei dem sie sich nicht ganz sicher ist, in ein Schlafzimmer gezogen zu werden. Sie wird schreien, kreischen oder um sich treten, wenn er es versucht, so dass Leute drum herum aufmerksam werden. Wenn Vergewaltigungen legalisiert werden, wird ein Mädchen nie wieder unbeaufsichtigt mit einem Mann zusammen sein, mit dem es nicht schlafen möchte. Nachdem überall im Land einige Monate Werbung für das neue Gesetz gemacht worden wäre, würden Vergewaltigungen praktisch ab dem ersten Tag seines Inkrafttretens aufhören.[49]

Roosh behauptete später, die Forderung sei »Satire« gewesen. Für Nagle ist sie jedoch absolut kohärent mit seinem Frauenbild, das sie mit einem für Roosh typischen Satz veranschaulicht: »Ich halte jedes Mädchen, das ich treffe, erstmal für eine dreckige Hure, bis man mir das Gegenteil beweist.«[50] Viele andere Aussagen sind mittlerweile von seinem Blog gelöscht, darunter: »Ich mache mir die Mentalität eines Diktators zu eigen: Meine Schlampe ist mir unterworfen. Sie hat sich um meine Bedürfnisse zu kümmern, ohne Fehler zu begehen.«[51] Seine Haltung zu »pedestalling pussy« lautet, dass man Frauen nicht mit Rückzug, sondern mit Angriff begegnen sollte: »Auch wenn du weißt, dass du Pussy nicht auf ein Podest stellen solltest, träumst du dennoch davon, eine Traumfrau zu haben. [...] Für je unwürdiger du die Frauenspezies hältst [...], umso einfacher wirst du sie rumkriegen. Die Fantasie, die du haben solltest, um deine Traumfrau zu kriegen, sollte sein, sie zu würgen und in den Arsch zu ficken.«[52]

Seine Frauenfeindlichkeit mag konstant sein, ideologisch aber ist Roosh extrem wandelbar: Vom PUA wurde er zum »Neomaskulinisten« und wechselte dann zur Alt-Right, mit der er die Ansicht teilt, der Feminismus sei schuld am Untergang der westlichen Zivilisation. Eine seiner Rezensionen von Alt-Right-Werken trägt den Titel »The damaging effects of jewish intellectualism and activism on western culture« (Die schädlichen Auswirkungen jüdischen Denkens und Handelns auf die westliche Kultur).

Das US-amerikanische Southern Poverty Law Center, eine gemeinnützige Bürgerrechtsorganisation, hat die PUA-Bewegung als Male-supremacist-Gruppe eingestuft und die Website »Return of Kings« auf ihre Liste der Hassgruppen gesetzt. Dasselbe gilt für MGTOWs, die als Randgruppe der Incel-Community ebenfalls als Hassgruppe gelistet werden.[53] Bei allen Grabenkämpfen und Unterschieden sind es die Überschneidungen zwischen den einzelnen Gruppen, die die Incel-Community und andere misogyne Gemeinschaften immer extremistischer und gewaltorientierter werden lassen. Gefährlich ist besonders die Vernetzung mit dem rechtsextremen Spektrum wie der Alt-Right oder White-Supremacy-Bewegung, die ebenfalls glauben, dass der Feminismus die Gesellschaft korrumpiert habe. Das Southern Poverty Law Center nennt diesen Nexus einen »Teil des Online-male-supremacist-Ökosystems«.[54] Hier kommt alles zusammen:

Der Feminismus sei schuld daran, dass die westliche Zivilisation zugrunde gehe, weil er Frauen finanziell unabhängig mache, was diese ihr Recht auf sexuelle Selbstbestimmung durchsetzen ließe. Dadurch würden im Westen die Geburtenraten sinken. Hinter dem Feminismus stecke das Weltjudentum. Es sind genau diese Sätze, die Stephan Balliet als Eingangsstatement in die Kamera spricht.

Der wahrscheinlich prominenteste Ort, an den sich maskulinistische und rechtsextreme Kreise vernetzen, ist das bereits erwähnte Reddit-Unterforum »The Red Pill«. Es ist keineswegs auf den angelsächsischen Raum beschränkt, sondern wird von Usern aus der ganzen Welt frequentiert und gestaltet. Maskulinisten und Rechtsextreme teilen den Glauben an eine feministische Verschwörung und eine Vorliebe für Memes, also Bildmontagen, die lustig sein sollen. Es sind allerdings nicht bloß gemeinsame Ansichten, die diese unterschiedlichen Gruppen zusammenführen. Vielmehr suchen Rechte auch ganz gezielt maskulinistische Männerräume im Internet auf, um dort für ihre Ideen zu werben und Anliegen politisch zu instrumentalisieren, die zunächst eher privater Natur sind.[55] »Im Zuge der globalen Erstarkung der Rechten«, so die Geschlechterforscherin und Soziologin Franziska Schutzbach, »sind die PUA erneut in den Blick der Öffentlichkeit geraten, denn es hat sich herausgestellt, dass ihre Ideologien für junge Männer ein Einstieg in radikalisierte Positionen sein können. Die Community hat sich politisiert.«[56] Der gemeinsam gepflegte Sexismus und die Ablehnung des Feminismus beziehungsweise ganz grundsätzlich der Gleichberechtigung der Geschlechter lässt sich leicht nutzen, um auch gegen andere politische Minderheiten Stimmung zu machen und die männliche Enttäuschung in eine politische Haltung zu übersetzen. Etwa indem Ängste geschürt werden: Bedeutet weibliches Empowerment nicht, dass Männer zwangsläufig schlechter gestellt werden? Dass sie weniger Rechte haben, wenn Frauen mehr erlangen? Emanzipation wird als Nullsummenspiel dargestellt, bei dem Männer verlieren, wenn Frauen gewinnen. Die Männergemeinschaft ist ein idealer Rekrutierungspool, denn es sind in ihrem Status verunsicherte Männer, die sich an maskulinistische Foren wenden. Das Mindset, das sie mitbringen, prädestiniert sie als Zielgruppe für Verschwörungstheorien und rechte Propaganda.

In den USA hat die rechte Bewegung vorgemacht, wie gut diese Rekrutierung funktionieren kann. Anhänger der Alt-Right haben ganz gezielt in der maskulinistischen Szene gefischt, um Stimmen für Donald Trump zu sammeln. Die Onlinebewegung der PUAs spielte »eine große Rolle dabei, Trump von einer zweitrangigen Figur der Spätnachrichten zu einem brauchbaren Präsidentschaftskandidaten zu machen«, konstatiert etwa die Autorin Siyanda Mohutsiwa. Sie hat die Onlineradikalisierung junger weißer Männer über Jahre beobachtet und im Kontext der US-Wahlen umfassend analysiert.[57] Die PUA-Community habe sich in eine der »bislang viel zu wenig untersuchten Triebkräfte der Neuen Rechten« verwandelt: hegemoniale Männlichkeit als »Einstiegsdroge« für rechtsextreme Ideologien.[58] Das Ausmaß der Querverbindungen zwischen misogynen Maskulinisten und misogynen Rechtsextremen ist dabei kaum zu überschätzen. Mit mehreren Millionen Besuchern im Monat – nach Angaben der Seite selbst sollen es rund siebenundzwanzig Millionen sein – gehört das Forum 4chan zum Beispiel laut Amazons Web-Analysedienst Alexa weltweit zu den tausend meistbesuchten Seiten im Internet, in den USA und in Deutschland sogar zu den meistbesuchten vierhundert. Eines der beiden wichtigsten und meistbesuchten Unterforen dort ist /pol/ (für »politisch inkorrekt«), das als Nachrichtenforum gedacht war.[59] Die meisten Inhalte sind rechtsextreme und gegen Frauen und andere Minderheiten gerichtete Hassrede.[60] Umso beunruhigender ist es, dass rund fünf Prozent aller Newslinks auf Twitter auf /pol/ verweisen.[61]

Dieselben Verflechtungen wie in den USA lassen sich auch in Europa beobachten. Es gibt sogar deutschsprachige Adaptionen des Red-Pill-Unterforums wie zum Beispiel den »Rote Pille Blog«, der den Untertitel trägt: »Männlichkeit entwickeln. Maskuline Persönlichkeitsentwicklung. Gegen Feminismus und Massenmedien«. Inspiriert ist die Szene vom amerikanischen Vorbild, dort holt sie sich Anregungen für ihr Weltbild und Vokabular. Auch für deutsche Maskulinisten ist Trump die große Identifikationsfigur. »Make Männlichkeit great again«, unter diesem Titel feierte Henry Fenech vom »Rote Pille Blog« die Wahl Donald Trumps zum Präsidenten der USA.[62] »Ein Alphamann im weißen Haus, wenn das kein Grund zu feiern ist.« Für Fenech ist »Männlichkeit ein Geschenk der Natur und muss so angenommen werden. Schwache Betamänner sind ein Produkt der linken Massenmedien und bemitleidenswert.«

Die Autorin Marinela Potor hat in der deutschen Szene recherchiert und die inhaltlichen Überschneidungen mit rechtspopulistischen Weltbildern herausgearbeitet. Anschlussfähig ist beispielsweise der evolutionsbiologische Determinismus, der von Bloggern wie Fenech und anderen als Erklärung für Geschlechterverhältnisse bemüht wird. Demnach sind Frauen passiv und unterwürfig, Männer hingegen aktiv und dominant. Wer das nicht erkenne, sei entweder Beta oder von der Konditionierung durch die Blaue Pille manipuliert worden. Donald Trump ist Alpha, weil er zum Beispiel Angela Merkel den Handschlag verweigerte, so Fenech.[63] In Europa stehe die echte Alphamännlichkeit dank Feminismus und Betamännern kurz vor dem Untergang. Als Beleg dafür führt Fenech in einem Blogeintrag mit dem Titel »Europäische

Werte« ein Videointerview des TV Senders Russia Today (RT) an.[64] Darin sind laut Potor – das verlinkte Video ist mittlerweile nicht mehr verfügbar – Männer in Röcken bei einer Kundgebung in den Niederlanden zu sehen, die unter dem Slogan »Sexueller Missbrauch ist kein Frauenproblem« gegen die Übergriffe in der Silvesternacht 2015/16 in Köln demonstrieren, um auf die gesellschaftliche Dimension von sexueller Gewalt hinzuweisen, die auch Männer treffen kann. Eine RT-Reporterin befragt dazu ihre dänische Kollegin Iben Thranholm, die mit Blick auf die Männer im Rock in die Kamera sagt: »Das ist genau das Problem, das wir in Europa haben – Männer, die sich wie Frauen verhalten. Die Flüchtlinge respektieren Frauen nicht, und wenn Männer sich hier wie Frauen geben, haben wir keine männliche Kraft in unserer Gesellschaft, um uns dagegen zu verteidigen.«

Wie global vernetzt die Szene der Maskulinisten ist, zeigt sich, wenn man ihren Spuren folgt, wie Potor es getan hat: Gefunden hat Fenech demnach das Video auf der Seite »Chateau Heartiste«, die der bekannte US-amerikanische Männerrechtler und PUA-»Guru« James C. Weidmann betreibt. Das Video ist also in den Niederlanden gedreht worden, wo ein russisches Filmteam eine dänische Kollegin interviewte. RT hat es dann veröffentlicht und in den USA geteilt, von wo aus es anschließend nach Europa gelangt ist.

Fenech adaptiert aber nicht bloß das Video, sondern übernimmt auch rassistische Inhalte: Auf »Chateau Heartiste« wird dieselbe Mischung aus misogynem Antifeminismus und weißem Nationalismus bis hin zum Neonazismus propagiert und evolutionspsychologisch begründet, wie sie sich auch bei Fenech finden lässt. Das Titelbild zum Blogeintrag »Stayin' All White« auf »Chateau Heartiste« etwa zeigt einen weißen Jugendlichen mit Hakenkreuz auf einem schwarzen T-Shirt, nach dem sich eine ganze Gruppe attraktiver Mädchen aus einem Protestzug mit Regenbogenflaggen umdreht.[65] Die Aussage des Bildes: Der weiße Suprematist ist viel cooler als die queeren Jungs, die im Protestzug die Regenbogenflaggen schwingen. Der jugendliche Neonazi verkörpert harte Männlichkeit und sieht dabei so unabhängig aus wie James Dean. Der Text des Blogeintrags besteht aus der Adaption des Liedtexts des Hits »Stayin' Alive« der Bee Gees, der Inhalt wurde neonazistisch umgedichtet, eine typische Methode der Rechten, die ganz gezielt zur Mobilisierung eingesetzt wird.

Angela Nagle hat Weidmanns Blog ebenfalls unter die Lupe genommen und fasst dessen weltanschaulichen Gehalt wie folgt zusammen: Die ökonomische Unabhängigkeit von Frauen führe zum zivilisatorischen Kollaps, die »weiße Zivilisation« werde zerstört durch »Rassenmischung«, Einwanderung und niedrige Geburtenraten weißer Frauen. Ursache hierfür sei der Feminismus. Der Kollaps könne nur verhindert werden, wenn Minderheiten deportiert und das Patriarchat restauriert würden.[66] Ein anderer antifeministischer Blogger aus der Alt-Right-Bewegung, Vox Day, ist dagegen, Vergewaltigung in der Ehe zu bestrafen. Das sei nicht nur ein Widerspruch in sich, sondern ein Angriff auf die Institution der Ehe, auf die Idee objektiver Gesetze und letztlich auf die grundlegenden Fundamente der menschlichen Zivilisation. Die Gleichung Feminismus = verweichlichte Männer = Aussterben der »weißen Rasse« findet sich überall, von Australien über Nordamerika bis nach Europa und weiter nach Russland.

In Deutschland hat sich »Wikimannia« zur Aufgabe gemacht, eine »alternative« Weltsicht zu verbreiten. Diese Sichtweise besteht in frauenfeindlichen und rassistischen Inhalten, die in Form einer Onlineenzyklopädie im Stil von Wikipedia aufbereitet sind. Der Lexikonartikel unter dem Stichwort »Frau« zum Beispiel leitet mit einem Foto ein, auf dem eine

Gruppe schwarz verhüllter Musliminnen zu sehen ist, darunter die Bildunterschrift: »Deutsche Frauen im Jahr 2050 (Symbolbild)«.[67] Das Seitenmotto von Wikimannia lautet: »Politik in Deutschland: Willkommenskultur für Migranten, Abtreibungskultur für Ungeborene, Zerstörungskultur für Familien«. Ziel der Seite ist es, über die »Lügen der Presse« aufzuklären, denn diese sei von der Feminismus-Lobby gesteuert, um aus Alphamännern Betas zu machen. Durch Aufklärung will das Projekt dieser Entwicklung entgegenwirken. Mit evolutionstheoretischen Begründungen werden Frauen als »Weiber« bezeichnet, die hinterhältig, geldgeil und betrügerisch seien und ihre Reize schamlos einsetzten, um Männer auszunutzen. Ein »aufklärerisches« Comic-Meme zeigt beispielsweise, wie ein junges Mädchen einem anderen ins Ohr flüstert: »Siehst du den röchelnden Opa im Rollstuhl? Der ist Milliardär.« Daneben steht der Spruch: »Frauen sind Parasiten ein Leben lang. Ungefähr zehn Jahre davon schöne.«[68] Männer durchschauten dieses Treiben nur deshalb nicht, weil sie der Indoktrination durch die Blaue Pille zum Opfer gefallen seien.

In Deutschland und weit darüber hinaus gibt es neben Rechtsextremen noch eine weitere Gruppe, die antifeministische Ansichten pflegt: konservative Katholiken und christliche Fundamentalistinnen. Wahrscheinlich trennt die jeweiligen rechten, maskulinistischen und religiösen Akteure mehr, als sie eint. Aber beim Thema Männlichkeit finden sie zusammen. Ein Beispiel aus dem deutschsprachigen Raum ist der PUA-Coach Maximilian Pütz. In einem seiner YouTube-Videos, die Titel tragen wie »Frauen sind wie Hunde«, bekundet er seine Verehrung für die christliche Publizistin Birgit Kelle. Kelle wirbt in ihren Texten und Vorträgen dafür, dass Frauen ihr Potenzial endlich wieder ausschließlich als Mütter und Hausfrauen verwirklichen sollen – ein Ideal, dem sie als Handlungsreisende in Sachen traditionelle Rollenverteilung vermutlich selbst nicht ganz gerecht wird. Franziska Schutzbach stuft die Texte und Äußerungen Kelles als »christlich-fundamentalistisch« ein.[69] Mit Katholizismus kann Coach Pütz, wie er einräumt, nicht viel anfangen, er selbst sei eher »links«. Als »Feind des Feminismus« befinde er sich jedoch mit Kelle auf einer Linie. Beide vertreten die Position, der Feminismus würde Frauen ihrer Weiblichkeit und Männer ihrer Männlichkeit berauben und die biologischen Unterschiede nivellieren.

Die Mannosphäre ist eine Brutstätte des Hasses gegen Frauen, in der sich verbale Gewalt und Misogynie wie in einer Echokammer gegenseitig verstärken. Expertinnen und Experten verzeichnen eine zunehmende Onlineradikalisierung männlicher Suprematisten, die sich in immer »toxischeren« Inhalten und einer drastischen Zunahme von Hassreden äußert, wie eine neue Studie über die Mannosphäre aus dem Jahr 2020 zeigt. Ein internationales Team von Wissenschaftlerinnen und Wissenschaftlern hat fast vierzig Millionen Posts aus verschiedenen Foren der Mannosphäre ausgewertet.[70] Die Untersuchung zeichnet nach, wie sich »toxische Inhalte« und Hassreden in den letzten vierzehn Jahren qualitativ zugespitzt und quantitativ vermehrt haben und wie Mitglieder aus weniger radikalen Communities der Männerrechtsaktivisten oder PUAs zu radikaleren Foren von Incels oder MGTOWs abwanderten. Unter den 1,5 Millionen für die Studie erfassten Usern konnte zum Beispiel ein sprunghafter Anstieg von Incels seit 2017 nachgewiesen werden.[71]

4. Gewalt gegen Frauen, online und offline

In den letzten Jahren ließen sich gezielte und koordinierte Mobbingkampagnen und Verbreitungsoffensiven extremistischer Ideologien der männlichen Suprematie im Netz beobachten. Nicht nur einzelne Gruppen werden immer extremer. Vielmehr radikalisieren diese sich gegenseitig durch das Zusammenspiel ihrer Ideologien, das gegenseitige Füttern und Befeuern von hermetischen Hassnarrativen, das durch die Vernetzung und den schnellen Austausch im Netz ermöglicht wird. Freilich ließen sich schon vor der Internetära Radikalisierungstendenzen bei maskulinistischen Gruppierungen erkennen, aber durch das Internet werden diese Dynamiken beschleunigt.

Wie frauenfeindliche Einstellungen der Männerrechtsbewegung im Internetzeitalter zu konkreter Gewalt führen, zeigt das folgende Beispiel. Paul Elams Projekt »A voice for men« rief im Jahr 2011 die Webseite »Register-her« ins Leben, die inzwischen offline ist. Dabei handelte es sich um eine Seite, auf der Männer Frauen an den Pranger stellen konnten, mit Foto und persönlichen Angaben. Auslöser für diese Denunziationen waren vermeintlich falsche Beschuldigungen wegen häuslicher Gewalt oder sexuellen Übergriffen. Es wurden aber auch private Daten von Frauen veröffentlicht, wenn diese einfach nur anderer Meinung waren als Männerrechtler, also vor allem von Journalistinnen, die über feministische Themen schrieben. Das Ergebnis war eine Welle von Mobbing, Vergewaltigungs- und Todesdrohungen. Es ging so weit, dass manche Opfer der Kampagne aus Sicherheitsgründen ihren Wohnort wechseln mussten, wie zum Beispiel die feministische Autorin Jessica Valenti.[72]

Warren Farrell, der die Männerrechtsbibel über den *Mythos Männermacht* geschrieben hat und ein Mitstreiter von Elams »A voice for men« ist, ist ein besonders drastisches Beispiel eines Männerrechtlers, der die Seiten gewechselt hat: In den siebziger Jahren war er noch im Vorstand der US-amerikanischen feministischen National Organization for Women. Heute ist er Antifeminist und nennt sich selbst »Bürgerrechtler«, weil er für angeblich unterdrückte Männer kämpft. Die Onlinehetzkampagnen gegen Frauen verharmlost er. Sie seien zwar extreme, aber dennoch nützliche Lektionen für Feministinnen. Seiner Meinung nach sind die »radikalen Flügel« wichtig für »Bürgerrechtsbewegungen«, wenn diese mit ihren Anliegen erfolgreich sein wollen. »Ich habe gesehen, wie Martin Luther King mit seinen Ideen alleine nicht durchdrang«, so Farrell. King habe die radikaleren, gewalttätigeren Stimmen gebraucht.[73] Derartige Selbststilisierungen zu Bürgerrechtlern mit entsprechenden kulturellen Aneignungen finden sich immer wieder in den Argumentationen der Maskulinisten und Rechtsradikalen. Das Verhältnis von Opfern und Tätern wird umgedreht, damit sich die in dieser Logik »Unterdrückten« als Freiheitskämpfer inszenieren können. Auf diese Weise wird dann Gewalt legitimiert.

Einer, der in seinen Blogbeiträgen geradezu notorisch das Recht auf häusliche Gewalt verteidigt und es so zu einigem Ruhm in der Szene gebracht hat, ist Ferdinand Bardamu. Bardamu, der sich nach dem Protagonisten von Louis-Ferdinand Célines 1932 erschienenem Roman *Reise ans Ende der Nacht* benannt hat und eigentlich Matt Forney heißt, schreibt in seinem Text »The necessity of domestic violence« (Die Notwendigkeit häuslicher Gewalt), dass »Frauen von ihren Männern terrorisiert werden müssen. Das ist das Einzige, was sie davon abhält, sich wie Schimpansen zu benehmen.«[74] »Mädchen«, die in Missbrauchsbeziehungen landeten, seien insgeheim von Männern angezogen, die ihnen Gewalt antun: »Wenn du aufgepasst hättest«, belehrt er die imaginierte misshandelte Leserin seines Beitrages, »wären dir die Zeichen aufgefallen, dass dein Mann ein Gewalttäter ist. Aber du hast sie übersehen, weil dich das – unterbewusst – anmacht, weil es dich feucht werden lässt.«[75] Der Gedanke, Frauen fühlten sich insgeheim zu gewalttätigen Männern hingezogen, spielt eine große Rolle bei der Legitimierung von und bei der Selbstermächtigung durch Gewalt gegen Frauen. So werden beispielsweise in Foren auch Attentate regelmäßig als etwas diskutiert, das Augenzeuginnen in Ekstase verfallen lasse. Manche Amokläufer denken deshalb, dass sie mit einer solchen Tat vom Incel zum Chad aufsteigen könnten.

Für Männer hat Forney dennoch einen anderen Rat. Sie sollten »ihre Mädchen« lieber nicht schlagen, die Risiken seien zu hoch: »Für jedes Mädchen, das dir nach einer ordentlichen Rückhand auf den Schwanz springt, gibt es drei, die sofort die Polizei rufen.« Nicht jede verstehe das Neckische an der gewalttätigen Geste: »Ich kann dich wie ein Insekt zermalmen, aber du bist die Anstrengung nicht wert.« Erregend sei für Frauen, so Forneys Vorstellung, das unausgesprochene Eingeständnis, dass »sie schwächer ist als du, unter dir, und wenn sie dir noch einmal in die Quere kommt, wirst du sie ins Krankenhaus verfrachten. Du musst sie behandeln wie ein Kind mit einem Wutanfall, nicht wie jemanden auf Augenhöhe.« Einzig diese Sprache würden Frauen verstehen.

Die direkte Ansprache und der regelmäßige abwertende Austausch in Foren verstärkt die misogynen Einstellungen und verschiebt das Unrechtsbewusstsein so weit, dass Täter gar nicht mehr versuchen, ihre in der analogen Wirklichkeit begangenen Gewalttaten geheim zu halten. Im Gegenteil: In der Echokammer der Gemeinschaft der Gleichgesinnten lässt sich damit angeben. Das dokumentiert der folgende Fall, der im Jahr 2014 in den USA hohe Wellen schlug.[76] Ein anonymer Nutzer hatte auf 4chan Bilder hochgeladen, auf denen eine nackte Frauenleiche mit Würgemalen zu sehen war, und dazu ein Geständnis gepostet: »Wie sich herausstellt, ist es viel schwieriger, jemanden zu erwürgen, als es in Filmen aussieht … Ihr Sohn kommt bald von der Schule nach Hause. Er wird sie finden und dann die Bullen rufen. Ich wollte die Bilder nur schnell teilen, bevor sie mich erwischen.«[77] David Kalac wird damit als der »4chan-Killer« bekannt, der seine Freundin Amber Coplin ohne konkretes Motiv umbrachte, wie er selbst behauptete. Gefunden wird sie tatsächlich von ihrem dreizehn Jahre alten Sohn, eine halbe Stunde nachdem der Post mit Geständnis und Bildern online gegangen war.[78] Das Kind berichtet von einem lauten Streit am Abend zuvor. Die Polizei stellt später folgende Nachricht beim Täter sicher: »Ich habe Amber Coplin getötet. Ich habe sie erst mit meinen Händen gewürgt, dann mit einem Schnürsenkel. Ich hatte keinen anderen Grund, als dass ich betrunken war und sie mich wütend machte. Die Flucht vor den Bullen hat so viel Spaß gemacht.« Bereits vor dem Mord waren mehrere Verfahren wegen häuslicher Gewalt gegen Kalac anhängig, darunter versuchter Mord an einer Exfreundin.

Die Art und Weise, wie Kalac sein Opfer umbringt, gibt einen Eindruck vom misogynen Weltbild des Täters. Er versucht, Coplin mit bloßen Händen zu töten und damit Macht zu demonstrieren, ganz im Sinne von Forneys Forderung an Männer, ihren Frauen zu zeigen: »Ich kann dich wie ein Insekt zermalmen.« Als ihm das nicht gelingt, muss er einen Schnürsenkel zu Hilfe nehmen. Aber wieder scheitert er. Letztlich tötet er seine Partnerin mit einem stumpfen Gegenstand, den er ihr gegen den Kopf schlägt, wie Ermittler später rekonstruieren.[79] Seine Machtdemonstration des einfachen »Zermalmens« ist somit gescheitert. Nach der Tat wird er auf 4chan schreiben: »Sie hat sich so verdammt doll gewehrt«.

Vielleicht ist das der Grund dafür, dass es zu weiteren Gewaltexzessen kommt, obwohl Coplin bereits tot ist: Nach dem Mord entkleidet Kalac sein Opfer und vergewaltigt die Leiche. Dabei fügt er ihr Bissspuren zu und markiert diese anschließend mit einem Edding. Dann legt er den Körper der Getöteten in Positur und fertigt Fotos von seiner Tat an, wie um seinen finalen Triumph zu dokumentieren. Erst Stunden später lädt er diese bei 4chan hoch. Es reicht ihm offenbar nicht, sich vom Körper der Toten mit dem sexuellen Übergriff zu nehmen, was ihm seiner Meinung nach zusteht. Er will seine Spuren markieren und seine Tat öffentlich dokumentieren. Sogar die Wohnung und einen persönlichen Gegenstand – ein amtliches Dokument – markiert er: Auf eine Wand der Wohnung schmiert er »Sie hat mich zuerst umgebracht«, auf Coplins Führerschein schreibt er »tot«. Wie eine Behörde maßt sich Kalac die Macht an, gewissermaßen offiziell den Tod Coplins festzustellen, den er selbst verursacht hat. Mit seiner an die Wand gekritzelten Aussage liefert er außerdem auch noch eine schriftliche Begründung für das Urteil, das er über sie fällt: Sie hat angefangen.

Kalacs gesamtes Handeln zielt darauf, sein Opfer zu demütigen und zu degradieren und sich selbst zu erheben und zu ermächtigen. Er setzt seine Gewalt gegen Coplin in Szene und führt aller Welt vor, zu was ein Mann fähig ist, wenn er sich in seiner Überlegenheit gekränkt fühlt. Wie sie ihm nackt ausgeliefert ist und sich nicht mehr wehren kann, zeigen die Bilder. Dass sie ihm gehört und dass er über ihren Körper verfügen, sogar über Leben und Tod entscheiden kann, zeigen die Markierungen. Er hat sie mit Gewalt auf ihren Platz verwiesen, sie untergeordnet, auch wenn er sie dafür umbringen musste. Die Art, wie Kalac seine Freundin tötet, ist eine Machtdemonstration. Strangulieren ist eine geschlechtsspezifische Form der Gewalt: Typischerweise werden Frauen auf diese Weise von ihren Intimpartnern umgebracht.[80] Wissenschaftlerinnen und Wissenschaftler erklären diese Form von Gewalt, die über das Leben des anderen ausgeübt wird, als Demonstration von Autorität und Dominanz. Für die feministische Philosophin Kate Manne ist sie aus diesen Gründen ein »paradigmatischer Ausdruck der Misogynie«.[81]

Michael Kimmel hat ein Muster herausgearbeitet, das hinter männlicher Gewalt an Partnerinnen steckt und dabei helfen kann, eine Tat wie die von Kalac einzuordnen. Gewalt im Kontext von Beziehungen beschreibt Kimmel als restaurativ: Die Täter wollen sich etwas zurückholen, was ihnen ihrer Meinung nach genommen wurde, eigentlich aber zusteht.[82] Liebe, so Kimmel, ist für Männer, die von einem hegemonialen Männlichkeitsverständnis geprägt sind, mit Schwäche assoziiert. Sie macht sie ihrem eigenen Empfinden nach verwundbar und abhängig. Solche Männer fühlten sich durch ihre Gefühle bloßgestellt. Die Zuneigung zur Partnerin käme einem Kontrollverlust gleich. Männer, die sich selbst als souverän und tonangebend begriffen, sähen sich vor die Einsicht gestellt, dass sie auf jemand anderes angewiesen sind, und zwar auf einen Menschen, der einer Gruppe angehört, die ihnen eben nicht als souverän und tonangebend gilt. Gewalt, so Kimmel, ist für diese Täter das letzte Mittel, um Frauen zurück auf ihren Platz zu verweisen, nämlich in der Hierarchie unter ihnen, und so die Kontrolle zurückzuerlangen.

Der empfundene Kontrollverlust allein erklärt aber noch nicht das Phänomen der Beziehungsgewalt. Vielmehr müsse im Mann darüber hinaus das Gefühl vorherrschen, einen Anspruch auf bestimmte Dinge zu haben: »Man muss sich dazu berechtigt fühlen, Gewalt anzuwenden als Mittel, um etwas wiederherzustellen, das als bedroht empfunden wird.«[83] Auf abstrakter Ebene sei es die Ehre, die durch Demütigung und Schande verletzt wird. Im Alltagsleben drückt sich dies aus, wenn konkrete Ansprüche verletzt werden, die Männer gegenüber Frauen zu haben meinen. Typische Situationen, in denen es zur Partnerschaftsgewalt komme, sind nach Kimmel: Wenn das Essen nicht bereitsteht, wenn sie keinen Sex möchte, wenn sie ihm nicht zuhört und keine Aufmerksamkeit schenkt, wenn sie seinen Bedürfnissen nicht nachkommt, wenn sie anderer Meinung ist oder wenn sie irgendetwas für sich ganz alleine haben oder tun möchte.[84] Gewalttäter würden sich denken: »Ich sollte mich groß fühlen, aber wenn ich nicht bekomme, worauf ich ein Recht habe, fühle ich mich klein. Ein Mann muss sich aber groß fühlen, also schlage ich meine Frau, um dieses Gefühl der Größe wiederherzustellen, um etwas wiederzuerlangen, das sie mir vorenthält, um zu kompensieren, was ich nicht habe«, so drückt Kimmel es aus.[85] Zur Gewalt kommt es hingegen nicht, wenn die männliche Macht über Frauen intakt ist.

Besonders aufschlussreich sind die Erklärungsansätze des Männlichkeitsforschers zur sexuellen Gewalt, die auf seiner soziologischen Feldforschung in Form von Interviews und Gruppengesprächen beruhen. Einer der Befragten, ein, wie Kimmel es ausdrückt, »durchschnittlicher«, nicht vorbestrafter junger Mann, antwortet auf die Frage, aus welchen Motiven heraus er hypothetisch eine Vergewaltigung begehen würde: »[U]m sagen zu können: ›Ich habe Macht über dich und kann mit dir machen, was ich will‹.« Eine Vergewaltigung würde in der Vorstellung des Befragten das Machtverhältnis wiederherstellen, das aus dem Gleichgewicht gerät, wenn eine attraktive Frau sich das Recht herausnimmt, selbst über ihren Körper zu bestimmen und sexuelle Nähe zu verweigern. Die Kränkung des männlichen Anspruchs führt zu einem Gefühl der Ohnmacht, wie Kimmels Protagonist beschreibt: »Frauen haben Macht über mich allein durch ihre Anwesenheit. Allein die Tatsache, dass sie denken, ich sei Wachs in ihren Händen, gibt mir das Gefühl, ein Dummkopf zu sein und löst in mir Rachegedanken aus. Sie haben Macht über mich, also will ich Macht über sie.«[86] Es sind ebendiese Begründungen für misogyne Einstellungen, die sich auch in Onlineforen finden.

Das Gefühl der Machtlosigkeit zeigt sich auch auf der Ebene der Sprache. Sie ist gewaltvoll, als würde weibliche Schönheit und Sexualität als etwas wahrgenommen, das Männern durch bloßes Vorhandensein Gewalt antut. »Hinreißend«, »überwältigend«, »Sexbombe«, »umwerfend«, »dressed to kill«, »femme fatale« sind Attribute, mit der die Attraktivität von Frauen beschrieben wird und die ausdrücken, dass gutes Aussehen als gewaltvoll empfunden werden kann. In der Tatsache, dass diese Begriffe keineswegs auf die Sprache misogyner Extremisten beschränkt sind, sondern in zahlreichen sozialen Kontexten häufig verwendet werden, zeigt sich, wie sehr solche Vorstellungen strukturell in der Gesellschaft verankert sind. Indem Frauen durch ihr bloßes Erscheinungsbild passiv Macht ausübten, bringen sie etwas aus dem Gleichgewicht. Frauen steht keine Macht zu, deshalb bringt weibliche Macht Männer dazu, sich unterlegen zu fühlen. Indem sie Gewalt anwenden, so Kimmel, versetzen sich die Unterlegenen zurück in die Lage der gewohnten Überlegenheit. Genau dieses ambivalente Verhältnis zum weiblichen Körper kommt in zahlreichen Foreneinträgen von Maskulinisten zum Ausdruck: Der weibliche Körper wird begehrt und aus genau diesem Grund gleichzeitig abgelehnt als Bedrohung des männlichen Selbstverständnisses, das mit Kontrolle und

Autonomie assoziiert ist. Die Macht der Frau besteht darin, dass sie ohnmächtig und abhängig macht. Maskulinisten versuchen, sie auf das kleinstmögliche Element zu reduzieren, auf den Körper oder sogar auf primäre Geschlechtsorgane (»The power of pussy«). Ihre Sprache kann man in diesem Zusammenhang als Strategie der Bewältigung deuten: Indem sie das Weibliche »pussy« nennen, depersonalisieren sie die sexuelle Macht, dessen Zentrum nicht eine Person, sondern ein Körperteil ist. Das Problem erscheint dadurch weniger komplex, außerdem ist man in der Abhängigkeit von Dingen wenigstens allein und niemandem ausgeliefert.

Das Verhältnis von Maskulinisten zu Frauen ist natürlich extrem und geprägt durch soziale Phobien. Aber wenn man Kimmel glauben darf, geht es vielen Männern in Beziehungen ähnlich. Für sie ist es weniger der fremde Körper, den sie als bedrohlich für ihr Selbstbild empfinden, als vielmehr die Liebesbeziehung. Sie kämen sich durch das Gefühl der Liebe abhängig und ausgeliefert vor, weil sie sich auf die andere Person einlassen, Verlustängste haben und von Eifersucht geplagt werden. Liebe wird mit Schwäche in Verbindung gebracht und gilt als »unmännlich«. Auch heute noch wird sie und alle mit ihr in Zusammenhang stehenden Verhaltensweisen männlichen Kindern in bestimmten Kreisen aberzogen.[87]

Wenn Männer mit misogynen Einstellungen die Geschlechterordnung in alltäglichen Beziehungen mit ihren Partnerinnen verhandeln, dann geht es um die persönliche Ebene bedrohter männlicher Hegemonie. Wenn sich Täter aber mit Gleichgesinnten in einschlägigen Foren austauschen, wird der Aushandlungsprozess von der persönlichen Ebene im abgeschlossenen Bereich der Familie auf die Ebene der Gesellschaft gehoben und der öffentlichen Debatte zugänglich gemacht. Er wird sichtbar und politisch, denn auf diese Weise kann Misogynie als Mittel zur Durchsetzung männlicher Vorherrschaft reflektiert und propagiert werden. Das lässt sich auch am Beispiel von David Kalac demonstrieren. Dass Kalac die Bilder seines Verbrechens online postet und in einschlägigen Foren im Austausch zu Gleichgesinnten steht, fügt dem Phänomen der Frauenmorde und ähnlichen Gewaltverbrechen eine neue Dimension hinzu. Durch die Vernetzung im Internet ist ein neuer Tätertypus entstanden, der sich die Anregungen zu seiner Tat in der gewaltverherrlichenden Subkultur einer Onlinecommunity holt und selbst etwas zu diesem Ökosystem beiträgt. Jemand wie Kalac kann sich in seiner Netzgemeinschaft mit seiner Tat größer und bedeutsamer machen, als er es in der analogen Welt ist. »Das Netz verschafft Omnipräsenz, für Momente auch den sonst Übersehenen. Jedes Mini-Segment wird aufblasbar zu Globalgröße, und zwar in etwa Lichtgeschwindigkeit. Jeder kleine und kleinste Monitor hat heute die Machtausstrahlung, die noch vor wenigen Jahren nur von Groß- und Offizialmonitoren ausging«, schreibt Klaus Theweleit in seinem Nachwort zur Neuauflage von *Männerphantasien*.[88] Theweleit bezieht sich auf den Rechtspopulismus, aber seine Einsicht lässt sich auch auf Frauenhassgruppen anwenden, die in so großen Dimensionen überhaupt nur im Internet existieren, wo misogyne Einzelpersonen leichter zueinanderfinden und sich gegenseitig bestärken.

Bei der im Internet durch Bilder oder Kommentare verbreiteten Gewalt steht die Tat als performativer Akt im Zentrum, nicht so sehr das Resultat (also beispielsweise, dass die Frau beseitigt ist). Der Täter nimmt sogar in Kauf, schnell von der Polizei entdeckt zu werden, wenn dafür die virtuelle Öffentlichkeit teilhaben kann. Diese neuen Formen von Gewalt sind ein Phänomen der sozialen Medien, es gibt Feedback und Likes. Jeder kann Öffentlichkeit herstellen und sich Legitimation und Zuspruch holen, je extremer der Inhalt, desto mehr. Durch die Öffentlichkeit und Sichtbarkeit steht eine Tat wie die von Kalac an der Schwelle zum politischen Akt.

5. Anschläge auf Frauen

Ebendiese Schwelle überschritten hat eine Form der Gewalt gegen Frauen, die direkt auf eine höhere Ebene als die persönliche zielt. Sie soll Frauen nicht als individuelle Personen treffen, sondern als Vertreterinnen ihrer Gruppe und sogar des gesamten gesellschaftlichen Systems. Die Gewalt geht von Männern aus, die keine Gelegenheit dazu haben, restaurative Gewalt in persönlichen Beziehungen anzuwenden, ganz einfach, weil sie noch nie eine Beziehung zu einer Frau hatten. Mit gezielten Attentaten auf Frauen und sexuell Aktive wollen Incels Angst und Schrecken verbreiten und das »Beta Male Uprising« oder die »Incel-Rebellion« auslösen, das System stürzen, das ihrer Meinung nach »Alphas« privilegiert, und sich selbst an die Stelle der Alphamänner setzen. Dabei handelt es sich um eine Form des Terrorismus und somit um politische Gewalt, so meine These, denn das Ziel der Akteure ist gemäß ihrer Ideologie eine neue Ordnung. Definiert man Terrorismus als »Strategie, durch Angst und Schrecken politische Zwecke zu erreichen«, wie es beispielsweise das *Handbuch Politische Gewalt* vornimmt, sind die Kriterien erfüllt.[89] Bisher werden diese Fälle aber nicht als Terrorismus behandelt, sondern bevorzugt als Amokläufe geistig verwirrter Einzeltäter. Das Phänomen ist vielleicht auch zu neu, als dass Gerichte und Polizeibehörden eine solche Einordnung schon hätten vornehmen können. Selbst die Wissenschaft beschäftigt sich bisher eher zögerlich damit.

Die Zahlen, die das US-amerikanische Magazin *Mother Jones* recherchiert hat, sollten uns indes alarmieren. Die Zeitschrift führt eine Datenbank über Massenschießereien in den USA seit 1982 und analysiert regelmäßig die Daten. Dabei hat das Magazin eine spezifische Entwicklung in den letzten zehn Jahren festgestellt: In rund einem Drittel der Attacken ließ sich ein frauenfeindliches Motiv feststellen. Die Hälfte dieser 22 Taten galt sogar ganz gezielt Frauen. Ein Drittel der Täter war polizeibekannt wegen Stalking und Belästigung, über 85 Prozent von ihnen hatten Vorstrafen wegen häuslicher Gewalt.[90]

Bisher gab es einige Anschläge, die direkt auf Frauen zielten und denen eine misogyne Ideologie zugrunde lag. Als Archetyp für die Täter wird oftmals Elliot Rodger bezeichnet, obwohl er nicht der erste Incel-Attentäter war. Aber auf ihn beziehen sich die Nachfolger, denn er hat ein Manifest hinterlassen, 137 Seiten Text und mehrere Videos. Das ist ein wichtiges Kennzeichen für eine politische Tat. Es lohnt sich, ausführlicher auf Rodgers Botschaften einzugehen, denn sie geben nicht nur Aufschluss über seine individuelle Radikalisierungsgeschichte, sondern auch darüber, wie aus Erfahrungen der Zurückweisung und Kränkung eine politische Ideologie werden kann, die mit Gewalt gegen eine bestimmte Menschengruppe durchgesetzt werden soll.

»Hi, hier ist Elliot Rodger. Das ist mein letztes Video, es musste alles so kommen. Morgen ist der Tag der Abrechnung. Der Tag, an dem ich meine Rache an der Menschheit nehmen werde«, spricht der Zweiundzwanzigjährige im Jahr 2014 in die Kamera, die sein Bekennerstatement aufnimmt.[91] Rodger erklärt, dass er zu einem Leben in »Einsamkeit, Zurückweisung und unerfüllter Begierden« verdammt sei, weil Mädchen sich niemals zu ihm hingezogen gefühlt hätten. »Mädchen gaben ihre Zuneigung, Sex und Liebe anderen Männern, aber niemals mir. Ich bin zweiundzwanzig Jahre alt und immer noch Jungfrau. Ich habe noch nicht einmal jemanden geküsst.«

Wie tief seine Erwartungen enttäuscht wurden, erklärt

Rodger, als er auf seine Studienzeit zu sprechen kommt. Obwohl er zweieinhalb Jahre Studium hinter sich habe, konnte er keinerlei sexuelle Erfahrungen sammeln: »College ist die Zeit, in der jeder diese Erfahrungen macht: Sex, Spaß und Vergnügen«, während er nur Einsamkeit erlebt habe. »Das ist nicht fair«, schließt er seinen Gedanken, als würde er meinen, allein durch sein Studentendasein einen Anspruch auf Sex und Vergnügen zu habe. »Ich weiß nicht, warum ihr Mädchen mich niemals attraktiv fandet, aber ich werde euch alle dafür bestrafen«, droht Rodger. Denn es sei »eine Ungerechtigkeit, ein Verbrechen«, dass Frauen sich »widerlichen Unmenschen« an den Hals schmissen und nicht ihm – dem »supreme gentleman«, als den er sich selbst sieht. Die Studentinnen, die er so bewunderte, hätten immer nur auf ihn herabgeblickt, als wäre er ein minderwertiger Mann. Rodger erklärt auch, was er genau für Ansprüche an Mädchen hatte, die sie ihm erfüllen sollten: Liebe, Sex, Verehrung. Dass ihm dies verweigert und sein Anspruch gekränkt wird, löst bei Rodger Vernichtungsfantasien aus. »Wenn ich euch nicht haben kann, werde ich euch zerstören, ich werde euch vernichten«, sagt er und lacht boshaft: »Ihr habt mir ein glückliches Leben verwehrt – im Gegenzug werde ich euch das Leben als solches verwehren.« Wenn es in seiner Macht läge, so der Attentäter, dann würde er alle Menschen zu »Bergen aus Schädeln und Flüssen aus Blut« machen.

Kate Manne hat darauf hingewiesen, dass Rodger in seinem Monolog von der dritten Person Plural in die zweite wechselt und seine Zielgruppe stellenweise direkt adressiert, wie in »Ich werde euch alle [...] bestrafen«.[92] Als er den Ablauf seines geplanten Rachefeldzugs darlegt, spricht Rodger über seine Zielgruppe: »Am Tag der Abrechnung verschaffe ich mir Zutritt zum Haus der heißesten Studentinnenverbindung der Universität von Santa Barbara. Und ich werde jede verdorbene, hochnäsige, blonde Schlampe abschlachten, die mir dort begegnet.« Dann richtet er sich wieder direkt an seine Zielgruppe: »Es wird mir großen Spaß machen, euch alle abzuschlachten. Ihr werdet endlich sehen, dass ich in Wahrheit der Überlegene bin, der wahre Alphamann.« Anschließend blickt er einen Moment versunken ins Leere, als würde er sich die Szene vor seinem geistigen Auge ausmalen, und lacht dann wieder sein boshaftes Lachen. Er wird auch noch sagen, dass sein Plan ihn wie einen Gott erscheinen lassen werde, seine Opfer dagegen wie Tiere. Es geht Rodger also nicht nur um Rache, sondern auch darum, die Frauen von seiner Überlegenheit zu überzeugen, deren Anerkennung sie ihm verweigerten. Er will sie auf ihren Platz verweisen, auch wenn er sie und sich dafür umbringen muss. Es ist dieses Muster, das ihn mit Kalac verbindet. Bei Rodger scheint es so, als würde er sich selbst als Alphamann sehen und darüber ärgern, dass andere seine Qualität nicht erkennen. »Ich bin so großartig, ich verdiene Mädchen. Ich weiß nicht, warum sie mich so hassen«, fragt er rhetorisch in einem anderen Video wenige Wochen vor dem Anschlag.[93] Mit seinem Attentat wird er den unerreichten »beliebten Kids« sein Alphatum vor Augen führen: »Ich werde diesen Missstand berichtigen, in all meiner Großartigkeit und Macht.« Dieses Changieren zwischen Minderwertigkeitskomplexen und Größenwahn lässt sich auch bei späteren Attentätern beobachten. Die Idee, durch ihre Tat zum Alpha aufzusteigen, findet sich bei ihnen allen.

In seinem Manifest »My twisted world« (Meine verdrehte Welt) gewährt Rodgers einen Einblick in seine Allmachtsfantasien. Darin erläutert er unter anderem einen Plan für eine bessere Welt, wie er sie sich vorstellt:

> Ich habe die ultimative und perfekte Ideologie für eine gerechte und reine Welt erschaffen. [...] Es muss eine neue und mächtige Art der Regierung geben, die unter der Kontrolle eines gottgleichen Herrschers steht, unter meiner zum Beispiel. Der Herrscher, der die neue Ordnung einführt, hätte die volle Kontrolle über jeden einzelnen Aspekt der Gesellschaft, um alles an seinen richtigen und reinen Platz zu verweisen. Der Regierung müsste eine hervorragend ausgebildete Armee zur Verfügung stehen aus fanatisch loyalen Truppen, um die Revolutionsgesetze durchzusetzen. Der erste Schlag gegen Frauen wird sein, sie alle in Konzentrationslagern unter Quarantäne zu stellen. In diesen Lagern wird man die Mehrheit der weiblichen Bevölkerung gezielt verhungern lassen. Dies wäre eine effiziente und passende Art, sie alle auszurotten. Es wäre ein großes Vergnügen und eine Genugtuung für mich, jede einzelne Frau auf der Erde verhungern zu lassen. Ich würde mir einen riesigen Turm nur für mich selbst bauen, von wo aus ich das gesamte Konzentrationslager überblicken und schadenfroh zuschauen kann, wie sie alle sterben. Wenn ich sie nicht haben kann, soll niemand sie haben, so würde ich bei mir denken. Frauen stehen für alles, was in dieser Welt ungerecht ist. Damit aus der Welt ein gerechter Ort werden kann, müssen sie alle ausgelöscht werden.
> Einige wenige Frauen würden verschont für die Reproduktion. Diese Frauen würden in Geheimlaboren gehalten und gezüchtet werden. Man würde sie künstlich befruchten, damit sie Nachwuchs produzieren. Ihre verdorbene Natur würde mit der Zeit herausgezüchtet werden.[94]

Mehr als zwei Jahre lang bereitet sich Rodger auf seinen »Tag der Abrechnung« vor. Er nimmt Schießunterricht, besorgt sich Waffen, dokumentiert seine Pläne in Videoaufzeichnungen. Am »Tag X«, dem 23. Mai 2014, ermordet er dann zunächst seine beiden Mitbewohner und einen Besucher mit Messern und Macheten. Bevor er zum Haus einer Studentinnenverbindung fährt, lädt er sein Bekennervideo bei YouTube hoch. Dann versucht er, sich Zutritt zum Verbindungshaus zu verschaffen, scheitert aber. Weil er zwei Minuten lang laut und aggressiv gegen die Tür hämmert, werden die Studentinnen misstrauisch und öffnen ihm nicht, schildern später Überlebende.[95] Also improvisiert Rodger und schießt auf eine Gruppe von drei jungen Frauen an der nächsten Ecke. Anschließend setzt er seinen Amoklauf zunächst zu Fuß, dann in seinem Auto fort und schießt auf ein Dutzend weiterer Menschen, fährt Fahrradfahrer an. Als die Polizei ihn einkesselt, richtet er die Waffe gegen sich selbst, prallt in ein geparktes Fahrzeug, sein Wagen geht in Flammen auf. Am Ende sind sieben Menschen inklusive des Attentäters tot und mehr als ein Dutzend weitere verletzt.

Für Manne ist der Fall Rodger von zentraler Bedeutung, weil die anschließende Debatte eine klare Opposition deutlich machte: Auf der einen Seite forderten feministische Kommentatorinnen, Misogynie solle als Tatmotiv anerkannt werden. Sie sahen in dem Isla-Vista-Attentat ein Beispiel für Misogynie in Aktion und erkannten darin die Manifestation eines größeren kulturellen Musters, nämlich einer Form der Frauenfeindlichkeit, »die heutzutage in den Vereinigten Staaten wie auch in anderen Teilen der Welt, die zuweilen als post-patriarchalisch gelten, häufig unter der Oberfläche schwärt«.[96] Tatsächlich gab es zahlreiche Frauen, die genauso empfanden. Unter dem Hashtag #YesAllWomen berichteten innerhalb weniger Tage Frauen millionenfach über ihre Erfahrungen mit männlicher Aggression, Gewalt und sexuellen Übergriffen.

Auf der anderen Seite wiesen rechtspopulistische Kommentatoren und sogar Vertreter etablierter Mainstreammedien die Einordnung der Tat als frauenfeindlichen Akt zurück und diskreditierten die Twitter-Kampagne. »Misogynie hat Elliot Rodger nicht zum Killer gemacht«, schrieb ein Professor der Psychologie in dem Magazin *Time*. Rodgers Frauenhass sei ein Produkt von Geisteskrankheit, von sozialer Isolation und sexueller Frustration, nicht »irgendetwas, was die Gesellschaft ihn ›gelehrt‹ hat. Wäre er nicht so stark auf seine eigenen sexuellen Unzulänglichkeiten fokussiert gewesen, hätte sich sein Fokus schlicht auf Passanten eines Einkaufszentrums statt auf Mitglieder von Studentinnenverbindungen richten können.«[97] Nur: Die Fixiertheit auf den sexuellen Misserfolg war in Rodgers Leben alles bestimmend.

Die Journalistin und Aktivistin Laurie Penny monierte in einem Beitrag für die Zeitschrift *New Statesman*, dass »der misogyne Extremismus als Fehltritt entschuldigt wird, so wie alle terroristischen Akte von weißen Männern entschuldigt werden: als zufällige Taten von Spinnern, die gar keine echten Männer sind. Warum verleugnen wir die Existenz eines Musters?«[98] Der Psychologe Steven Pinker wiederum tat das mit einem Tweet ab: »Die Idee, dass diese Tat ein Muster des Frauenhasses offenbaren würde, ist statistisch Quatsch.«

Der erste Nachahmungstäter, der sich direkt auf Rodger bezog, war Christopher Harper-Mercer. Im Jahr 2015 erschießt der Sechsundzwanzigjährige auf dem Campus des Umpqua Community College in Oregon neun Menschen und anschließend sich selbst. Er ist mit sechs Schusswaffen und einer Splitterschutzweste ausgerüstet, sieben weitere Waffen findet die Polizei bei ihm zu Hause. Auch Harper-Mercer kündigt sein Attentat im Netz mit einem anonymen Post an, außerdem hinterlässt er ein Manifest. Es konnte nie letztgültig aufgeklärt werden, ob die Tatankündigung in einem einschlägigen Incel-Forum bei 4chan wirklich von ihm stammt. Allerdings geht sie am Abend vor der Tat online und enthält Angaben über den Ort. Die Wahrscheinlichkeit, dass sie vom Täter selbst stammt, ist also hoch.

In dem Post heißt es: »Manche von euch Typen sind in Ordnung. Geht morgen nicht zur Uni, wenn ihr aus dem Nordwesten seid.« Darauf antwortet ein anderer User: »Geht die Beta-Rebellion endlich los?«[99] Wieder andere geben Tipps, wie man bei einer Massenschießerei möglichst viele Menschen tötet. Neben dem Ankündigungspost findet sich ein »Pepe, der Frosch«-Comic. Dabei handelt es sich um eine vor allem im Internet zirkulierende Figur, die 2005 von dem Comiczeichner Matt Furie erfunden wurde. Im US-Wahlkampf von 2016 avancierte sie zum politischen Symbol der Alt-Right und der Anhänger Donald Trumps.[100] Ein weiteres Bild von Pepe, dieses Mal mit Sturmmaske, taucht direkt nach der Tat bei 4chan auf, und zwar mit folgendem Text: »Der erste unserer Art hat die Herzen Amerikas mit Angst erfüllt. Das ist nur der Anfang. Die Beta-Rebellion hat begonnen. Bald werden weitere unserer Brüder zu den Waffen greifen und zu Märtyrern dieser Revolution werden«.[101]

Im englischsprachigen Eintrag bei Wikipedia wird der Amoklauf am Umpqua Community College als religiös motiviert dargestellt. Der deutschsprachige Eintrag äußert sich etwas vorsichtiger. Doch in beiden Artikeln findet sich kein einziges Wort über die Beziehung des Attentäters zu den Incels.[102] Dabei ordnet sich Harper-Mercer selbst in seinem Manifest dieser Gruppe zu und nimmt Bezug auf Elliot Rodger. »Und hier bin ich, sechsundzwanzig, keine Freunde, kein Job, keine Freundin, noch Jungfrau«, so steht es in einem Text, der auf seiner Festplatte gefunden und zwei Jahre lang vom FBI unter Verschluss gehalten wurde. »Vor langer Zeit schon ist mir klar geworden, dass die Gesellschaft Menschen wie mir diese Dinge mit Vergnügen verwehrt. Menschen, die eine kleine Elite bilden, die auf der Seite der Götter stehen. Menschen wie Elliot Rodger, Vester Flanagan, die Columbine Kids, Adam Lanza und Seung Cho«, zählt Harper-Mercer seine Vorbilder auf. Flanagan tötete im August 2015 im US-Bundesstaat Virginia zwei Journalisten. Die beiden Schüler Eric Harris und Dylan Klebold richteten im April 1999 an der Columbine High School zwölf Schüler, einen Lehrer und sich selbst hin. Lanza erschoss im Dezember

2012 an einer Grundschule in Connecticut zwanzig Kinder, sechs Angestellte, seine Mutter und sich selbst. Cho ermordete während seines als Virginia-Tech-Shooting bekannten Amoklaufs an einer Universität dreiunddreißig Menschen.

Mehrere von ihnen waren Incels, so etwa Elliot Rodger, Eric Harris und Seung Cho. Auch ihnen sei all das verweigert worden, was sie »verdient« hätten. »Elliot ist ein Gott«, schreibt Harper-Mercer an einer Stelle. Seine Vorbilder und sich inszeniert er als Märtyrer: »Ich tue es für all die Vestor Flanagans, Elliot Rodgers, Seung Chos und Adam Lanzas auf der Welt. Für all diejenigen, die mich niemals ernst genommen haben: Das ist für euch. Ich tue es für all diejenigen, die niemals Widerstand geleistet haben. Ich werde zum Märtyrer für meinesgleichen. Um Seung Cho zu zitieren: ›Heute sterbe ich wie Jesus Christus‹«, lauten die letzten Zeilen seines Manifests. Bei Harper-Mercer findet sich also dasselbe gekränkte Anspruchsdenken wie bei den anderen von Männlichkeit besessenen Gewalttätern.

Inzwischen hat sich wiederum eine Reihe von Amokattentäter auf Rodger bezogen: Der einundzwanzigjährige William Atchison, der im Dezember 2017 zwei Menschen und sich selbst an seiner ehemaligen Schule Aztec Highschool in New Mexico tötete, postete in verschiedenen Foren unter dem Pseudonym »Elliot Rodger« und rühmte den »supreme Gentleman«. Der neunzehnjährige Nikolas Cruz brachte im Februar 2018 siebzehn Schülerinnen und Lehrer an seiner ehemaligen Schule Stoneman Douglas Highschool in Parkland in Florida um. Vorher bekannte er online: »Elliot Rodger wird nicht vergessen werden.« Im November 2018 erschoss der vierzigjährige Scott Beierle zwei Frauen und sich selbst in einem Yogastudio in Tallahassee, ebenfalls in Florida, nachdem er mehrere extrem misogyne Videos auf YouTube veröffentlicht hatte, in denen er auch Elliot Rodger erwähnt. Seitdem wird er in der Incel-Szene als »Saint Yogacel« verehrt. Sogar in der Sprache der Incels hat sich der Archetyp Elliot Rodger mit seinem Namen verewigt: »Going ER« als Abkürzung des Namens mit den Initialen bedeutet, ein Attentat zu begehen oder sich selbst mit einem Anschlag umzubringen, im »erweiterten Suizid«.[103] Außerdem nutzen Incels den Begriff »hERo« in ihren Foren.

Der bekannteste Incel-Attentäter, der sich auf Rodger beruft, ist der Kanadier Alek Minassian. Bevor sich der damals Fünfundzwanzigjährige im April 2018 einen Lieferwagen mietet, in Toronto über einen Gehweg fährt und dabei zehn Menschen tötet und unzählige weitere schwer verletzt, postet er auf Facebook: »Gefreiter Minassian Infanterie 00010 wünscht, mit Sergeant 4chan zu sprechen. C23249161. Die Incel-Rebellion hat begonnen! Wir werden die Chads und Stacys unterwerfen! Heil dem supreme Gentleman Elliot Rodger!«[104] Die kryptischen Zahlen im Facebook-Post sind nicht zufällig gewählt: Die erste ist die Kennzahl der kanadischen Infanterie, die zweite Minassians ID-Nummer, die ihm als Soldat im Wehrdienst zugewiesen war, wie die kanadische Armee später bestätigt.[105] Der Post gibt damit eine merkwürdige Mischung ab aus einer stilisierten Sprache und Ästhetik, wie man sie aus Filmen und Computerspielen kennt, und echten Zahlen sowie der Ankündigung eines Verbrechens, das in der materiellen Welt stattfinden und viele Menschenleben kosten wird. Diese Vermischung aus fiktiver und faktischer, virtueller und materieller Wirklichkeit fällt bei vielen Gewalttätern und Terroristen der letzten Dekade auf. Als »Gamification des Terrors« beschäftigt dieses Phänomen Extremismusexperten.[106]

Erst im Jahr vor dem Attentat hatte sich der Mittzwanziger zum dreizehnwöchigen Grundwehrdienst gemeldet, doch schon nach sechzehn Tagen hatte er genug. Kameraden zufolge weigerte sich Minassian, Befehle entgegenzunehmen und die einfachsten Dinge – Bett machen, Spind aufräumen – zu erledigen.[107] Direkt nach seiner Tat wird er drei Stunden lang von der Polizei verhört. Minassian sagt aus, dass er zur Infanterie wollte, um den Umgang mit Sturmgewehren zu erlernen.[108] Aber bis zum Training mit der Waffe hält Minassian seine Militärausbildung nicht durch. In der Befragung bezeichnet Minassian sich selbst als Hardcore-Gamer, der täglich im Schnitt fünf Stunden spielt. Soziale Kontakte hat der Student nur sehr wenige. Minassian ist ein Tech-Nerd: Sein Studium zum Softwareentwickler meistert er mit ausgezeichneten Noten und schließt seinen Bachelor mit Bravour ab, eine Woche vor seiner Amokfahrt. Gleichzeitig wohnt er noch zu Hause, Freunde hat er kaum.

Das Verhör gewährt seltene Einblicke in die Vorstellungswelt eines Incel-Attentäters, denn im Gegensatz zu seinem Vorbild Rodger gelingt es Minassian nicht, sich mit seiner Tat selbst umzubringen. Geplant hatte er einen »Suizid durch Polizei«, der besonnene Polizeibeamte am Tatort weigert sich aber, den Attentäter zu erschießen, und verhandelt stattdessen. Minassian empfindet dies als Scheitern, wie er sagt, als hätte er das »Spiel« am Ende doch noch verloren: »Ich steige aus dem Van, richte mein Portemonnaie auf die Cops, damit sie es für eine Waffe halten und mich erschießen. Doch der Beamte fordert mich auf, mich auf den Boden zu legen. Das ist der Moment, in dem ich merke, dass er mich nicht erschießen wird, dass ich verloren habe.«

Besonders aufschlussreich ist die Befragung beim Thema Frauen. Minassian wählt dieselben Worte wie Rodger, er zitiert sogar ganze Sätze des Vorbilds, wenn er von seinem Frust darüber spricht, dass Frauen ihre »Liebe und Hingabe« eher mit »widerlichen Unmenschen« (*obnoxious brutes*) teilen würden als mit »supreme Gentlemen«. Wie Rodger spricht auch Minassian vom »Tag der Abrechnung« und von »girls«, obwohl der Vernehmungsbeamte zwischendurch richtigstellt: »Sie sind fünfundzwanzig Jahre alt, ein junger Mann. Nennen wir sie ›Frauen‹.« Auf 4chan ist Minassian gut vernetzt mit anderen Incels, zum Beispiel im bereits erwähnten »politisch inkorrekten« Unterforum /pol/, das mehrere Millionen User pro Monat nutzen und besonders von Anhängern der Alt-Right frequentiert und inhaltlich gestaltet wird.[109] Den Diskurs der Alt-Right in diesem Forum schätzt Minassian, wie er sagt, weil dort »ehrlich und direkt« über den Zustand der Gesellschaft gesprochen werde. Besonders interessieren ihn Beiträge über das Redpilling, das Antworten auf die Frage liefere, warum Frauen »widerliche Unmenschen« bevorzugten und Stacys sich ausschließlich mit Chads verabreden würden.

»Du wirst zur Einsamkeit gezwungen und du bist unfähig, deine Jungfräulichkeit zu verlieren. Das ist vor allem für junge Männer schlimm«, so legt Minassian seine Motivation für die Aktivität im Forum und für den Anschlag dar. Er versteht seine Frauenlosigkeit als einen Zwang, den Frauen auf ihn ausüben. Wie seine Vorgänger gibt er ihnen die Schuld an seiner Lage. »Ich hatte noch nie eine Freundin, mein Gefühl sagt mir, dass das daran liegt, dass ich zu nett bin.« Frauen wollen schlecht behandelt werden, also behandelt er sie schlecht. Auf diese Weise will er sie von seiner Überlegenheit überzeugen, so scheint die Logik zu lauten, die zu seiner Amokfahrt geführt hat. In seinen Worten wird offenbar, was es für jemanden wie ihn heißt, dass Frauen heute selbstbestimmt sexuell aktiv sein können: Er sieht darin einen Missstand, der seinen Anspruch auf den Körper von Frauen verletzt.

Von dem Anschlag erhofft er sich, dass er ihn berühmt macht, ihm Bedeutung gibt: Die Amokfahrt stellt für Incels wie Minassian eine Möglichkeit dar, vom frauenlosen Nobody zum Chad aufzusteigen. In diesem Zusammenhang fällt auch das Sendungsbewusstsein und die Überhöhung des eigenen Selbst auf: »Ich habe mir vorgestellt, wie die Fundamente dieser Welt erschüttert werden würden durch dieses Event, ich war mir sicher, dass andere mir folgen würden und wir die Gesellschaft stürzen«, gibt Minassian später zu Protokoll. Einerseits haben Personen wie Rodger oder Minassian also ein extremes Ego, auf das sie ihren Anspruch gründen, andererseits ist dieses Ego durch die Zurückweisung übermäßig gekränkt. Minassian etwa hat laut eigener Aussage nur zwei Mal versucht, sich mit einer Frau zu verabreden, zuerst 2012 und ein weiteres Mal 2013. »Ich war am Boden zerstört, weil das nicht geklappt hat.«

Bei 4chan war der Attentäter von Toronto seit 2014 aktiv – seit dem Jahr, in dem Rodger seinen Anschlag beging. Im Verhör gibt Minassian zu Protokoll, er habe sich am 23. Mai dort angemeldet, exakt am Tag von Rodgers Amoklauf. »Ich erinnere mich so genau daran, weil das ein ganz wichtiger Tag war«, so Minassian. »Elliot Rodger entschied damals, den Beta-Aufstand zu initiieren, gegen die Chads und Stacys.« Rodger selbst habe seine Handlung zu der Zeit noch nicht Beta-Aufstand genannt, die Einordnung habe erst Harper-Mercer vorgenommen, der von Rodger inspiriert gewesen sei. Minassian nennt Rodger den »Gründungsvater der Bewegung«, die er wiederum als eine begreift, die »aus zornigen Incels wie mir selbst besteht, die nicht flachgelegt werden«. »Unable to get laid« ist eine weitere feststehende Wendung im Incel-Wortschatz. Wenn erst alle Chads in der Incel-Rebellion ausgeschaltet seien, wären Stacys »dazu gezwungen, sich mit Incels zu reproduzieren«, so gibt Minassian Auskunft über seine Weltsicht, »Incels sind dann oben«.

Minassian spricht fast wissenschaftlich steril über den von ihm begangenen Massenmord und die Ideen dahinter. Beispielsweise bezeichnet er Männer grundsätzlich als »males«, statt als »men« oder »guys«. Darüber hinaus macht er Anleihen bei Computerspielen. Er sagt Dinge wie: »Rodger nutzte eine Schusswaffe und ein Fahrzeug, um den ›Lebendstatus‹ gewisser Individuen in einen ›Todesstatus‹ zu konvertieren. Er tat dies lediglich zu dem Zweck, die Nachricht zu verbreiten, dass Incels nicht unterdrückt werden können.« Oder: »Der Van sollte mein Werkzeug für die Rebellion sein. Ich fuhr verschiedene Fußgänger an, woraus der Tod mehrerer von ihnen resultierte.« Als der Vernehmungsbeamte ihn fragt: »Zehn Menschen sind heute gestorben, fünfzehn weitere wurden schwer verletzt. Wie fühlen Sie sich damit?«, antwortet Minassian: »Ich fühle, dass ich meine Mission erfüllt habe.« Gleichzeitig dramatisiert er seine eigene Rolle, wenn er darüber spricht, was Frauen ihm antun, wenn sie ihre »Liebe und Zuneigung widerlichen Typen schenken«. Oder wie in der Tatankündigung, wenn es heißt: »Heil dem supreme Gentleman«.

Es ist, als hätten in der Incel-Ideologie Realität und Virtualität die Rollen getauscht: Auf der einen Seite werden Verschwörungstheorien geteilt und in der Echokammer der Mannosphäre so weit verstärkt, dass sie Allgemeingültigkeit erlangen. Der Feminismus etwa wird auf diese Weise zu einer gesellschaftlichen und politischen Macht verklärt, deren Vertreter enormen Einfluss auf Regierungen und die Wirtschaft ausüben. Auf der anderen Seite wird mit der materiellen Wirklichkeit umgegangen, als wäre sie ein Spiel. Mehrere terroristische Akte der letzten Dekade sind wie Egoshootergames inszeniert worden, besonders die von Tarrant und Balliet. Letzterer hatte seinen Livestream sogar auf Twitch platziert, einer Streamingplattform für Gamer, um durch den Zuspruch des Publikums den Highscore für »Real Life Amoktaten« zu knacken.[110] Zu diesem neuen Tätertypus gehört in manchen Hinsichten auch Minassian.

6. Eine neue Form von Terrorismus entsteht

Sichtbarkeit ist ein wichtiger Aspekt von politischer Gewalt. Die Gesellschaft soll sehen, wie bestimmte Ideen mit Gewalt durchgesetzt und andere verhindert werden. Die Incel-Amokläufer haben Videobotschaften oder Posts hinterlassen, kleine politische Manifeste, in denen sie ihre misogynen Absichten erläutern und Forderungen stellen. Auch Minassian kündigte seine Tat zunächst auf Facebook an und gab dann im auf Video aufgezeichneten Verhör sehr offen und ausführlich Auskunft über seinen Anschlag, als würde er das gebotene Forum nutzen wollen, um für seine Ideologie zu werben. Er behauptet dort, dass er Kontakt zu Rodger und Harper-Mercer hatte, bevor sie ihre Anschläge begingen. Unter Codenamen hätten sie im Reddit-Unterforum /Forever-Alone/ kommuniziert, sich über ihre frustrierenden Lebensumstände ausgetauscht und zusammen Pläne geschmiedet, wann sie am besten zuschlagen sollten, um »Normies« in Panik zu versetzen und die Rebellion auszulösen. »Normies wollen wir nicht unbedingt umbringen, sondern nur unterwerfen, damit sie verstehen, dass unser Typus der überlegene ist«, grenzt Minassian die Gruppen in seinem Weltbild ab. Normies sollten ins Gefängnis oder in niedrigere soziale Positionen, damit sie anerkennen, dass »Typen wie Pepe der Frosch« (so umschreibt er Betamänner) die höherrangigen sind. Wenige Tage vor seinem Anschlag habe sich Rodger von ihm verabschiedet und gesagt, er gehe auf eine sehr wichtige Mission und wisse nicht, ob er von ihr zurückkehren werde. Nach Minassians Aussage soll Rodger mit anderen Mitgliedern der Incel-Bewegung in Kontakt gestanden haben, die ihn bei seinen Aufstandsplänen unterstützten und ermutigten. Dasselbe sagt er auch über sich: »Ich dachte darüber nach, wie ich zukünftige Massen inspirieren würde, bei meinem Aufstand mitzumachen. Deshalb habe ich am Tag davor meine Community bei 4chan über meine Pläne informiert. Ich wurde von vielen Usern beglückwünscht.« Ein Kommentator habe als Reaktion sogar selbst einen Anschlag im Namen des Beta Male Uprisings angekündigt, im November desselben Jahres in Edmonton, der Hauptstadt der kanadischen Provinz Alberta.

Im Anschluss an das Attentat von Toronto feierte die Community die Tatsache, dass ein Incel eine solche Tat hatte begehen können und dass das erste Opfer als Frau identifiziert wurde.[111] Minassian genießt seitdem dasselbe Ansehen wie Rodger und wird als Held und als »Saint Alek« in der Szene verehrt. Ihm ist sogar ein Lied gewidmet mit dem Titel »Alek Minassian«. Es ist von Egg White, einem rechtsradikalen Incel-Rapper. Stephan Balliet, der Attentäter von Halle, hörte während seines Anschlags die frauenverachtende Hymne im Auto. Das zugehörige Musikvideo zeigt die Radikalisierung eines Incels zum Amokläufer. Es wird regelmäßig von YouTube und anderen Providern gelöscht, weil es so gewaltverherrlichend ist, taucht aber immer wieder auf.[112] Das Originalvideo zeigt einen Zusammenschnitt von fiktiven und faktischen Szenen. Die Rahmenerzählung bestreitet ein sich radikalisierender Incel – Egg White selbst – auf dem Weg zur Amoktat. In Unterhose sieht man ihn zunächst alleine in seinen vier Wänden, wie er eine Schnapsflasche leert und herumwütet, bevor er sich in sein Auto setzt und losfährt. Was dann passiert, ist der Imagination überlassen. Das Ende des Clips zeigt eine echte Aufnahme von Alek Minassian vor seinem kaputten Van im Anschluss an die Amokfahrt, wie er seine Geldbörse auf die Polizei richtet, die ihn eingekreist hat. Zwischendurch laufen Originalbilder des Anschlags von

Charlottesville. Aus mehreren Perspektiven ist zu sehen, wie das Auto des Neonazis Alex Fields in eine Gruppe Gegendemonstranten gegen den rechtsextremen Aufmarsch unter dem Motto »Unite the Right« fährt, wie eine Frau getötet und neunzehn weitere Menschen verletzt werden. Dies wird überblendet mit Gewalt gegen Frauen aus Filmen, Sequenzen aus Elliot Rodgers Bekennervideos und Reden von Donald Trump auf der Wahlkampfbühne. Dazu schreit Egg White seinen Refrain: »Ich fahre über diese Huren, als wäre ich Alek Minassian, ... Huren lutschen meinen Schwanz, während ich Fußgänger überfahre.« Am Schluss des Songs brüllt er: »Stirb, Motherfucker, stirb, Motherfucker, stirb – stirb, Motherfucker, stirb, Motherfucker, stirb – stirb, Motherfucker, stirb, Motherfucker, stirb.«

Dass Egg White mit seiner aggressiven Incel-Hymne einen Nerv in der Szene trifft, zeigen die zahlreichen Adaptionen seines Lieds. Weil das Video regelmäßig gelöscht wird, laden Incels ihre eigenen Versionen hoch. Der Song ist derselbe, die Bilder werden neu hinzugefügt. Gezeigt werden beispielsweise Sequenzen aus Computerspielen aus Egoshooterperspektive mit extremer Gewalt gegen Frauen: Sie werden erschossen, mit Messern niedergemetzelt oder mit Panzern von einer männlichen Armee hingerichtet, von Hausdächern hinabgestürzt oder mit Autos überfahren. Dazu gibt es Liveausschnitte aus einer Gameshow, in der Frauen in Unterwäsche auf der Bühne wie Pornostars agieren und von einem Mann geschlagen werden. In einem Video tritt ein Incel vor die Kamera und fragt, ob sein Gesicht wirklich so hässlich sei und das der Grund für seine Erfolglosigkeit bei Frauen sein könne. Die Kamera zeichnet seinen anschließenden Wutanfall auf.[113]

Auf incels.me wurde Minassians Anschlag besonders euphorisch aufgenommen, was auch ein Grund dafür ist, dass es die Seite inzwischen nicht mehr gibt. Es existieren aber Screenshots von den Diskussionen nach Minassians Tat.[114] Zu den gemäßigten Äußerungen gehören Posts wie: »Alek Minassian. Verbreite seinen Namen, erzähle von seinem Opfer für unsere Sache, verehre ihn dafür, dass er sein Leben für unsere Zukunft gab.« Manche freuen sich über die Aufmerksamkeit für die Bewegung, andere sind überzeugt, dass nun die Zeit für die Incel-Rebellion gekommen sei. Einer fragt sich, ob Minassian wohl seine Ratschläge im Forum gesehen habe, dass Schusswaffen nicht das richtige Werkzeug für eine »ER-Attacke« seien, wenn man möglichst viele Menschen töten wolle. Stattdessen sollten Attentäter zu Alltagsgegenständen greifen. Solche Aufrufe kennt man vom »Islamischen Staat« (IS), der ebenfalls zu Anschlägen mit dem nächsten Gegenstand aufforderte, der zur Waffe taugt: Küchenmesser, Werkzeuge, Fahrzeuge. »Schusswaffen führen nur dazu, dass Normies sich sicher fühlen«, erklärt der Nutzer. Denn Schusswaffen könne man verbieten, wie nach jedem Amoklauf gefordert wird. Stattdessen sollten Normies erfahren, dass »man Hass nicht verbieten kann. Hass ist alles, was man braucht für ein Massentötungsevent.« Gleichzeitig betont der User, dass »ER« nicht immer tödlich sein müsse, sondern vor allem strategisch eingesetzt werden könne, um »Normies irgendwie zu bestrafen«, »damit sie in ständiger Angst leben in Bezug auf jeden einzelnen Aspekt ihres Lebens«. Deshalb erklärt er: »Ich bevorzuge Säureangriffe, wer wird wohl den nächsten Massensäureanschlag verüben?«

Trotz dieser Rezeption, des Facebook-Posts und des aufgezeichneten Geständnisses ist Minassian wegen mehrfachen Mordes angeklagt, nicht wegen Terrorismus. Dabei gäbe es in Kanada im Gegensatz zu Ländern wie Deutschland diese Möglichkeit. Eine ähnliche Diskussion wie nach dem Anschlag von Isla Vista lässt sich vier Jahre später wieder beobachten, mit den gleichen Argumenten von Politik und Behörden: Die Tat sei die eines »geisteskranken Einzeltäters«, eine Ideologie nicht erkennbar. Misogynie, halten andere dagegen, sei keine Geisteskrankheit, sondern Hass.[115] Seit Toronto geht es in der Debatte aber nicht mehr nur um die Anerkennung eines misogynen Musters. Diskutiert wird jetzt, ob es sich bei den Attacken durch Incels um Terroranschläge handelt.

Für Terrorismus gibt es keine einheitliche Definition oder Handhabung, weder juristisch noch gesellschaftlich. Die rechtlichen Festlegungen sind von Land zu Land unterschiedlich. In der Türkei zum Beispiel kann schon Kritik am Präsidenten als Terrorismus geahndet werden. In anderen Staaten gibt es den Straftatbestand gar nicht. In Deutschland sind die Bildung und die Finanzierung terroristischer Vereinigungen strafbar, aber es gibt keinen eigenen Paragrafen für terroristische Akte. Die Bundeszentrale für politische Bildung zählt allein für die USA drei unterschiedliche Definitionen von Terrorismus auf. Außenministerium, Verteidigungsministerium und FBI haben ihre jeweils eigene Auffassung. Das FBI definiert Terrorismus als »kalkulierte Gewaltanwendung oder -androhung, um Furcht zu erzeugen in der Absicht, die Regierung oder die Gesellschaft zur Verfolgung politischer, religiöser oder ideologischer Ziele zu nötigen«.[116] So ähnlich hat es der Rat der Europäischen Union 2002 in einem Rahmenbeschluss zur Terrorismusbekämpfung formuliert: Als terroristische Straftaten eingestuft werden demnach Handlungen wie »a) Angriffe auf das Leben einer Person, die zum Tode führen können; b) Angriffe auf die körperliche Unversehrtheit einer Person«, wenn sie »mit dem Ziel begangen werden, die Bevölkerung auf schwer wiegende Weise einzuschüchtern oder öffentliche Stellen oder eine internationale Organisation rechtswidrig zu einem Tun oder Unterlassen zu zwingen oder die politischen, verfassungsrechtlichen, wirtschaftlichen oder sozialen Grundstrukturen eines Landes oder einer internationalen Organisation ernsthaft zu destabilisieren oder zu zerstören«.[117]

Auf der Grundlage dieser Legaldefinition scheint die Sache eindeutig: Bei den Angriffen von Rodger und Minassian handelte es sich um terroristische Akte, denn ihnen ging es darum, bestimmte Gruppen innerhalb der Bevölkerung einzuschüchtern und die sozialen Grundstrukturen des Staates zu zerstören. Minassian ging sogar davon aus, dass sein Attentat eine Rebellion auslösen würde. Ihre misogyne Ideologie legen beide umfassend dar, in Rodgers Fall in Form eines Manifests von über hundert Seiten. Einige Abschnitte enthalten genaue Pläne, wie Rodger Terror einsetzen will, um Angst und Schrecken zu verbreiten und sich hierdurch zum überlegenen Alpha über alle anderen zu erheben:

> Am Tag vor dem Tag der Abrechnung werde ich mit Phase Eins meiner Rache beginnen: Ohne Aufsehen zu erregen, werde ich so viele Menschen wie möglich in und um Isla Vista töten, indem ich sie mit Tricks in mein Apartment locke. Die ersten beiden Menschen, die ich umbringen muss, sind meine zwei Mitbewohner, damit ich die Räume als meine eigene Folter- und Tötungskammer für mich habe. Danach werde ich Leute in mein Apartment locken, sie mit einem Hammer niederschlagen und ihre Hälse durchschneiden. Einige gut Aussehende werde ich foltern, bevor ich sie umbringe, weil ich davon ausgehe, dass sie das beste Sexleben hatten. […] Ich werde sie mit Messern malträtieren, häuten, ihre Haut von den Knochen abziehen und kochend heißes Wasser über sie gießen, während sie noch am Leben sind, und sie jeder Art von Folter unterziehen, die mir einfällt. Wenn sie tot sind, werde ich ihnen die Köpfe abhacken. Ihre Köpfe behalte ich in einem Sack, weil ich sie später noch für die wichtigste Phase brauche. Phase Eins ist meine Rache an all den Männern, die ein tolles Sexleben hatten, als ich leiden musste. Es wird endlich fair zugehen, wenn sie leiden müssen, wie ich einst leiden musste. Ich werde endlich für Gleichheit sorgen.
>
> Phase Zwei wird am Tag der Abrechnung selbst geschehen, kurz vor

dem klimaktischen Massaker. Phase Zwei wird mein Krieg gegen die Frauen sein. Ich werde alle weiblichen Menschen für das Verbrechen bestrafen, dass sie mir Sex vorenthalten haben. Sie haben mir meine gesamte Jugend über Sex verweigert und dieses Vergnügen anderen Männern gegeben. So haben sie mir viele Jahre meines Lebens gestohlen. Ich kann nicht jeden einzelnen weiblichen Menschen auf diesem Planeten töten, aber ich kann ihnen einen Schlag versetzen, der sie alle bis auf den Grund ihrer niederträchtigen Herzen erbeben lassen wird. Ich werde genau die Mädchen angreifen, die alles repräsentieren, was ich am weiblichen Geschlecht hasse: die heißeste Studentinnenverbindung der Universität von Kalifornien in Santa Barbara. Im letzten Jahr habe ich ausgiebige Nachforschungen angestellt und herausgefunden, dass Alpha Phi die Studentinnenverbindung mit den schönsten Mädchen ist. Ich weiß genau, wo ihr Haus ist, und ich habe oft in meinem Auto davor gesessen, um sie zu stalken. Bei Alpha Phi sind viele heiße und schöne blonde Mädchen; die Art von Mädchen, die ich immer haben wollte, aber nie bekommen konnte, weil sie alle auf mich herabschauen. Sie sind alle verzogene, herzlose und niederträchtige Schlampen. Sie denken, sie seien besser als ich, und wenn ich jemals versuchen sollte, sie zu einem Date einzuladen, würden sie mich grausam zurückweisen. Am Tag der Abrechnung werde ich mich gegen 21 Uhr in ihr Haus schleichen, kurz bevor sie zu feiern anfangen, und werde jede einzelne von ihnen mit meinen Schusswaffen und Messern niedermetzeln. Wenn ich genügend Zeit habe, werde ich ihr Haus anzünden. Dann werden wir ja sehen, wer wirklich der Bessere ist!

Die Finale Phase am Tag der Abrechnung wird mein ultimativer Showdown auf den Straßen von Isla Vista sein. [...] Ich werde in meinen Mercedes-SUV steigen und nach Isla Vista fahren. Das Auto wird eine meiner Tötungsmaschinen gegen meine Feinde sein. Ein SUV wird viel mehr Schaden anrichten als mein BMW-Coupé.

Nachdem ich alle Mädchen der Alpha-Phi-Verbindung getötet habe, werde ich schnell in den SUV steigen, bevor die Polizei kommt. Ich gehe davon aus, dass sie innerhalb von drei Minuten vor Ort sein werden. Ich werde Richtung Del-Playa-Street fahren und dabei so viele meiner Gegner wie möglich mit meinem SUV niedermachen und jeden erschießen, den ich nicht erwische. Ich kann mir nur vorstellen, wie schön es sein wird, meinen SUV in all die Gruppen beliebter junger Menschen zu rammen, die ich immer mitten auf der Straße habe gehen sehen, als wären sie besser als alle anderen. Wenn sie sich vor Schmerzen krümmen und mit zerbrochenen Körpern im Sterben lie-

> gen, nachdem ich sie niedergefahren habe, dann werden sie ihre Verbrechen vollständig begreifen.
> Wenn ich die Del-Playa-Street erreicht habe, werde ich den Sack mit den abgetrennten Köpfen auf die Straße werfen, um allen zu zeigen, wie sehr ich diese Leute habe leiden lassen. Und wenn sie erst einmal die Köpfe ihrer Freunde auf die Straße rollen sehen, werden alle mich fürchten wie den mächtigen Gott, der ich bin.[118]

Von einem Beta Male Uprising oder einer Revolution, die daraufhin losbrechen soll, schreibt Rodger nichts. Die Einordnung, dass sein Anschlag der erste einer Reihe sein soll, mit denen die Rebellion ausgelöst werden soll, findet erst nach Rodgers Tod statt. Er wollte Angst und Schrecken verbreiten, eine neue gesellschaftliche Ordnung erwirken und hatte sich eine entsprechende Ideologie zurechtfantasiert. Das Zentrum seines Plans jedoch blieb er selbst, er agierte nicht als Teil einer Gruppe, die durch sein Opfer aufsteigen sollte. Erst nach dem Attentat von Isla Vista kommt es zur Umdeutung von Rodgers Tat und zur Einordnung in den größeren Zusammenhang der Incel-Gemeinschaft. Minassian wird der Erste sein, der seinen Anschlag explizit in ihren Dienst stellt.

In den einschlägigen Szene-Foren wird Terrorismus als Mittel zur Erreichung politischer Ziele – Sturz der Gesellschaftsordnung, Herrschaft der Incels – nach Rodgers Attentat lange Zeit ganz offen diskutiert, bevor die Seiten verboten werden. David Futrelle, Experte für die Mannosphäre, hat dies an Beispielen aus dem Forum incel.me gezeigt. In einem Screenshot von den Diskussionen im Nachgang zu Minassians Anschlag lässt sich die terroristische Doktrin nachvollziehen. So schreibt etwa der oben zitierte Nutzer:

> Ich denke, dass Massenschießereien zu ineffizient und zwecklos sind, stattdessen würde ich lieber ein paar Tode durch Massenlebensmittelvergiftungen sehen, vielleicht auch durch ein oder zwei Rohrbomben, oder dadurch, dass jemand einen Lieferwagen benutzt, um Roasties [so werden sexuell aktive Frauen in der Incel-Sprache genannt, weil

ihre Schamlippen durch den vielen Geschlechtsverkehr angeblich wie gebratene Steaks aussehen] bei einem Schulfest über den Haufen zu fahren, am besten eine gute Mischung aus allem.[119]

Der Autor des Eintrags plädiert für unberechenbare »ER-Methoden«. Er könne kaum die Auswirkungen auf die Gesellschaft erwarten, wenn endlich

> die ersten Massen- oder Serienvergewaltigungen durch Incels stattfinden, wenn ein Typ nach seinem Selbstmord ein Manifest hinterlässt, in dem er all die Vergewaltigungen aufzählt, die er begangen hat, das wäre das beste ER überhaupt, denn die Opfer sterben nicht einfach. Für die Familien geht das Leben nicht einfach »irgendwann weiter«. Diese Frauen werden traumatisiert sein, manche werden sich vielleicht umbringen, sobald ihre Vergewaltigungen in den Medien auftauchen, die Familien werden mit der Schande leben müssen. Die Frauen werden ihre Vergewaltigungen jeden Tag aufs Neue durchleben und Monate, vielleicht sogar Jahre mit Therapie verbringen. Ganz zu schweigen davon, dass wir das Internet fluten werden mit seinem Bild und ihn zu einer unsterblichen Internetpräsenz hochmemen, wie wir es mit Elliot Rodger getan haben, so dass sie niemals werden vergessen können, die ganze Gesellschaft wird nicht vergessen, und das ist der Moment, ab dem Normies anfangen, uns wirklich zu fürchten. […] Eine Frau hat vor Vergewaltigung mehr Angst als vor dem Tod, weil wir ihr damit das Einzige nehmen, was ihr Wert verleiht: ihre Sexualität. […] Dann war es das mit ihrem Traumleben, lol.

Andere schlugen vor, Flammenwerfer selbst herzustellen oder Sprinkleranlagen auf Konzerten und anderen Großveranstaltungen mit Säure zu befüllen. Für Futrelle vom Incel-Watchblog »We hunted the Mammoth« steht daher außer Zweifel, dass Incels als terroristische Hassbewegung einzustufen sind.

Zu dieser Einschätzung gelangen auch Terrorismusexperten. So zum Beispiel J.M. Berger vom International Centre for Counter-Terrorism (ICCT) in Den Haag, der sich in erster Linie mit Rechtsextremismus und Islamismus auseinandersetzt. Minassians Tatankündigungs-Post auf Facebook, so seine Einschätzung, »verortet den Anschlag als extremistisch und terroristisch«. »Misogynie ist nicht neu, ideologische Misogynie ist nicht neu. Aber eine ausgeprägte Bewegung, die sich zuallererst über Misogynie definiert, das ist doch ziemlich neu.«[120] Natürlich ist die juristische Einordnung neuer Phänomene in bestehende Kategorien schwierig. Im Gegensatz zu Rechtsterroristen oder dem sogenannten »Islamischen Staat« haben Incels keine klare Vision für die neue Gesellschaftsordnung, außer dass die Verteilung von Sexualkontakten geändert werden müsse. Außerdem gibt es keinen Chefideologen, der die Bewegung anführt. Aber müssen Incel-Attentäter denn über klare Vorstellungen für die Neuordnung verfügen, damit man sie als Terroristen klassifizieren kann? Hatte der Attentäter von Halle eine ausgereifte Vision, wie die Zeit nach dem Rassenkrieg aussehen soll? Reicht es nicht, dass Incels als Alphas herrschen, andere unterdrücken und Normies, also die meisten Menschen, in gesellschaftlich niedrigere Positionen oder ins Gefängnis stecken wollen? Und müssen Gruppierungen über zentral organisierte Führungsstrukturen verfügen, damit sie als terroristisch gelten können?

Der Sicherheitsberater Phil Gurski hat Minassians Tat zu einer reinen Amoktat ohne politischen Gehalt erklärt. Gurski ist Experte für islamistischen Terrorismus und der Direktor der Beratungsfirma Borealis, die Bedrohungs- und Risikopotenziale bewertet. Außerdem ist er Programmdirektor des Zentrums für Sicherheit, Wirtschaft und Technologie an der Universität Ottawa. Für den Experten stellen Incels keine politische Bewegung dar, genau genommen überhaupt keine Bewegung. Vielmehr handele es sich um eine große Anzahl unverbundener Einzelpersonen, die kein Glück in der Liebe hätten – so drückt Gurski es in einer Folge seines Podcasts »An intelligent look at terrorism with Phil Gurski« (Ein aufklärerischer Blick auf Terrorismus mit Phil Gurski, das Wortspiel aus »intelligent« und »geheimdienstlich« lässt sich im Deutschen nur schwer wiedergeben) vom Oktober 2019 aus. Sie würden keine politische Gruppe bilden, weil Frauenlosigkeit ein Lebensumstand und keine Ideologie sei. Bei al-Qaida, dem »Islamischen Staat« oder weißen Suprematisten sei das anders, denn diese äußerten in Manifesten, warum sie existierten, was sie ändern wollten und wie sich Gewaltakte rechtfertigen ließen. Die Incel-Manifeste seien dagegen eher »reiner Ausdruck von Gefühlen der Frustration«.[121]

»Ein Facebook-Post mit folgendem Inhalt: ›Die IS-Rebellion ist bereits im Gange! Wir werden all die ungläubigen Kaffir stürzen! Heil dem Anführer Abu Bakr al-Baghdadi!‹, hätte wohl eine ganz andere Diskussion ausgelöst«, setzt J.M. Berger vom ICCT dagegen, der ein ehemaliger Kollege von Gurski ist. In einem Artikel für die Zeitschrift *The Atlantic* ordnet er Minassians Attacke bereits drei Tage nach der Tat als terroristischen Akt ein und bewertet zahlreiche Elemente des Falls genau entgegengesetzt zu seinem ehemaligen Arbeitskollegen.[122] »Für manche Menschen kann Terrorismus nur von speziellen Gruppen ausgeübt werden, von Muslimen zum Beispiel. Andere denken, dass Hass und Gewalt gegen Frauen irgendwie weniger wichtig ist«, erklärt Berger die Abwehrreaktionen.[123] Für ihn ist die Sache dagegen eindeutig: Bereits Minassians Statement kurz vor der Tat enthalte alle wesentlichen Bestandteile, um die Tat als terroristisch einzuschätzen. Die Ankündigung einer Revolution als typisches terroristisches Motiv habe beim Bombenanschlag in Oklahoma City im Jahr 1995 durch Timothy McVeigh ausgereicht für die Anerkennung als Terrorakt. »Minassians Ideologie mag dumm und pathetisch erscheinen, aber genau genommen trifft das auf alle terroristischen Ideologien zu. Dummheit und Pathos disqualifizieren einen noch nicht als Terroristen«, urteilt Berger. Weiterhin seien im Statement sämtliche Standardkomponenten extremistischer Einstellungen auszumachen, von der Ingroup (der sexlosen Incels) bis zur Outgroup (der Chads und Stacys), die das Ziel darstellt. Die Verweise auf Vorgänger wie Rodger und dessen umfangreiches Manifest seien ebenfalls charakteristisch.

Das Merkmal der Führerschaft, damit etwas als terroristische Bewegung qualifiziert werden kann, ist heute überholt. Tatsächlich scheint mittlerweile die Führungslosigkeit eher ein typisches Charakteristikum von Terrorgruppen darzustellen. Bereits beim IS, der immerhin noch einen selbst ernannten Kalifen vorweisen konnte, hatte sich eine Entwicklung weg von der charismatischen Führungspersönlichkeit hin zu anarchisch organisierten Ablegerstrukturen vollzogen. Derselbe Trend lässt sich beim Rechtsterrorismus ausmachen. Gruppierungen wie die neonazistische Atomwaffen Division, ein Lager innerhalb der globalen White-Supremacy-Bewegung, nennen ihren Kampf sogar »white jihad«, denn sie orientieren sich an islamistischen Organisationsstrukturen. Für ihren Terror folgen sie explizit dem Konzept des »führerlosen Widerstandes«, das vorsieht, dass Einzelpersonen wie der Attentäter von Halle oder unabhängige Zellen wie der NSU eigenständig planen und töten.[124] Auch David Sonboly, der Attentäter von München, ließ sich von diesem Ansatz inspirieren. Dass sein rassistischer Anschlag im Olympia-Einkaufszentrum, bei dem er neun Jugendliche erschoss, erst drei Jahre nach der Tat im Jahr 2019 als »politisch motivierte Gewaltkriminalität – rechts« eingestuft wurde und nicht mehr als Amoklauf eines geistig verwirrten Einzeltäters, zeigt, wie schwer sich Behörden mit neuen Entwicklungen tun.

Obwohl Politik, Sicherheitsorgane und einige Experten noch immer zögern, Attentate, die von Rechten oder von Maskulinisten verübt werden, als Terrorakte zu qualifizieren, werden die Forderungen in diese Richtung lauter. Dafür sprechen sich beispielsweise angesehene Wissenschaftler vom US-amerikanischen Council on Foreign Relations (CFR) aus, einer einflussreichen Denkfabrik zur Außenpolitik. Bruce Hoffman, ein renommierter Terrorismusexperte von der Georgetown University in Washington, DC, und Senior Fellow für Terrorismusabwehr und innere Sicherheit am CFR, und sein Mitarbeiter Jacob Ware nennen Anschläge von Incels Terrorakte, weil sie darauf zielten, Frauen im Namen »einer Vision von einer paternalistischen und genderisierten Gesellschaft« zu unterwerfen.[125] Außerdem ginge es ihnen um einen weitreichenden psychologischen Effekt. Sie wollten Schrecken in der Gesellschaft verbreiten. Auch die Theorien zum Inceltum schätzen Hoffman und Ware anders ein als etwa Gurski: »Wir sehen da einen ganzen eigenen Kosmos der Incels im Internet, mit eigenen Seiten, eigener Sprache, eigener Kultur.« Eine ähnliche Onlinemobilisierung wie beim IS oder bei rechtsextremistischen Bewegungen sei zu beobachten, die darauf angelegt sei, Newcomer zu radikalisieren. Große Sorge sollte auch die Tatsache bereiten, dass sich Incels mit Rechtsradikalen vernetzen und grundsätzliche Sprachregelungen und Themen in Bezug auf Hass und Intoleranz austauschen, mahnen die Experten.

Für besonders gefährlich halten Hoffman und Ware auch die Tatsache, dass die Bewegung der Incels so leicht zugänglich ist: Keine komplexe religiöse oder politische Doktrin sei zu verinnerlichen, vielmehr setze sie auf alltägliche Emotionen und Frustrationen junger Männer. »Die Ideologie der Incels nutzt Gefühle der Isolation und sexuellen Frustration und wandelt sie zur hasserfüllten Waffe um. [...] Verglichen mit Islamismus oder weißer Suprematie ist das Inceltum eine Ideologie, auf die jeder beliebige junge Mann in jeder beliebigen Gemeinschaft hereinfallen könnte.« Gerade die dezentralisierte rhizomatische Organisationsstruktur macht es Behörden außerordentlich schwer, effektiv Terrorabwehrstrategien gegen die Gewaltmobilisierung einzusetzen. Fehlende rechtliche Maßnahmen und geheimdienstliche Aufklärung erschwerten dies zusätzlich.

In den USA lassen sich erste Schritte erkennen, die darauf hinweisen, dass die Strafverfolgungsbehörden Incels als inländische terroristische Bedrohung begreifen. So hat etwa das Texas Department of Public Safety, eine Rechtsabteilung für öffentliche Sicherheit der texanischen Regierung, das in einem jährlichen Gutachten die Gefahr durch Terrorismus einschätzt, die Incel-Bewegung als neue terroristische Gruppierung in ihren Bericht von 2020 aufgenommen.[126] Außerdem wurde im Mai 2020 zum allerersten Mal ein Jugendlicher in Kanada als Terrorist angeklagt, weil er der Incel-Ideologie anhängt. Im Februar hatte der Siebzehnjährige in Toronto eine junge Frau mit einer Machete getötet und weitere verletzt. Dafür war er zunächst des Mordes angeklagt worden, bis die polizeiliche Untersuchung eine Verbindung zur Incel-Bewegung und eine misogyne Motivation ergab.[127] In einem Statement bezeichnete die Polizei die Tat als »von einer ideologisch motivierten, gewalttätigen und extremistischen Bewegung inspiriert, die als die der Incels bekannt ist«.[128] Die kanadischen Behörden scheinen seit dem Fall Minassian sensibilisiert zu sein, wenn es um Frauenhass als Tathintergrund geht. Der siebzehnjährige Jugendliche könnte als erster verurteilter Incel-Terrorist in die Geschichte eingehen.

II
Die Ideologien der Autoritären: Für die »natürliche Ordnung«

1. Gekränkte Ansprüche

»Männer misshandeln Frauen nicht, weil die Gesellschaft ihnen sagt, dass das in Ordnung ist. Männer misshandeln Frauen, weil die Gesellschaft ihnen sagt, dass sie einen Anspruch auf Kontrolle haben«, schreibt die Autorin Jess Hill in einem Buch, in dem sie häusliche Gewalt untersucht hat.[129] Wird dieser Anspruch verletzt oder geht die Kontrolle verloren, so ihr Argument, kommt es zu Gewalt. Damit soll Kontrolle wiedererlangt werden. Im Original verwendet Hill die Wendung »entitled to be in control«, die sich nicht so einfach ins Deutsche übertragen lässt. »Entitlement« ist der Anspruch, die Berechtigung, die Ermächtigung, wörtlich der Titel, der zu etwas befugt. Der Begriff ist im englischsprachigen Raum seit einigen Jahren fester Bestandteil der Debatte, wenn es um Herrschaftsverhältnisse geht zwischen jenen, die als »alte weiße Männer« bezeichnet werden, und politischen Minderheiten, allen voran Frauen, nichtweißen Menschen und LGBTQ-Personen. Die Herrschenden, lautet eine oft gehörte Kritik, würden ihren privilegierten Status nicht als historisches Relikt aus ungerechteren Zeiten begreifen, sondern unreflektiert als ihren rechtmäßigen Anspruch verstehen, den sie aus der Tradition, aus dem Geburtsrecht oder aus der angeblich »natürlichen Ordnung« herleiten. Hill führt aus, dass mit dem männlichen Anspruch auf Kontrolle ein gesellschaftlicher Diskurs verbunden ist, der vermittelt, dass jede Abweichung vom sozialen Ideal sanktioniert wird: »Eigentlich sagt die Gesellschaft Männern sogar, dass sie, wenn sie *nicht* die Kontrolle haben, auch nicht erfolgreich sein werden – sie werden keine Freundin haben, sie werden kein Geld haben, sie werden der Gewalt und Kontrolle von anderen Männern ausgeliefert sein. […] Sie enden arm und einsam.«[130]

Am Beispiel von Elliot Rodger lässt sich diese Dynamik demonstrieren. Der Begriff »entitlement« spielt in seinem Manifest eine zentrale Rolle. Die Anspruchshaltung durchzieht sein gesamtes 137 Seiten langes Pamphlet und wird immer extremer. Rodger ist überzeugt davon, dass er Frauen verdient:

> Ich wollte verzweifelt das Leben haben, von dem ich weiß, dass ich es verdiene; ein Leben, in dem ich begehrt werde von attraktiven Mädchen, ein Leben mit Sex und Liebe. Andere Männer sind in der Lage, so ein Leben zu haben … also warum ich nicht? Ich verdiene es! Ich bin großartig, egal wie sehr die Welt mich anders behandelte. Ich bin bestimmt für Großes.[131]

»Das Leben ist nicht fair!«, dieser Satz fällt häufig in Rodgers Manifest. Ihm wird etwas geschuldet, wie er deutlich macht: »In Wahrheit ist der Umzug nach Santa Barbara eigentlich eine Chance, die ich der Welt gab, nicht andersherum! Ich gab der Welt eine letzte Chance, mir das Leben zu geben, von dem ich weiß, dass ich einen Anspruch darauf habe [*I'm entitled to*], das Leben, das andere Jungs ganz einfach und problemlos leben.«[132] Die Logik von Rodger ist: Er hat einen rechtmäßigen Anspruch auf Frauenkörper, der ihm verweigert wird, und zwar von den Frauen selbst, von der Gesellschaft, von »der Welt«. An einer Stelle in seinem autobiografischen Manifest sagt er es ganz explizit: »Es war die Schuld der Gesellschaft, mich zurückzuweisen. Es war die Schuld der Frauen, mir Sex zu verweigern.«[133]

Es finden sich viele Hinweise, woher Rodger diesen Anspruch ableitet, zunächst nämlich ganz einfach aus der Tatsache, dass er männlich ist. »Andere Jungs« hätten Sex, Beziehungen und Spaß, also stehe ihm all das ebenfalls zu. Darüber hinaus lässt sich bei Rodger auch so etwas wie ein aus *race* und *class* abgeleiteter Anspruch erkennen. Er betont an zahlreichen Stellen, dass er aus einer aristokratischen britischen Familie stammt, die in den USA ein prestigeträchtiges und privilegiertes Leben führt. Seine Eltern pflegen Kontakte zu wichtigen Hollywoodgrößen wie George Lucas oder Steven Spielberg, weshalb die Rodgers regelmäßig zu Kinofilmpremieren mit rotem Teppich eingeladen werden. Elliots Vater Peter Rodger ist Regisseur und hat bei der erfolgreichen Filmreihe *The Hunger Games* mitgewirkt. Die Stiefmutter Soumaya Akaaboune ist eine erfolgreiche Schauspielerin. Außerdem spielt die Hautfarbe für das Geburtsrecht eine Rolle, auch wenn Elliot Rodger selbst nur »halb weiß« ist, wie er bedauert, weil die Mutter als Kind aus Malaysia nach Großbritannien einwanderte. Rodger fragt sich: »Wie kann ein minderwertiger, hässlicher schwarzer Junge ein weißes Mädchen haben und ich nicht? Ich bin schön und ich bin selbst halb weiß. Ich stamme aus der britischen Aristokratie. Er stammt von Sklaven ab. Ich verdiene es mehr.«[134] Des Weiteren hält Rodger sich für berechtigt, Zugang zu Frauen zu haben, weil er reich ist und über Statussymbole verfügt, so fährt er zum Beispiel ein BMW-Coupé und trägt Designerkleidung. Er ist zutiefst gekränkt, als sich der gewünschte Effekt weiblicher Aufmerksamkeit dennoch nicht einstellt, wie der folgende Abschnitt illustriert:

> Am Morgen des ersten Tages zog ich mein wunderbares Armani-Shirt an und setzte meine neue Gucci-Sonnenbrille auf. Ich bewunderte mich selbst im Spiegel, voller Hoffnung, dass einige Mädchen mich ebenfalls bewundern würden. Ich würde als der supreme Gentleman erscheinen, ich war der überlegene Gentleman. Das ist es, wofür ich geboren bin, und nun war es an der Zeit, es der Welt zu zeigen. Ja, dachte ich: Ich bin ein Bildnis von Schönheit und Überlegenheit. […] Ich wartete, bis jeder saß, bevor ich den Raum betrat. Ich ging durch den Vordereingang hinein, so dass jeder mein wunderbares Ich sehen könne. Zu meiner Bestürzung sah ich niemanden den Kopf

drehen. Keines der Mädchen neigte den Kopf oder zog eine hübsche kleine Augenbraue hoch bei meinem Erscheinen.[135]

Aus dieser Stelle lässt sich eine interessante und tiefgreifende gesellschaftliche Wandlung herauslesen: Während Rodger seinen Anspruch aus den klassischen Kategorien Geschlecht, Race, Klasse herleitet, scheinen diese für die Frauen aus seinem Umfeld zu Rodgers Frustration eine untergeordnete Rolle zu spielen. Das, was früher sexuellen Erfolg garantiert haben mag, hat seine Bedeutung verloren.

Der Männlichkeitsforscher Kimmel hat diese Situation mit dem Konzept des »aggrieved entitlement«, des »gekränkten Anspruchs« zu fassen versucht, das er 2013 auf der Grundlage von Feldstudien entlang der Kategorien Geschlecht, Race und Klasse entwickelte. Kimmels These lautet, dass Männer weniger die tatsächlichen *Privilegien*, die in den letzten Jahrzehnten zunehmend bedroht seien, als Geburtsrecht erben würden, sondern vielmehr den *Anspruch* auf Privilegien. Das erklärt, warum sich Männer gegenüber Frauen auch dann als anspruchsberechtigt empfinden, wenn sie gar nicht über die entsprechenden Privilegien verfügen.

Kimmel geht sogar noch einen Schritt weiter: Viele Männer würden es gar nicht so empfinden, dass sie Macht über Frauen ausüben oder überhaupt Macht haben. Sie mögen sich als Gruppe mächtig fühlen, nicht aber unbedingt als Individuen, unabhängig davon, ob sie es tatsächlich sind oder nicht. Daraus ergibt sich die Haltung: »Ich fühle mich nicht mächtig, aber ich sollte es«. Hier scheint ein größeres strukturelles Problem im Geschlechterverhältnis auf: »Auch wenn wir uns selbst gar nicht für privilegiert halten, denken wir immer noch, dass wir aber einen Anspruch darauf haben, es zu sein, und die Führungsposten auszufüllen«, so erklärt der Soziologe das männliche Selbstverständnis.[136]

Um seine These mit einem Beispiel zu veranschaulichen, berichtet Kimmel von einer Talkshow, in die er selbst als Gast geladen war. Diskutiert werden sollte über Diskriminierung am Arbeitsplatz. Der Titel der Talkshow lautete: »Eine schwarze Frau hat mir meinen Arbeitsplatz geklaut«. Drei »zornige weiße Männer« äußerten ihre Überzeugung, Opfer von positiver Diskriminierung geworden zu sein. Auf die Idee, zu hinterfragen, warum es sich bei dem Arbeitsplatz um *ihren* und nicht einfach um *einen* Arbeitsplatz handelt, kamen sie nicht. Ihr Rechtsempfinden sage ihnen, dass sie einen Anspruch auf die Stelle hätten, und wenn eine andere – »schwarze, weibliche« – Person den Job bekommt, dann nehme sie ihnen etwas weg: »Obwohl zornige weiße Männer aus der Mittel- und Oberschicht immer noch die meiste Macht und Kontrolle auf der Welt innehaben, fühlen sie sich als Opfer.«[137] Der männliche Anspruch, den Kimmel analysiert, bezieht sich nicht nur auf die klassischen Bereiche, in denen zwischen den Geschlechtern Ungleichheit herrscht, wie die Arbeitswelt, sondern durchdringt auch intimste Beziehungen. Der männliche Anspruch richtet sich auf Frauen selbst, auf ihre Körper, ihre Aufmerksamkeit, ihre Zuneigung.

Bei Rodger lässt sich dieses Empfinden exemplarisch nachvollziehen. In vielen Passagen schildert er, wie er mit ansehen muss, dass andere etwas haben, von dem er meint, dass es ihm zustünde: wenn sich Paare küssen, wenn sich Männer und Frauen auf Partys unterhalten, tanzen oder Telefonnummern austauschen. Er beschreibt, was das in ihm auslöst, wie sein Anspruch jedes Mal bereits gekränkt wird, wenn er attraktive Frauen nur sieht. In einer Passage kommt er auf einen besonders drastischen Zwischenfall zu sprechen:

> Ich hielt an einer roten Ampel in Isla Vista, als ich zwei heiße blonde Mädchen an der Bushaltestelle sah. Ich hatte eines meiner guten Shirts an, also lächelte ich zu ihnen herüber. Sie schauten mich an,

> aber sie ließen sich nicht dazu herab, zurückzulächeln. Sie schauten einfach wieder weg, als wäre ich ein Idiot. Als ich weiterfuhr, überkam mich eine unbändige Wut. Es war eine solche Beleidigung. In meinem Zorn drehte ich um, fuhr zu ihrer Bushaltestelle zurück und schüttete ihnen meinen Starbucks Caffè Latte über den Körper. Ich empfand eine boshafte Befriedigung, als ich sah, wie er ihre Hosen befleckte. Wie konnten diese Mädchen es wagen, mir eine derartige Abfuhr zu erteilen! Wie konnten sie es wagen, mich so zu beleidigen! Sie haben meine Bestrafung verdient. Es war nur schade, dass mein Caffè Latte nicht heiß genug war, um sie zu verbrennen. Diese Mädchen würden es verdienen, in kochend heißes Wasser gestoßen zu werden für das Verbrechen, mir nicht die Aufmerksamkeit und Bewunderung geschenkt zu haben, die ich so rechtmäßig verdiene![138]

Wie die Männer aus der Talkshow kommt Rodger an keiner Stelle seines langen Textes auf die Idee, seine Anspruchshaltung zu hinterfragen. Sie ist ganz einfach da. Durch das, was Kate Manne eine »doppelte Leerstelle« nennt – »ein Vergehen durch Unterlassung, begangen durch keine spezielle Person«[139] –, gehören ihm in seiner Vorstellung potenziell alle Frauen, die er attraktiv findet. Es ist keine spezielle Frau, sondern es sind Frauen als solche, die seinen Anspruch kränken.

Deshalb beginnt Rodger, Studentinnen aus seinem Umfeld zu stalken, mit denen er nie ein Wort gewechselt hat. Als er bei Facebook herausfindet, dass eine von ihm besonders begehrte Studentin einen festen Freund hat, löst dies Gewaltfantasien in ihm aus. »Brittany Story hätte mein sein sollen und wenn ich sie nicht haben kann, sollte niemand sie haben!«[140] Wendungen wie »Wenn ich es nicht haben kann, werde ich es zerstören«, finden sich häufig in seinem Text und werden zunehmend drastischer: »Dass Frauen mich zurückweisen, ist eine Kriegserklärung, und wenn sie Krieg wollen, sollen sie ihn haben. Es wird ein Krieg sein, der in ihrer vollständigen und totalen Vernichtung enden wird.«[141] Wie in den Aussagen von Minassian fällt auch bei denen von Rodger auf, dass er nie davon berichtet, eine der vielen Frauen angesprochen zu haben, an denen er interessiert ist. Der Flirtversuch an der Bushaltestelle ist die äußerste Form der Kontaktaufnahme, vielleicht fällt die Reaktion auf die Schmähung deshalb auch so heftig aus. Rodger scheint zu erwarten, dass die Frauen auf ihn zukommen, weil er schüchtern ist.

Einerseits hängt Rodger einem althergebrachten patriarchalen Männlichkeitsideal an, dem zufolge Frauen ihm Sex und andere »Dienstleistungen« schulden. Andererseits aber verkörpert er selbst überhaupt nicht dieses Ideal hegemonialer Männlichkeit. Er verhält sich nicht offensiv, er nimmt sich nicht, was ihm seiner Meinung nach zusteht, er ist kein Macher, kein Alpha. Er wartet passiv und frustriert ab. In Rodgers Selbstcharakterisierung lässt sich also eine aufschlussreiche Spannung ablesen: Er hängt patriarchalen Vorstellungen von der männlichen Überlegenheit an, die gleichzeitig von seinem schüchternen und passiven Sozialverhalten konterkariert und gewissermaßen überholt werden. Rodger konstruiert für sich eine alternative, kompensatorische Männlichkeit, nach der Eigenschaften wie Intelligenz oder Höflichkeit die wahrhaft maskulinen, die überlegenen seien: die Qualitäten des »Gentleman«. Sein Frust richtet sich auf ebendieses Spannungsverhältnis:

> Alles, was mein Vater mir beigebracht hatte, stellte sich als falsch heraus. Er erzog mich zu einem höflichen, netten Gentleman. In einer anständigen Welt wäre dies das Ideal. Aber der höfliche, nette Gentleman gewinnt in der realen Welt nicht. Mädchen laufen nicht dem Gentleman hinterher. Sie laufen dem Alphamann hinterher. Sie laufen den Jungs hinterher, die am meisten Macht und Status zu haben scheinen.[142]

Von seiner Anspruchshaltung her verkörpert Rodger jedoch eher den Alphamann. Natürlich ist er ein extremer Fall. Tatsächlich aber findet sich die soziale Dynamik, die seinem

Handeln zugrunde liegt, in der Breite der Gesellschaft wieder, wie Kate Manne argumentiert: »Manche Männer, vor allem die besonders privilegierten, haben offenbar das Gefühl, Frauen *schuldeten* ihnen etwas in der Münze der persönlichen Güter und Dienstleistungen [...]. [I]n vielen angeblich post-patriarchalischen Kontexten [stellt diese Haltung] nach wie vor ein echtes Problem« dar.[143] Frauen schuldeten Zuneigung, Aufmerksamkeit, Bewunderung, Sex, Liebe und durch ihre Anwesenheit einen höheren sozialen Status in der männlichen Peergroup, so Manne. Die Philosophin spricht von einer »gendergeprägten Ökonomie des Gebens und Nehmens moralischer und sozialer Güter und Dienstleistungen«.[144]

Die weiblich codierten Pflichten und Dienstleistungen umfassen neben Zuneigung, Aufmerksamkeit, Bewunderung oder Sex auch Respekt, Akzeptanz, Hege und Pflege, Geborgenheit und Zuflucht, außerdem Güte und Mitgefühl, moralische Zuwendung, Fürsorge, Anteilnahme und Trost. Diese Formen der emotionalen und sozialen Arbeit gehen weit über reproduktive und häusliche Pflichten hinaus, die anders als die oben genannten immer weniger von Frauen erwartet und heute eher zwischen den Geschlechtern geteilt werden. Die männlich codierten Zuwendungen und Privilegien beinhalten gesellschaftliche Führungspositionen, Autorität, Einfluss, Geld und andere Machtformen, außerdem sozialen Status, Prestige, Rang und die entsprechenden Symbole. Daneben zählt Manne Facetten des sozialen Ansehens hinzu wie Stolz, Reputation oder Stellung sowie das Fehlen relevanter Elemente: die Freiheit von Scham und Schande oder öffentlicher Demütigung. Bei all diesen Dingen handelt es sich um Güter, nach denen alle Menschen streben, aber nur bestimmte Personen, so Manne, meinen, dass sie einen Anspruch darauf hätten.

Wird dieses System verletzt, zum Beispiel indem Frauen

etwas verweigern, von dem Männer überzeugt sind, dass es ihnen zustünde, hat das Folgen. Misogynie, die in der Öffentlichkeit passiert, so resümiert Manne, soll Normverletzungen des ökonomischen Systems sanktionieren, indem an einer Frau ein Exempel für alle statuiert wird.[145] Rodgers »Bestrafungsaktionen«, die er unter Zuhilfenahme von Caffè Latte oder auch von Eistee oder einer mit Orangensaft befüllten Wasserpistole ausführt, können als Versuche gedeutet werden, das ökonomische System der Geschlechter durchzusetzen. Er rächt sich nicht einfach nur für die Verschmähungen. Indem er die Frauen an der Bushaltestelle bestraft, belehrt er sie gleichzeitig über die Norm und den Normverstoß, der darin besteht, dass sie nicht zurückgelächelt und ihm Aufmerksamkeit geschenkt haben, was sie ihm in seiner Vorstellung schulden. »Verbrechen« und »Bestrafung« sind die Begriffe, die Rodger benutzt. Auch der Anschlag als Akt der Gewalt gegen eine anonyme Öffentlichkeit lässt sich auf diese Weise interpretieren: Er richtet sich prinzipiell gegen alle Frauen und gegen alle sexuell aktiven Menschen, denn es ist nicht ein bestimmtes weibliches Wesen, das Rodger Sex verweigert, sondern es sind potenziell alle. Frauen schulden Männern strukturell Sex, so ist die Haltung hinter der Tat.

Die Dynamik hinter Incel-Anschlägen und häuslicher Gewalt sei dieselbe, nur die Ausgangslage eine andere, lautet denn auch die These von Michael Kimmel. Für seine Forschung zog Kimmel einen Fall heran, der sich vor Rodgers Attentat ereignete, jedoch erstaunliche Parallelen zu diesem aufweist. Im Jahr 2009 erschoss der achtundvierzig Jahre alte George Sodini in einem Fitnessstudio im US-Bundesstaat Pennsylvania während einer Aerobic-Stunde drei Frauen und anschließend sich selbst. Sodini hinterließ ein Onlinetagebuch, das sich ähnlich liest wie Rodgers Vermächtnis. Darin thematisiert Sodini seine Erfolglosigkeit bei Frauen und macht das andere Geschlecht für seine »Entmännlichung« verantwortlich:

> Ich bin gut gekleidet, sauber rasiert, gebadet, Hauch von Cologne – und doch wiesen mich dreißig Millionen Frauen zurück – über einen Zeitraum von achtzehn oder fünfundzwanzig Jahren. Dreißig Millionen ist meine grobe Schätzung, wie viele begehrenswerte Singlefrauen es gibt. Ein Mann braucht eine Frau für sein Selbstvertrauen. Er bekommt Rückenwind für den Job, für die Karriere, für seine Beziehungen zu anderen Männern.[146]

Bei solchen Taten handelt es sich um extreme und außergewöhnliche Fälle. Das Besondere daran ist, dass die Täter auf die Unterstützung einer Gemeinschaft zählen können. In ihrer Community finden sich viele, die öffentlich bekunden, dass sie diese Art von Gewalt verstehen können und legitim finden. Bevor »going ER« zur Wendung wurde für einen gegen Frauen gerichteten Amoklauf, kursierte die Formel »going Sodini« in der Mannosphäre. Auf Männerrechtsseiten etwa wurde Sodinis Tat bejubelt. Nur ein Beispiel:

> George Sodini ist ein Männerrechtsheld. [...] Endlich schreibt ein Massenmörder mal ein kohärentes Manifest. Es legt nahe, dass der Feminismus schuld ist und Sodini seinen letzten Widerstand leistet. Darauf habe ich gewartet (ich dachte schon, ich müsste es selbst erledigen).
> Frauen müssen diesen Zwischenfall akzeptieren als Preis für ihr Trittbrettfahrertum. Frauen kriegen Männer dazu, ihnen Drinks, Abendessen und Hochzeiten zu spendieren, als Gegenleistung gibt es praktisch nichts. Hin und wieder werden mal ein paar Frauen abgeschossen. Angesichts der fünfhundert Milliarden Dollar, die Frauen Männern jährlich aus den Rippen leiern, ist das doch ein geringer Preis. Frauen, besonders Feminazis, müssen mal tief in sich gehen. [...]
> [Sodini] hatte jeden Grund dafür, gegen die Gesellschaft loszuschlagen, die ihm so übel mitgespielt hat. So spüren die Teile der Gesellschaft mal etwas von dem Schmerz, den sie ihm zugefügt haben. Da draußen sind Millionen, Abermillionen Männer, die auf ähnliche

Weise betrogen wurden, und unter ihnen sind einige Sodinis, die brutal und mörderisch zuschlagen werden, sobald sie die Wahrheit entdecken. Mich amüsiert, dass Frauen in diesem Land und im Westen nicht realisieren, welche Rolle sie bei der Erschaffung von Männern wie Sodini spielen.

Ich nenne ihn einen Helden, weil er ein Symbol dafür ist, welche Konsequenzen es hat, wenn Männern Sex verweigert wird – nicht, weil er Frauen umgebracht hat. Individuell haben sie es nicht verdient. Aber irgendetwas muss passieren, vielleicht noch Hunderte von Malen, damit die Botschaft zu Feministinnen durchdringt.

Ein anständig aussehender Mann, der ein ordentliches Einkommen hat und Frauen nicht misshandelt, VERDIENT ES, flachgelegt zu werden. Punkt. Die Tatsache, dass so viele es nicht werden, ist ein Verbrechen. In einer gerechten Gesellschaft werden alle Verbrechen irgendwann bestraft.

Ich habe über diese frigiden Harpien im Fitnessstudio nachgedacht, die zu hochnäsig waren, um einem Typen die Chance auf ein Date zu geben. Ich wette, als die Lichter ausgingen und sie die warmen Kugeln in ihren Körper eindringen fühlten, wünschten sie sich, dass sie etwas netter zu den Typen da draußen gewesen wären, die einfach nur ein Date brauchten.

Solange sie es sich leisten können, werden Frauen hinter den besten Männern her sein. Sie werden ihre Gleichstellung nicht aufgeben, die von positiver Diskriminierung gedeckt ist, ohne massive Gewalt durch die Minderheit von Männern, die unter dem Feminismus sexlos zurückgelassen werden. Deshalb lobe ich mir Vergewaltigungen und zielgerichtete Gewalt gegen Frauen, die deutlich macht, dass verbitterte Männer sie verletzen und umbringen, wenn sie keine Angebote machen. Erst dann werden Frauen hoffentlich ihre Gleichstellung aufgeben und durch die reine wirtschaftliche Not dazu gezwungen sein, sich in eine monogame Beziehung zu begeben.[147]

Gewalt als legitimes Mittel des Widerstands gegen ein durch den Feminismus fehlgeleitetes und ungerechtes System, das Männern vorenthält, was ihnen zusteht, das ist der Tenor, der sich durch zahllose derartige Kommentare zieht.

Weniger öffentlichkeitswirksam, dafür aber sehr viel weiter verbreitet in der Gesellschaft ist die Gewalt der »Alltagssodinis«, wie Kimmel Männer nennt, die Gewalt in der Partnerschaft ausüben. Ihre Taten bezeichnet er als »Mini-Amokläufe«.[148] Denn ihnen liege dieselbe Dynamik zugrunde, die Sodini (oder Rodger) angetrieben habe: Das männliche Selbstverständnis wird bedroht, Ansprüche werden gekränkt. Gewalt gegen Frauen sei nicht der Ausdruck von Kontrolle und Macht, sondern im Gegenteil von Kontrolllosigkeit und Schwäche. Mit Gewalt soll der ursprüngliche Zustand der Kontrolle wiederhergestellt werden: bevor das männliche Selbstbild bedroht war. Wenn Männlichkeit nicht nur von der eigenen Frau, sondern von der ganzen Gesellschaft in Zweifel gezogen wird, hat das eine gesteigerte Verletzlichkeit und dementsprechend auch eine gesteigerte Gewaltbereitschaft zur Folge.[149]

Gewalt gegen Frauen ist kein neues Phänomen. Vergleichsweise neu aber ist, dass das männliche Selbstverständnis, wo es mit Kontrolle und Macht verbunden ist, strukturell immer stärker bedroht wird, von gesamtgesellschaftlichen Entwicklungen, die alte Männlichkeitsideale infrage stellen: Frauen erobern Männerdomänen, sind auf dem Arbeitsmarkt erfolgreich, gelangen auf einflussreiche Posten, wenn auch vielleicht nicht in einem Maße, das ihrer Leistung entspricht. Umgekehrt müssen Männer nun Aufgaben übernehmen, die traditionell Frauen erledigt haben: Sie passen vermehrt auf die Kinder auf oder müssen den Haushalt schmeißen, während die Partnerin geschäftlich unterwegs ist. Gleichzeitig ist die Aufmerksamkeit für Frauen gestiegen, wenn ihre Rechte verletzt werden. Übergriffe werden gesamtgesellschaftlich verfolgt und geächtet, wie zuletzt die #MeToo-Bewegung deutlich gemacht hat. Das führt laut der Gewaltforscherin Hill jedoch dazu, dass die Gewalt zunimmt: »Die erhöhte Aufmerksamkeit für männliche Gewalt, die seit der #MeToo-Bewegung noch größer ist, könnte Täter gerade gefährlicher machen.« Hill beobachtet diesen Zusammenhang für

Australien. Dort sei generell ein Anstieg häuslicher Gewalt zu verzeichnen, wobei nicht nur die Häufigkeit, sondern auch die Schwere der Taten zunehme. »Misshandelnde Männer lassen ihre gedemütigte Wut an Freundinnen, Ehefrauen und Kindern aus, weil sie außer sich sind, dass Frauen so viel Aufmerksamkeit erhalten, während *ihr eigenes* Leiden übersehen wird. Der Backlash ist real und er ist gewalttätig.«[150]

Für die spezifische Form männlicher Gewalt gegen Frauen im absteigenden westlichen Patriarchat von heute müssen nach Kimmels Definition zwei wesentliche Dinge zusammenkommen: das Gefühl von bedrohter Männlichkeit durch Kontrollverlust und das Empfinden, einen Anspruch auf Gewaltanwendung zu haben. So erklärt sich, warum Männer ausgerechnet gegenüber der eigenen Frau gewalttätig werden und nicht zum Beispiel ihren Chef verprügeln. Die Demütigung durch den Chef ist erträglich und wird sogar erwartet, denn sie ist sein gutes Recht, weil er in der sozialen Hierarchie höher steht. Die Demütigung durch die eigene Frau hingegen wird als kränkend und ehrverletzend empfunden, wenn die Frau in der Vorstellung des gewalttätigen Mannes unter ihm rangiert.

Mit denselben sozialen Mechanismen erklärt Kimmel den Anstieg der Aggressionen von »Amerikas zornigen weißen Männern«. Zum einen rühre dieser von der allmählichen Entfernung weißer Männer aus nahezu allen Positionen der Macht und Autorität im Land her, so jedenfalls würden sie es empfinden. Zum anderen werde ihr Anspruch, solche Positionen seien ihr Geburtsrecht, infrage gestellt. Deutlich wird das nicht zuletzt in den besitzanzeigenden Pronomen politischer Slogans wie »Lasst uns unser Land zurückholen«. »Gewalt ist selten gerechtfertigt, wenn man selbst damit anfängt. Aber sie ist immer gerechtfertigt, wenn man sich gegen ein Unrecht wehrt«, so erklärt Kimmel die Argumentationslogik.[151]

Auch in den Statements von Tobias Rathjen, dem Attentäter von Hanau, lässt sich die von Kimmel beschriebene Dynamik beobachten. Im Februar 2020 erschießt Rathjen neun Menschen in zwei Shishabars und die eigene Mutter im Haus der Eltern, bevor er sich selbst das Leben nimmt. Er hinterlässt ein Manifest, aus dem hervorgeht, dass vor allem Rassismus der Beweggrund seines Handelns war. Soweit bekannt, war er nicht in misogynen Foren aktiv. Interessanterweise findet sich aber auch bei ihm eine gekränkte Anspruchshaltung, die sich in einer Einstellung gegenüber Frauen niederschlägt, die deutlich an die von Rodger oder die von Sodini erinnert. Einen ganzen Abschnitt seines Manifests widmet er, der nach eigener Aussage nie eine Freundin hatte, dem Thema Frauen.

Freilich mögen psychische Probleme bei Rathjens Tat eine Rolle gespielt haben. Dennoch sollten wir nicht die Augen davor verschließen, dass er aus einer gekränkten Anspruchshaltung heraus gehandelt hat, in seinem Manifest gängige rechtsradikale Narrative aufgreift und Probleme im Umgang mit Frauen hatte. Sein Attentat mag auch die »wahnhafte Tat eines Irren« (Jörg Meuthen) sein. Entscheidend aber ist, dass es aus einem spezifischen gesellschaftlichen Kontext heraus begangen worden ist. So wahnhaft und abwegig Rathjens Beweggründe uns erscheinen mögen, Sinn gewannen sie für ihn in einem Netz von Überzeugungen, das eine rechtsextreme Weltanschauung sowie eine Geringschätzung von Frauen mit einer gekränkten Anspruchshaltung verknüpfte. Vor diesem Hintergrund inszenierte er sich als das eigentliche Opfer und legitimierte seine Gewalttaten. Selbstviktimisierung als Strategie, Gewalt als legitimer Widerstand, so könnte man es auf eine Formel bringen.

2. Männlichkeit politisiert sich

In den letzten Jahren ist Gewalt gegen Frauen mehr und mehr zu einem Thema öffentlicher Debatten geworden. Die #MeToo-Bewegung war in dieser Hinsicht fraglos von zentraler Bedeutung. Der Grund dafür ist freilich nicht, dass genderbasierte Gewalt erst jetzt unerträgliche Ausmaße angenommen hätte und Frauen deshalb nun aufbegehrten. Die Ausmaße waren schon lange unerträglich. Was sich geändert hat, sind die Möglichkeiten für Frauen, sich öffentlich zu äußern, anzuklagen, ihre Rechte einzufordern. Im Laufe der Jahrzehnte ist es Frauen als gesellschaftlicher Gruppe mehr und mehr gelungen, das auszuüben, was der Philosoph Tristan Garcia »Gegenherrschaft« genannt hat. In dem Moment, so Garcia, in dem die eigene Diagnose des Herrschaftszustandes gegen die der Herrschenden durchgesetzt wird, bekommt die Gegenherrschaft selbst Herrschaftswirkung: »Man setzt keine Herrschaftsdiagnose durch, ohne selbst ein wenig (geistig, symbolisch, medial) zu herrschen.«[152] So gerät hegemoniale Männlichkeit in Bedrängnis, indem sich diejenigen, die Herrschaft kritisieren, in ein politisches Kräfteverhältnis begeben und dafür sorgen, dass ihr partikulares Bild vom Zustand der Herrschaftsverhältnisse universell anerkannt wird.[153] Außerdem führt die Gegenherrschaft dazu, dass sich diejenigen, die real herrschen, als unterdrückt empfinden. Als Beispiel führt Garcia unter anderem den Maskulinismus als Reaktion auf die Emanzipationsbewegung an, der sich aus diesem Grund die Verteidigung von männlichen Rechten und Interessen zur Aufgabe gemacht hat und Vorstellungen von einer »umgekehrten sexuellen Herrschaft, einer ›bemutternden und kastrierenden Gesellschaft‹« pflegt.[154]

Nun führt die Empfindung auf Seiten der Akteure, man werde beherrscht, nicht dazu, dass deren Behauptungen – zum Beispiel, dass der Feminismus die Politik der Regierungen bestimme oder dass Political Correctness das Ende der Meinungsfreiheit darstelle – wahr würden, aber:

> Diese Thematisierungen müssen als reale Symptome einer solchen Situation verstanden werden, durch die jene Herrschaftsformen, die Symmetriebrechungen zwischen den »Wir« waren, uns nunmehr symmetrisch erscheinen. Wir sind deshalb nicht gleich geworden, bei Weitem nicht. Aber alle Identitäten haben durch die Einleitung moderner Befreiungsprozesse (der Frauen, der ethnischen und rassischen Minderheiten, der Kolonisierten, der sexuellen Minderheiten) einander allmählich durch Herrschaft und Gegenherrschaft geantwortet und die Trennungslinie zwischen konkreter und symbolischer Herrschaft ausgelöscht. Es bleibt ein im Wesentlichen strategisch gebrauchtes Herrschaftsgefühl übrig, mit dem jeder versucht, sein Recht anerkennen zu lassen, und sich als berechtigt ansieht, das heißt unablässig die politische, gleichermaßen verbale und physische Gewalt moduliert, die er sich nach der Maßgabe dessen erlaubt, was er als sein Gefühl ansieht, von den anderen in die Minderheit gedrängt zu werden.[155]

Durch die Auflösung der Trennungslinie zwischen konkreter und symbolischer Herrschaft wird die männliche Herrschaft insgesamt prekär. Der politische Schwerpunkt verlagert sich allmählich von der Verteidigung der Rechte oder Pflichten der einen oder der anderen auf den Kampf, die eigene Diagnose über die Herrschaftsverhältnisse in der Gesellschaft gegen die der anderen durchzusetzen. »So hat denn in einem demokratischen System die Minderheit eine strategische Rolle bekommen«,[156] das heißt, einer Minderheit anzugehören hat den Vorteil, dass man aus dieser Position heraus die Herrschaft der anderen kritisieren kann. Maskulinisten haben es nun darauf abgesehen, zu zeigen, dass Frauen und besonders Feministinnen mittlerweile mehr Rechte genießen, während Männer benachteiligt, diskriminiert und unterdrückt würden. Sie begeben sich daher in eine Position, die Garcia »strategische Minderheit« nennt: Sie inszenieren sich selbst als Minderheit, gleichwohl die realen Herrschaftsverhältnisse – Männer als Gruppe herrschen über Frauen als Gruppe – weiterbestehen. Auf lange Sicht jedoch ändern sich die Herrschaftsverhältnisse durch genau diese Dynamik aus realer Herrschaft, Herrschaftskritik und Kritik an der Herrschaftskritik, wie ich im Folgenden zeigen will.

Kimmel bezeichnet die Position der strategischen Minderheit schlicht als »Opferrolle«. Besonders Männerrechtler eignen sich die Argumentationsmuster von Feministinnen an und drehen sie um. Paul Elam etwa spricht von einer »misandrischen«, also einer männerfeindlichen Kultur:

> Dieses Mal bauen wir eine Männerbombe. Wenn sie detoniert, werden die amerikanischen Rassenunruhen dagegen wie eine Parade zum Erntedankfest aussehen.
> Der misandrische Zeitgeist, das System feministischer Governance, das von den meisten noch nicht anerkannt wird, strebt auf sein unvermeidliches und hässliches Ziel zu, dessen Resultate der Psyche der westlichen Welt eine weitere klaffende Wunde schlagen werden.
> In der Community von Männerrechtlern, für sich genommen eine Minderheit, beklagen wir schon lange den grausamen und destruktiven Krieg, der gegen Männer und Jungs seit einem halben Jahrhundert geführt wird. Wir haben unerlässlich in die tauben Ohren der Welt gerufen, dass wir uns auf dem Weg der Zerstörung befinden, und wir sahen unsere Prognosen wahr werden, dass Männer zu Pachtsklaven für ein bösartiges Matriarchat reduziert werden.[157]

Dieses Zitat veranschaulicht, was strategische Minderheit für Maskulinisten bedeutet und wie die Verhältnisse direkt umgekehrt werden: Wir finden den Begriff »Misandrie« als Pendant zu »Misogynie«, die feministische Governance statt der männlichen Herrschaft, das Matriarchat anstelle des Patriarchats. In der Argumentation Elams reicht den Feministinnen die bloße Umkehrung der Geschlechterverhältnisse jedoch nicht. Diese sei bereits erreicht. Sie würden einen Krieg gegen Männer führen, um diese nicht nur zu unterwerfen, sondern sogar zu versklaven.

Männerrechtler eignen sich indes nicht nur feministische Narrative an, sondern auch solche der amerikanischen Bürgerrechtsbewegung, um sich als unterdrückte Minderheit zu stilisieren. Insbesondere Martin Luther King wird von Maskulinisten immer wieder instrumentalisiert. Zum einen wollen sich die Aktivisten so den Anschein einer Bürgerrechtsbewegung verleihen, zum anderen nutzen sie den Verweis auf den Grundsatz der Gewaltlosigkeit, um so ihre angebliche Abgrenzung von extremistischen Irrläufern kundzutun. Der bereits erwähnte Mitblogger von Elam, Warren Farrell, nennt sich selbst explizit »Bürgerrechtler« und rekurriert auf King. Tatsächlich dienen die Unterdrückungsnarrative letztlich aber der Legitimation von Gewalt. Maskulinisten drehen das Verhältnis von Opfern und Tätern um und inszenieren sich als die »Unterdrückten«, deren Handeln Notwehr oder einem Freiheitskampf gleichkommt.

Dieselbe Argumentation aus der strategischen Minderheit heraus findet sich bei weißen Suprematisten. Der notorisch misogyne und rassistische US-Radiomoderator Rush Limbaugh zum Beispiel dreht in seiner Sendung die diskriminierenden und rassistischen Herrschaftsverhältnisse zwischen Weißen und Afroamerikanern einfach um. In den Vereinigten Staaten, so polemisierte der Moderator etwa gegen die Präsidentschaft von Barack Obama, käme man nur noch auf eine Weise voran: »Indem man Weiße hasst. Oder sagt, dass man es tut. [...] Mach aus Weißen die neue unterdrückte Minderheit. [...] Sie müssen jetzt im Bus nach hinten. [...] Das sind die Republikaner von heute, das Äquivalent zum alten Süden: die neue unterdrückte Minderheit.«[158]

Die Kultur des gekränkten Anspruchs weißer Männer ist

nicht spezifisch für die USA, sondern ein in allen westlichen Ländern virulentes Phänomen. Die entsprechende US-amerikanische Kulturproduktion bildet zwar den Referenzrahmen, aber dieser speist sich aus globalen Einflüssen. Auch bei Stephan Balliet zum Beispiel finden wir globalisierte Kulturgüter der strategischen Minderheit. Das erste Musikstück, das der Attentäter von Halle in seinem Wagen hört, als er losfährt, um seinen Anschlag zu verüben, zählt dazu. Der Titel ist nicht zufällig gewählt, sondern gehört zur wohlüberlegten Choreografie für das Attentat. Es handelt sich dabei um das Lied »Mask Off« des afroamerikanischen Rappers Future beziehungsweise um eine Adaption, die so gut gemacht ist, dass beispielsweise das Rechercheteam von *Spiegel TV*, das Stephan Balliet nach der Tat eine Sendung widmete, den Unterschied nicht bemerkte.[159] Wenn man genau hinhört, lassen sich Elemente aus der rechtsextremen Szene ausmachen. Der Originaltext von Future wurde durch einen eindeutig rechtsradikalen Text ersetzt: Von der »arischen Bruderschaft« ist da die Rede, von »der Schuld der Juden« oder von der »schwarzen Sonne«, ein aus drei übereinandergelegten Hakenkreuzen bestehendes Symbol der Nationalsozialisten, das heute von vielen rechtsterroristischen Gruppierungen wie etwa der Atomwaffen Division genutzt wird. Indem sich Rechtsterroristen wie Balliet eine Ausdrucksform aneignen, derer sich ursprünglich eine diskriminierte Minderheit bediente, können sie ihre Gewalt rechtfertigen und sogar terroristische Attentate wie politischen Widerstand erscheinen lassen. In seinem umfassenden Geständnis legt Balliet dar, dass er seinen Anschlag für die weißen Männer begangen habe, die seiner Meinung nach benachteiligt seien: »Meine Gruppe sind die weißen Männer, um die es ziemlich scheiße steht.«[160] Balliet wollte unterdrückte Weiße handlungsfähig machen, ihnen zeigen, dass man sich mit einfachen Mitteln selbst Waffen bauen und sich wehren könne gegen die Ungerechtigkeiten.

Wie sehr Männer angeblich diskriminiert werden, lässt sich auch auf zahlreichen deutschen Seiten nachlesen, die sich dem Kampf für die maskulinistische Sache verschrieben haben. »Deutschlandreform« etwa konstatiert, dass »die politisch korrekte Einstellung« so weit gehe, dass staatliche Institutionen wie die Antidiskriminierungsstelle des Bundes »gezielt missverständliche und einseitige Informationen« verbreiten und die Diskriminierung von Männern verschweigen würde. Die »politische Korrektheit« ist ein beliebtes Feindbild von Maskulinisten, denn als Herrschaftsinstrument der Beherrschten dient sie dazu, Gegenherrschaft zu etablieren. »Deutschlandreform« führt eine Liste mit Beispielen von Institutionen oder Kontexten, durch die beziehungsweise in denen Männer diskriminiert würden. Die Liste umfasst so ziemlich alles, was man sich vorstellen kann: Behörden, das Grundgesetz, Gerichtsurteile, Scheidungen und Vaterschaftstests, gefährliche Tätigkeiten, Leistungsbemessungen und Leistungsstandards, Ausbildung, Arbeitsplatz und Renteneintrittsalter, aber auch Wertschätzung und öffentliche Wahrnehmung.[161]

Auf der Homepage der Gruppe »Wieviel ›Gleichberechtigung‹ verträgt das Land? – Wenn der Mensch zur MenschIn wird – oder: Wer die menschliche Gesellschaft will, muß die dämliche überwinden« wird die »Lohndiskriminierungslüge« aufgearbeitet und behauptet, Frauen arbeiteten 39 Prozent weniger als Männer, verdienten aber 64 Prozent mehr.[162] Das selbst erklärte »Männermagazin« spricht von einem »Rollentausch von der Rolle«,[163] die Seite manndat.de davon, dass die »Frauenunion (CDU) männermordende Länder« lobe. Die angebliche Unterdrückung von Männern wird hier mit einem drastischen Beispiel umschrieben: »Stellen Sie sich vor, ein Amokläufer würde in eine Schule eindringen und vorrangig weibliches Lehrpersonal ermorden und eine männerpolitische Vereinigung würde dann diese Schule als Vorbild bezüglich des männlichen Lehreranteils benennen.«[164] Genau so, nur mit umgekehrten Rollen, würde feministische Geschlechterpolitik gegen Männer funktionieren.

Die Darstellung des männlichen Geschlechts als Verlierer der feministischen Gesellschaft ist keineswegs nur ein Phänomen extremer Maskulinisten im Internet. Auch in deutschen Leitmedien findet sich dieses Gedankengut, wie die Zeitschrift *Emma* herausstellt:

> Gendermainstreaming ist »politische Geschlechtsumwandlung«, die »Staatskrippenpläne« der Frauenministerin haben die »Abschaffung der Hausfrau und Mutter« im Visier und hinter alle dem stecken die lesbischen Akademikerinnen und Frauenbeauftragten, die bis hin in die Spitzen der Regierung, ja der EU in Brüssel das »Gender-Prinzip« längst staatlich verankert haben und an der »Zerstörung der traditionellen Geschlechterrollen« und der »Schaffung des neuen Menschen« arbeiten. / Der Versuch christlicher Fundamentalisten, das Abtreibungsrecht abzuschaffen, ist ein demokratischer Akt und die KritikerInnen des Islamismus in Deutschland sind auf einem »antiliberalen, jakobinischen Kreuzzug«. / »Der Feminismus ist ein Luxusphänomen«, die »Männer sind das benachteiligte Geschlecht«. / »Die Frauenhäuser sollten geschlossen werden«, denn »Gewalt geht überwiegend von Frauen aus«. / »Die feministische Muttermacht« ist schuld am »entsorgten Vater« und Kinder sind die »Trümpfe im Geschlechterkampf«. / Und, klar: »Laut Bibel wurde die Arbeit Adam – und nicht Eva – aufgehalst, und zwar als Strafe. […] Alle Versuche, diese Aufteilung zu verändern, etwa in der Sowjetunion oder im israelischen Kibbuz, sind und waren zum Scheitern verurteilt.« […] Diese Zitate stammen von Journalisten und Wissenschaftlern und werden in geachteten Blättern verbreitet.[165]

Zitiert werden hier unter anderem Meinungsmacher aus großen Zeitungen wie der *Frankfurter Allgemeinen Zeitung*, dem *Focus* oder dem *Spiegel*. Aus der strategischen Minderheit heraus gegen den Feminismus und gegen Frauenrechte mobilzumachen, diese Entwicklung zeigt sich in zunehmendem Maß auch im Mainstream. Wie lässt sich dieser Trend interpretieren? Vergegenwärtigen wir uns noch einmal Garcias Thesen zur Herrschaft: »[*J*]*e mehr man die reale Herrschaft beweisen muss, desto mehr muss man kämpfen, um eine bestimmte Herrschaftsdiagnose durchzusetzen* (der Männerherrschaft, der kolonialen und postkolonialen Herrschaft usw.).«[166] Wenn also Stimmen von Männern lauter werden, die die vermeintliche Unterdrückung des Mannes beschwören, heißt das nach Garcia im Umkehrschluss, dass, wenn mehr gekämpft wird, die reale Herrschaft mehr bewiesen werden muss.

So ähnlich argumentieren auch Vertreterinnen der Gender-Studies. So stellt etwa Franziska Schutzbach fest, dass der »Ruf der PUAs nach einer explizit männlichen Dominanz […] als ein Indiz dafür gesehen werden kann, dass das Selbstverständnis männlicher Suprematie, und damit Männlichkeit insgesamt unter Druck geraten sind«.[167] Für ihre These greift Schutzbach auf die Theorien der feministischen Naturwissenschaftshistorikerin Donna Haraway zurück, die für das Feld der Wissenschaft aufgezeigt hat, dass ein zentrales Element männlicher Suprematie darin bestehe, dass sie unmarkiert bleibt und über (Selbst-)Invisibilisierung operiert. Folge man Haraway, so Schutzbach, dann

> zeichnet sich das Selbstverständnis männlicher Vorherrschaft […] also gerade nicht durch deren geschlechtliche Markierung aus, sondern durch deren Entpartikularisierung, Universalisierung, Neutralisierung, ja Transzendentalisierung. Auch im religiösen Diskurs oder in der Geschichte der Menschenrechte begegnen wir dieser universalisierten, invisibilisierten Männlichkeit: Der Mann wird als Mensch universalisiert, Eva wird aus Adams Rippe gemacht, sie ist das Besondere, er das Allgemeine. Ein ähnlicher Mechanismus zeigt sich in der Geschichte der Menschenrechte: Obwohl sie als Menschenrechte deklariert wurden, galten sie anfangs nur für Männer. Diese Einschrän-

> kung blieb jedoch weitgehend unsichtbar, weil Mann mit Mensch gleichgesetzt war. […] Männliche Suprematie konstituiert sich, indem sie gerade nicht als männlich, sondern als allgemein definiert wird. Aus dieser Warte haben nur andere ein Geschlecht, während die eigene Position als universell gilt.[168]

Genau das gilt heute allerdings nicht mehr. Männlichkeit an sich ist zum identitätspolitischen Merkmal geworden. Sie ist nicht mehr die Norm, sondern tendenziell Attribut einer Gruppe unter vielen. Natürlich wurden früher auch bestimmte Aspekte und Ideale von Männlichkeit diskutiert, gab es Identitäten der soldatischen, bürgerlichen oder Arbeitermännlichkeit, doch blieb hegemoniale Männlichkeit selbstverständlich und unangetastet. Feministische Kritik hat dazu geführt, dass es diese Selbstverständlichkeit so nicht mehr gibt. Wie sehr das Selbstverständnis infrage gestellt ist, zeigt sich daran, dass männliche Herrschaft von Männern selbst zum Thema gemacht wird, aus zwei gegensätzlich erscheinenden Positionen heraus: Zum einen wird sie aus der strategischen Minderheit heraus als angeblich nicht mehr existent beklagt, zum anderen wird insistiert, männliche Überlegenheit sei naturgegeben. Unabhängig davon, welche der beiden Positionen vertreten wird, hegemoniale Männlichkeit wird durch sie markiert; sie wird sichtbar. Einerseits wird dadurch deutlich, dass das Patriarchat erodiert. Andererseits gilt es zu konstatieren, dass Männer selbst die männliche Herrschaft thematisieren und markieren. Sie machen hegemoniale Männlichkeit zu etwas Politischem: Als Patriarchat mobilisieren sie für das Patriarchat. Zum Zustand der Selbstverständlichkeit können sie nicht zurück. Was einmal sichtbar geworden ist, wird nicht einfach wieder unsichtbar.

3. Die Propheten der Maskulinisten

Wie maskulinistische Überlegungen aussehen könnten, die diese Einsicht verinnerlicht haben, lässt sich an den Büchern von Jordan Peterson und Jack Donovan demonstrieren. Weil das Patriarchat nicht einfach wieder selbstverständlich und damit unsichtbar wird, leugnen die beiden Denker gar nicht erst, dass es so etwas wie patriarchale Strukturen gibt, sondern markieren im Gegenteil Männlichkeit ausdrücklich. Sie entwerfen in ihren Büchern eine Ideologie männlicher Suprematie und propagieren offen eine explizite Form männlicher Herrschaft, die in der Moderne in eine ungerechtfertigte Minderheitenposition geraten sei. Damit liefern sie den Internetmaskulinisten theoretisches Rüstzeug.

Jordan Peterson ist das wohl bekannteste Gesicht der männlichen Suprematisten und ihr wahrscheinlich einflussreichster Theoretiker. Er hat einen Lehrstuhl für Psychologie an der Universität Toronto, berühmt geworden ist er allerdings nicht mit Arbeiten auf seinem Fachgebiet, sondern mit seiner Kritik an einer angeblich zunehmend politisch korrekten Gesellschaft. Er vertritt unter anderem die Ansichten, Frauen würden zur Arbeit geschminkt erscheinen, um sexuell zu provozieren, »weiße« Privilegien seien eine »marxistische Lüge« oder heterosexuelle Monogamie solle mit Zwang durchgesetzt werden. Besonders mit seinen Beiträgen zu einer Debatte über gendergerechte Sprache für nichtbinäre Identitäten konnte sich Peterson profilieren, als Gegner eines Gesetzes, das 2016 in Kanada eingeführt wurde. Es sollte die kanadische Menschenrechtscharta um ein zusätzliches Diskriminierungsverbot aufgrund von Gender-Identität erweitern. Peterson veröffentlichte dazu Videovorträge, in denen er sich gegen das Gesetz aussprach mit dem Argument, es schränke die Redefreiheit ein. Vor allem wollte er die neuen Pronomen nicht verwenden, die durch das Gesetz für den universitären Kontext vorgeschrieben wurden, weil diese »Neologismen von politisch korrekten Autoritären« kämen. Mit seinen Polemiken erreichte er ein Millionenpublikum.

Aufgrund psychischer und gesundheitlicher Probleme ist es in letzter Zeit etwas ruhiger um Peterson geworden. Doch zuvor hatte er sich regelmäßig als selbst erklärter Universalgelehrter mit pseudowissenschaftlichen Diskussionsbeiträgen und Schriften zu Wort gemeldet. Für seine Thesen machte er Anleihen bei zahlreichen fachfremden Disziplinen, unter anderem Mythologie, Neurologie, Linguistik, Evolutionsbiologie oder Theologie. Mit dieser eklektischen Methode hat sein letztes Buch einen Nerv getroffen: *12 Rules for Life. Ordnung und Struktur in einer chaotischen Welt* von 2018, eine Art Ratgeber für das moderne Leben, wurde mit über einer Million (laut Peterson sogar drei Millionen) verkauften Exemplaren zu einem internationalen Bestseller.[169] Peterson avancierte damit innerhalb kürzester Zeit vom »obskuren Professor« zu einem der »einflussreichsten und polarisierendsten öffentlichen Intellektuellen im englischsprachigen Raum«, wie etwa der *New Yorker* nach Erscheinen von *12 Rules* konstatierte.[170] Er wird von einigen als »Guru des maskulinen Spirit« und »Kreuzfahrer gegen die politische Korrektheit« verehrt.[171] Eine riesige Fangemeinde folgt ihm auf YouTube, wo er stundenlange polemische Vorträge in seltsam aus der Zeit gefallener Sprache über die moderne liberale Kultur hält, die er als selbstmörderisch kritisiert, weil sie angeblich jahrtausende- und sogar jahrmillionenalte Wahrheiten über Bord werfe.

In *12 Rules* bemüht sich Peterson, mehr oder weniger evolutionspsychologisch zu erläutern, warum Männer und Frauen von der Natur her grundsätzlich verschieden sind und schon immer waren. Männer und Frauen – beide heterosexuell – sind dabei für Peterson die einzigen beiden Geschlechter. Um plausibel zu erklären, wie »der Mann« und »die Frau« im 21. Jahrhundert überall auf der Welt ticken, greift er auf die Analogie mit einem Krustentier zurück, das es seit »350 Millionen Jahren« gibt, weshalb es neben »einer erstaunlichen Anzahl weiterer Gründe relevant« sei für menschliches Verhalten: den Hummer. Petersons anthropomorphisierte Lieblingskreatur ist zum Maskottchen für Maskulinisten geworden.

Im ersten Kapitel rät Peterson seinen männlichen Lesern, sich ein Beispiel am Territorialverhalten von Hummern zu nehmen: »Steh aufrecht und mach die Schultern breit.« Wenn männliche Hummer ihr Territorium nicht mit bedingungsloser Kampfbereitschaft verteidigen, dann werden sie zu Verliererhummern, mit furchtbaren Konsequenzen: »Sein Hirn löst sich praktisch auf. Ihm wächst ein neues Hirn, das eines Untergeordneten, das besser zu seiner neuen, niedrigen Position passt.«[172] Das Thema Hierarchien durchzieht Petersons gesamtes Buch. »In der Hummerwelt gilt das Prinzip ›Winner-takes-it-all‹, genau wie in menschlichen Gesellschaften, wo das oberste eine Prozent so viel besitzt wie die unteren 50 Prozent – und wo die reichsten 85 Leute so viel besitzen wie die unteren 3,5 Milliarden.«[173] Für Peterson vollkommen logisch: »Wir leben seit sehr, sehr langer Zeit in einer Dominanz-Hierarchie. Wir kämpften schon um Positionen, noch bevor wir überhaupt Haut, Hände, Lungen oder Knochen hatten. Es gibt kaum etwas Natürlicheres als Kultur. Dominanz-Hierarchien sind älter als Bäume.«[174] Woher er das so genau weiß, erklärt Peterson nicht. Was genau er mit »Wir« meint, bleibt ebenfalls im Dunklen.

Zu Petersons Modell gehört auch, dass der Gewinnerhummer all die Hummerdamen bekommt. Hier ist der Psychologe besonders anschlussfähig für Incels und Pick-up-Artists, denn er erklärt auch die Pareto-Verteilung mit dem Hummer, auf die beide Gruppen ihr Weltbild stützen: 20 Prozent aller Männer »bekommen« 80 Prozent aller Frauen. Ein griffiges Bild, gerade für die User maskulinistischer Onlineforen, weshalb sich die Hummertheorie dort gut weiterverbreiten lässt. Pareto hatte sich mit seiner Formel auf die Verteilung von Reichtum bezogen, Peterson hingegen leitet daraus eine Art Universalgesetz ab: »Sie scheint für alle Gesellschaften zu gelten, die jemals untersucht wurden, ungeachtet ihrer Regierungsform. Auch für die Bevölkerungsverteilung in Städten (wenige Städte werden von fast allen Menschen bewohnt), die Masse von Himmelskörpern (wenige ziehen fast all die Materie an) und die Frequenz von Wörtern in einer Sprache (90 Prozent der Kommunikation werden mit nur 500 Wörtern bestritten).«[175] Peterson sagt jedoch weder, in welcher Sprache das so ist und wer zu welcher Gelegenheit kommuniziert, noch erwähnt er die bevölkerungsmäßig doch recht großen Unterschiede zwischen beispielsweise Berlin und Kairo. Seine Pauschalisierungen und fachlichen Ungenauigkeiten bringen ihm die Kritik ein, er würde sich selektiv Beispiele suchen, die belegen sollen, was er behauptet.[176]

Einen Abschnitt mit dem Titel »All the Girls« schätzen Incels und PUAs besonders:

> Die weiblichen Hummer (die auch hart um Territorium kämpfen, wenn sie sich im mütterlichen Stadium ihrer Existenz befinden) identifizieren den Top-Typen schnell und fühlen sich unwiderstehlich von diesem angezogen. Das ist eine brillante Strategie, die auch von vielen Weibchen anderer Spezies angewendet wird, darunter Menschen. Anstatt die rechnerisch anspruchsvolle Aufgabe zu bewältigen, den besten Mann zu identifizieren, outsourcen Weibchen das Problem an die computermäßigen Berechnungen der Dominanz-Hierar-

chie. Sie lassen die Männchen kämpfen und wählen ihren Liebhaber von der Spitze.[177]

Die vielen Widersprüche seiner Thesen stören weder Peterson noch seine Gefolgschaft. Zum Beispiel, dass menschliches Verhalten, wenn es denn wirklich durch »die Natur« determiniert wäre, nicht diskursiv mit der Natur erklärt werden müsste und man auch keine Lebensregeln bräuchte, um »naturgerecht« zu leben. Biologen sehen zudem den Hummer verunglimpft. Prominent wendet sich regelmäßig der Professor für Evolutionsbiologie Paul Zachary Myers mit öffentlichen Repliken gegen Jordan Petersons »Theorien«. Schon das Eröffnungsargument sei grundfalsch, weil der Psychologe das Prinzip der Evolution nicht verstanden habe: »Moderne Hummer sind keine 350 Millionen Jahre alt. Es gibt auch nicht ›den Hummer‹, sondern ganz unterschiedliche Spezies. Wandel ist das Kernelement der Evolution.« Den Zusammenhang zwischen territorialem Dominanzverhalten und sexuellem Erfolg, den Peterson sieht, kann Myers nicht nachvollziehen und nennt Petersons Argumente »befremdlich vereinfachende Thesen«.

Und doch hat Peterson Erfolg. Das maskulinistische Idol kann mit seinem Ansatz sogar das Patriarchat naturalisieren. Frauen würden demnach gar nicht von Männern unterdrückt und beherrscht, sondern von »der Natur«. Den »radikalen Disziplinen«, damit meint Peterson zum Beispiel die Gender-Studies, die er für »kulturmarxistisch« und »postmodern« hält, attestiert er ein ernsthaftes Problem (abgesehen von dem, dass sie theoretisch und methodisch »falsch« seien):

Es gibt nicht den geringsten Beweis dafür, dass westliche Gesellschaften pathologisch patriarchal sind; dass die erste Lektion aus der Geschichte ist, dass Männer – und nicht die Natur – die primäre Quelle der Unterdrückung von Frauen sind; dass Hierarchien auf Macht gründen und auf Ausschluss angelegt sind. Hierarchien gibt es aus vielen Gründen, sie sind unglaublich alt, evolutionär gesprochen.[178]

Der Schweizer Wissenschaftshistoriker Philipp Sarasin hat herausgearbeitet, warum biologistische Deutungsmuster wie Petersons Hummertheorie falsch sind. Die Schlussfolgerung, man könne durch die gemeinsame Geschichte der Evolution von Tier und Mensch menschliche Verhaltensweisen, unser Denken und Fühlen, aus tierischen Vorgängerstadien ableiten, beruht auf einer grundsätzlichen Fehlinterpretation von Charles Darwins Evolutionstheorie. Der Naturforscher ging eben nicht von einer essentialistischen Naturhaftigkeit der Arten aus, sondern wollte mit seiner Evolutionstheorie auf das Gegenteil hinaus: Arten entwickeln sich stetig weiter, zufällig, ohne Ursprung, ohne Ziel, ohne wesenhaften Kern. Sarasin konstatiert daher, dass das eigentlich Provokante und Verstörende an Darwins Theorie der natürlichen Selektion ist, dass sie zeige, dass es so etwas wie stabile Arten gar nicht geben kann, weil diese sich im Laufe der Zeit fortlaufend evolutionär weiterentwickeln.[179]

Interessanterweise legt Peterson als intellektueller Verfechter hegemonialer Männlichkeit es in seiner Kulturkritik nicht darauf an, mehrere Zehntausend Jahre Menschheitsgeschichte rückgängig zu machen, sondern nur die »liberale Moderne«. Ob diese Epoche für ihn bei Marx, in der Postmoderne oder mit dem Feminismus beginnt, lässt er offen. »Jungs leiden in der modernen Welt«, behauptet der Psychologe. Das sehen Männerrechtler ganz genauso, in ihrer Vorstellung hat der Feminismus im Westen eine Kultur hervorgebracht, die Männer unterdrückt. Manche gehen noch weiter und wähnen sich in einer »verweiblichten« Welt, die unwirtlich ist für die »männliche Natur«. So ist Peterson der Ansicht, Jungs seien von ihrer Natur her ungehorsamer – negativ gesprochen – oder unabhängiger – positiv gesprochen – als Mädchen, und dafür müssen sie leiden. Sie sind weniger umgänglich (Umgänglichkeit als Charakterzug verstanden, der mit Anteilnahme, Mitgefühl und Konfliktvermeidung verbunden ist) und weniger anfällig für Angst und Depression. Jungs interessieren sich für Dinge. Mädchen interessieren sich für Leute. Erstaunlicherweise sind die Unterschiede, die maßgeblich von biologischen Faktoren beeinflusst sind, am ausgeprägtesten in skandinavischen Gesellschaften, wo Gender-Gleichheit am weitesten vorangetrieben wurde: Das ist das Gegenteil von dem, was diejenigen erwarten würden, die darauf bestehen, dass Gender eine soziale Konstruktion ist.[180]

Es sind Passagen wie diese, die Peterson massive Kritik vor allem von Feministinnen eingebracht haben. Kate Manne bezeichnete Petersons Buch als misogyn, weil es die patriarchale Sozialordnung naturalisiere und rationalisiere.[181] Peterson verklagte sie nach ihrer Kritik – erfolglos – wegen »Diffamierung«.[182] Seine Beschwerde war nicht ganz ohne Ironie, schließlich war der Psychologieprofessor als eiserner Verteidiger der Redefreiheit berühmt geworden. Als sexistisch kritisierte die Philosophin vor allem die wissenschaftlich unhaltbaren stereotypen Zuschreibungen, die Peterson vornimmt. Außerdem monierte Manne, dass Peterson für seine Hypothesen Beispiele nach dem Verfahren des »Rosinenpickens« – ein zentrales Merkmal pseudowissenschaftlicher Argumentationen – auswählen würde.

Als misogyn bezeichnete Manne Petersons Buch, weil er Intellekt und Scharfsinn bei Frauen herabsetze und dies mit einem »Naturargument« zementiere. An einem Beispiel zeigte die Philosophin, wie sehr sich Peterson von seinen vorgefertigten stereotypen Ansichten leiten lässt und wie misogyn er dadurch auch in seiner Behandlungspraxis agiert. Peterson beschreibt in *12 Rules for Life*, wie eine Frau in seine Sprechstunde kam, die glaubte, Opfer einer Vergewaltigung geworden zu sein. Von Beginn an begegnet ihr der Psychologe mit Misstrauen, weil sie sagt, »Ich glaube, ich wurde vergewaltigt«, weil sie sagt »fünf Mal« und weil sie angezogen sei »wie eine Professionelle«. Noch bevor seine Patientin die näheren Umstände erzählen kann, denkt der Psychologe, dass »Alkohol im Spiel« war, wie es angeblich »bei den meisten Fällen von sexuellem Missbrauch der Fall ist«.[183] Bereits nach kurzer Begutachtung fällt er sein Urteil: »Frau S. wusste nichts über sich selbst. Sie wusste nichts über andere. Sie wusste nichts von der Welt. Sie war ein Film, den niemand sah. Und sie wartete verzweifelt auf eine Geschichte über sich selbst, die allem einen Sinn geben würde.«[184]

Aufgrund dieser Passage in *12 Rules for Life* warf Manne Peterson vor, seine Patientin nicht ernst zu nehmen und, schlimmer noch, eine Art »Gaslighting« zu betreiben. Dieser Vorwurf wiegt schwer, denn Gaslighting ist eine Form der psychischen Gewalt, bei der das Realitätsempfinden eines Opfers manipuliert und schließlich ausgehebelt werden soll. Man kann sich vorstellen, was es für die Patientin bedeutet, wenn ausgerechnet der Psychologe, an den sie sich hilfesuchend und vertrauensvoll wendet und der eine Schutzpflicht für sie übernimmt, ihr diese Art Gewalt antut. Das Beispiel demonstriert zudem, wie Peterson den Intellekt von Frauen herabsetzt. Der Psychologe zeigt sich überzeugt davon, dass Frau S. »nichts von sich selbst weiß« und auch von sonst nichts. Er reklamiert für sich, er könne sie besser deuten als sie sich selbst, weil er mehr von ihr wisse. Peterson weckt gezielt den Eindruck, es gebe »natürliche« Mechanismen der Psyche von Frauen, die diesen selbst verborgen blieben, von Männern aber gelesen werden könnten. Dass ein Psychologe manchmal Zusammenhänge erkennen kann, die ein Patient nicht durchschaut, gehört zu seinem Beruf. Dass Peterson aber zu wissen meint, seine Patientin wolle mit einer eingebildeten Vergewaltigung endlich einmal die Hauptrolle bei irgendetwas spielen, geht weit darüber hinaus. Diese Anmaßung der absoluten Deutungshoheit über die Psyche, ohne die selbstbestimmte Entscheidungen unmöglich sind, ist ein Ausdruck von absoluter Macht über die Andere.

Wie sehr Peterson mit zweierlei Maß misst, wenn es um die Geschlechter geht, zeigt ein drastisches Beispiel des Rosinenpickens in seinen zwölf Lebensregeln. Es verdeutlicht, welch kleine Rolle Argumente in seinen Aussagen spielen. Eigentlich geht es ihm nur um ein reines Propagieren seiner maskulinistischen Ideologie und letztlich um die Verteidigung politischer Interessen. Es sind die Interessen seiner Leserschaft, wie Manne sie identifiziert: »überwiegend weiße, heterosexuelle, cisgender und anderweitig privilegierte Männer, die Angst davor haben, von ihren historisch Untergeordneten übertroffen zu werden – von People of Colour und weißen Frauen, unter anderem«.[185] Peterson erkenne, so Manne, dass diese in ihren Privilegien bedrohten Männer auf die Korrosion ihrer Herrschaft reagierten. Was er aber spektakulär verkenne, sei der »soziale Ort« dieser korrosiven Reaktionen. So führt Peterson einen Satz aus dem Manifest des Columbine-Schützen Eric Harris an, der an seiner Schule im Jahr 1999 zusammen mit einem Mitschüler dreizehn Menschen erschoss und vierundzwanzig verletzte: »Die menschliche Rasse ist es nicht wert, für sie zu kämpfen, nur, sie umzubringen. Gebt die Erde den Tieren zurück, sie verdienen sie unendlich viel mehr als wir. Nichts bedeutet (mehr) irgendetwas.«[186] Peterson liest dies als Hinweis, dass Harris sich in einer existenziellen Krise »mit religiöser Tiefe« befunden habe, weil die Menschheit »bedeutungslos und bösartig« sei. Er sei verzweifelt an der Unvermeidbarkeit menschlichen Leids und moralischer Niedertracht. Klickt man jedoch den Link an, der sich in den Endnoten von *12 Rules for Life* befindet, und schaut sich den Kontext an, in dem sich diese kurze Passage befindet, die Peterson sich herausgepickt hat, so wird klar, in was für einer Art Krise sich der Columbine-Amokläufer in erster Linie befunden haben muss:

> Die Leute sagen immer, wir sollten nicht rassistisch sein. Warum nicht? Schwarze SIND anders, ob es euch gefällt oder nicht, sie sind es. Sie haben ganz unten angefangen, also warum nicht dafür sorgen, dass sie dort bleiben? Es dauerte ein Jahrhundert, uns davon zu überzeugen, dass sie gleich sind, aber sie nutzen ihre Hautfarbe immer noch als Ausrede oder diskriminieren uns einfach, weil wir weiß sind. Scheiß auf euch, wir sollten eure schwarzen Ärsche nach Afri-fucking-ka zurück verschiffen, wo ihr hergekommen seid. Wir haben euch hergebracht, wir werden euch zurückbringen.
> Amerika = weiß. Homos ... na ja, Homos, ALLE Homos sollten umgebracht werden. Bei Lesben macht es Spaß zuzuschauen, wenn sie scharf sind, aber dennoch, es ist nicht menschlich. Es ist eine verdammte Krankheit. Man sieht ja auch nicht, wie Stiere oder Hähne versuchen zu ficken, oder? Das glaube ich kaum.
> Frauen, ihr werdet immer unter den Männern bleiben. Dafür hat die Natur gesorgt, Männer machen fast immer den gefährlichen Scheiß, während Frauen sich zurückhalten. Das sind eure tierischen Instinkte, lebt damit oder bringt euch um, aber bitte schnell.[187]

In anderen Einträgen ergeht sich Harris in hochverstörenden Vergewaltigungsfantasien, doch Peterson hält nichts davon der Erwähnung für nötig. Vor allem nicht, wie besessen Harris von Hierarchien war und wie verzweifelt er oben sein oder bleiben wollte. Aber als gutes Beispiel dafür, wie wichtig die natürlichen Hierarchien sind, konnte Peterson den Schulmassenmörder natürlich schlecht heranziehen. Harris war jedenfalls niemand, der, wie Peterson meint, »verzweifelt glaubte, dass das Leiden, das die Existenz mit sich bringt, Richten und Rache rechtfertigt«. Er war ein weißer Suprematist und ein homophober Frauenhasser.

Der Bestsellerautor verspricht im Untertitel der englischsprachigen Originalausgabe ein »Gegengift gegen Chaos«. Was das Buch nicht bereithält, aber hätte anbieten sollen, ist ein effektives Gegenmittel gegen toxische männliche Verzweiflung. Doch wird diese durch das Buch eher noch bestärkt und gewürdigt. Petersons Ratgeber lässt »viele seiner Leser sich zeitweise besser fühlen, während es daran scheitert, das zugrunde liegende Problem zu identifizieren. Peterson leistet genau dem Gefühl des berechtigten Anspruchs Vorschub, das, wenn es verletzt wird, solcherlei Schmerz und Gewalttätigkeit nach sich zieht.«[188]

Der Untertitel liefert auch einen Hinweis darauf, warum der Ratgeber mit seinen Längen dennoch zur Bibel für Maskulinisten avancieren konnte. Ordnung, so eine von Petersons zentralen Aussagen, sei symbolisch mit dem Männlichen verbunden:

> Das liegt wahrscheinlich daran, dass die Urordnung jeder menschlichen Gesellschaft männlich ist, so wie bei den meisten Tieren, darunter die Schimpansen, mit denen wir am meisten genetisch und wohl auch vom Verhalten her übereinstimmen. Das liegt daran, dass Männer sich während der gesamten Menschheitsgeschichte als Städtegründer, Ingenieure, Steinmetze, Maurer, Holzfäller und Maschinenführer hervorgetan haben. Die Ordnung ist Gottvater, der ewige Richter, Chefbuchhalter und Zahlmeister, der Lohn gibt und Strafe verhängt. Ordnung ist das stehende Heer, Polizisten und Soldaten, in Friedenszeiten. Sie ist die politische Kultur, das Investitionsklima und das System. Sie ist das »Leute« in »Weißt du, was die Leute über dich sagen?«.

Das Chaos hingegen sei mit dem Weiblichen assoziiert:

> In seiner positiven Erscheinung ist Chaos die Möglichkeit selbst, die Quelle von Ideen, das mysteriöse Reich von Schwangerschaft und Geburt. Als negative Kraft ist es die undurchdringliche Dunkelheit einer Höhle und der Unfall im Straßengraben. Es ist die Grizzly-Mutter, deren gesamtes Mitgefühl ihren Jungen gilt und die dich als potenzielles Raubtier erkennt und in Stücke reißt. Chaos, das ewige Weibliche, ist auch die zerstörerische Kraft der sexuellen Selektion. Menschenfrauen sind nämlich anspruchsvoll, im Gegensatz zu Schimpansenweibchen, ihren nächsten Verwandten.[189]

Dieses Prinzip aus Ordnung und Chaos, Männlichkeit und Weiblichkeit und der sozialen Ordnung zwischen den Geschlechtern, in welcher der männliche Mensch natürlicherweise über den weiblichen herrscht, durchzieht das gesamte Buch. Die Pointe des Untertitels ist jedoch, dass er ein »Gegenmittel gegen das Chaos« verspricht. Da der Autor das Chaos mit Weiblichkeit assoziiert, liegt der Schluss nahe, dass Peterson seinen Lesern vor allem eines verspricht: ein Mittel gegen Weiblichkeit.

Um ein Vielfaches zugespitzter sind die Thesen einer »maskulinen Philosophie« von Jack Donovan. Der rechtsextreme US-Autor hat einen Klassiker der biologistischen Argumentation für die Überlegenheit des männlichen (und weißen) Geschlechts geschrieben. Auch Donovan erreicht mit seinen Büchern, die Titel tragen wie *Der Weg der Männer* oder *Nur Barbaren können sich verteidigen*, ein breites Publikum. Die Hauptthese seiner »Theorie der Männlichkeit« lautet, dass die natürliche Ordnung, wie sie etwa Schimpansen oder Neandertaler vorgelebt hätten, in unserer Zeit durch Feminismus und »Entmannung« auf den Kopf gestellt worden sei und die Welt der liberalen Moderne aus diesem Grund ins Chaos verfalle. Männer würden in einer verweichlichten und verweiblichten Gesellschaft gegen ihre Natur sozialisiert und wollten in Wirklichkeit lieber gewalttätig sein, vergewaltigen, Krieg führen, Hierarchien ausfechten und in der »Männergang« leben.

In der Originalausgabe von *Der Weg der Männer* vermitteln noch vor dem eigentlichen Text kurze Lobpreisungen für das Buch dessen Zielgruppe. So sagt etwa der Autor Scott Locklin, der für das »paläokonservative« *Taki's Magazine* schreibt: »In einem Zeitalter, in dem traditionelle Männlichkeit herabgesetzt, dekonstruiert, gefürchtet und verachtet wird, hat sich Jack Donovan der notwendigen Aufgabe angenommen, die Bedeutung von Maskulinität und ihren Platz in der modernen Gesellschaft zu rekonstruieren. Es erscheint zwar ziemlich unwahrscheinlich, dass jemand Männlichkeit aus einem Buch lernen kann, aber hier könnte man es versuchen.«[190] Locklin spricht damit ein Dilemma an, mit dem sich maskulinistische Autoren wie Donovan oder Peterson konfrontiert sehen. In ihrer Männlichkeit verunsicherte Männer wollen »echte« Männer werden und lesen dafür Ratgeberliteratur (ein typisches »Frauengenre«), die ihnen erklärt, dass »echte« Männer von Natur aus männlich seien. Dass anscheinend nicht mehr nur Frauen das Gefühl haben, sie müssten einem gesellschaftlichen Ideal von Weiblichkeit nacheifern und dafür Ratgeber lesen, sondern eben auch Männer auf der Suche nach ihrer Männlichkeit, macht wiederum deutlich, wie sehr Männlichkeit ihre Selbstverständlichkeit verloren hat.

Mit Unterscheidungen hinsichtlich Geschichte, Kultur oder sozialem Umfeld hält sich Donovan nicht lange auf. Er schreibt:

> Menschen waren immer soziale Tiere. Unsere Körper entscheiden über unsere Zugehörigkeit zur entweder männlichen oder weiblichen Gruppe. Diese Gruppen sind nicht willkürlich oder kulturell – sie sind grundsätzlich und biologisch bedingt. [...] Männliche Wesen reagieren nicht einfach auf weibliche Wesen. Wir reagieren vielmehr als männliche Wesen auf andere männliche Wesen. [...] Ein Mann ist nicht bloß ein Mann, sondern ein Mann unter Männern, in einer Welt der Männer. [...] Bei Männlichkeit geht es darum, ein Mann in einer Männergruppe zu sein, um das, was Männer voneinander wollen, vor allen anderen Dingen.[191]

Weibliche Wesen oder deren Zustimmung zu solchen Aushandlungsprozessen zählen dabei nichts. Sie sind aus den Entscheidergruppen ausgeschlossen. »Der Weg der Männer ist der Weg dieser Gang« – damit meint Donovan die »Männergang«, die für ihn die natürliche Form sozialen Zusammenlebens darstellt. »Gang« definiert er als »verbundene, hierarchische Vereinigung männlicher Personen, die sich zusammengeschlossen hat, um ihre Interessen gegen äußere Kräfte durchzusetzen«.[192]

Vielleicht lässt sich Donovans Obsession mit exklusiven Männervereinen damit erklären, dass er homosexuell ist, der Schwulenbewegung aber schon vor zwanzig Jahren entschieden den Rücken gekehrt hat. Er sei nicht schwul, sondern lediglich »androphil«, so erklärte Donovan damals. Denn der Begriff »gay« bedeute so viel mehr als das Begehren des eigenen Geschlechts, wie er unter einem Pseudonym in einem Text von 2006 mit dem Titel »Androphilia: A manifesto: Rejecting the gay identity, reclaiming masculinity« (Androphilie: Ein Manifest: Die Gay-Identität zurückweisen und die Männlichkeit zurückgewinnen) ausführte.[193] In den neunziger Jahren studierte Donovan jedenfalls noch bildende Kunst in New York, verdingte sich als Go-go-Tänzer in Schwulenclubs, verbrachte seine Zeit mit Dragqueens und marschierte bei der Gay-Pride-Parade. Sein Sinneswandel setzte ein, als er eine Ausbildung zum Handwerker absolvierte und im Zuge dessen beschloss, nicht schwul zu sein, sondern stattdessen ein »reueloser Maskulinist«. Donovans Problem mit der Schwulenbewegung ist, dass diese als »kulturelle und politische Bewegung einen antimännlichen Feminismus« fördere sowie »Opfermentalität und linke Politik«. Deshalb eignete sich Donovan den Begriff »androphil« an, der bedeuten soll, dass die Liebe eines Mannes zur Männlichkeit auch Sex mit anderen Männern einschließe.[194] An dieser Umdeutung der Homosexualität zeigt sich die Entwicklung hin zu einer Markierung männlicher Identität: Da die grundsätzliche männliche Herrschaft unsichtbar war, war spezifisch maskuline Identitätspolitik lange nur in der Schwulenbewegung möglich. Donovan hat eine Metamorphose vom Anhänger einer

Männerbewegung, die durchaus dem Feminismus nahestand, zu einem Vertreter einer eindeutig antifeministischen und homophoben maskulinistischen Identität durchgemacht. Die verdrängte Lebensgeschichte könnte außerdem erklären, warum Frauen in Donovans Theorien eine derart untergeordnete Rolle spielen, dass sie praktisch nicht vorkommen.

Seine Idee der »Männergang« erklärt Donovan mit einer Art Urgemeinschaft, die auch heutige Gesellschaften prägen sollte. Gruppen würden sich primär als Überlebensgemeinschaften zusammenfinden, dieses Prinzip sei immer und überall auf der Welt gleich, egal ob es sich dabei um »unsere Vorfahren, Pioniere oder Gestrandete an einem entlegenen Ort, um Überlebende eines nuklearen Holocaust oder der Zombieapokalypse handelt. Es macht keinen Unterschied.«[195] Donovan räumt ein, dass Frauen »Teil der Gruppe sein könnten. Vielleicht aber auch nicht«, denn wenn sie es wären, dann würden »Männer und Frauen ständig Sex haben, Frauen würden schwanger werden. Der Mensch ist ein Säugetier und wie bei allen Säugetieren fällt der größte Teil der reproduktiven Arbeit den Frauen zu. Das ist nicht fair, aber *die Natur ist eben nicht fair.*«[196] Weil Frauen in diesem Stadium von Schwangerschaft und Aufzucht der Jungen verletzlich seien, bildeten sie eine eigene Gruppe, während Männer auf die Jagd gehen, kämpfen, bauen, verteidigen und Entdeckungen machen würden. Deshalb hätten sie die besseren Fähigkeiten bei diesen Tätigkeiten. Das habe auch mit Testosteron zu tun, das einerseits die Voraussetzung dafür sei, andererseits aber auch die Folge. Aus diesem Grund sei es keinesfalls irgendein »willkürliches kulturelles Vorurteil«, dass die aufgezählten Tätigkeiten grundsätzlich männlich seien und sein sollten, sondern »die Art von lebenswichtiger strategischer Diskriminierung, die deine Gruppe am Leben hält«.[197]

Wenn Donovan auf historische Ereignisse rekurriert, dann

nur, um das von ihm identifizierte Grundprinzip mit Beispielen zu belegen. Der Raub der Sabinerinnen wird da zum Gründungsmythos für »Menschen und die Zivilisation« schlechthin, wobei die angebliche »Vergewaltigung«, wie Donovan betont, einfach dem natürlichen Ausüben des männlichen Willens über Frauen geschuldet sei.[198] Er beschreibt, wie die Römer männliche Fähigkeiten kultivierten und in moralische – will sagen: rein kriegerische – Tugenden überführten: Stärke, Mut, Herrschaft durch überlegenes Können (*mastery*) und Ehre, die »männlichen Alphatugenden, überall auf der Welt«.[199] Warum sie die wichtigsten sind und prinzipiell mit Gewalt durchgesetzt werden müssten, sei ganz einfach: »Du musst am Leben sein, um philosophieren zu können.« Natürlich könnten Frauen auch mal Stärke zeigen. Das würde sie allerdings männlicher machen. In der logischen Konsequenz sind Frauen Männern unterlegen, denn die exklusiv maskuline Eigenschaft der Stärke definiert Donovan als »die *Fähigkeit*, den eigenen Willen gegenüber sich selbst, gegenüber der Natur und gegenüber anderen durchzusetzen«.[200]

Stärke sei das körperliche Äquivalent von Macht. Deshalb befürwortet Donovan eine Form des Sozialdarwinismus und fordert beispielsweise, den Wohlfahrtsstaat abzuschaffen, der ein »Hindernis für erwachsene Männlichkeit« darstelle, weil er aus Erwachsenen »Kinder und Bettler« machen würde. »Männliche Abscheu vor Abhängigkeiten ist ein Bollwerk gegen den therapeutischen Mutterstaat.«[201] Gleichheit lehnt Donovan ab, weil sie gegen die männliche Qualität der Ehre stehe: »Wenn Ehre irgendetwas bedeuten soll, dann muss sie hierarchisch sein.« Deshalb sei auch ein System, in dem Frauen etwas zu sagen haben, zu allen Zeiten für alle Gesellschaften bis auf wenige Ausnahmen undenkbar gewesen. Denn »Männer haben immer geherrscht und Männer haben immer bestimmt, welches Verhalten als ehrenhaft und welches als unehrenhaft gilt«.[202] Aus diesem Verständnis heraus hat er für gewalttätige »Latino-Gefängnisgangs, afrikanische Warlords und islamische Terroristen« mehr Anerkennung übrig als für all diejenigen, die »flamboyante Unehrenhaftigkeit« zur Schau stellten. Dazu zählt er zum Beispiel Michael Kimmel, denn dieser habe trotz seiner Heterosexualität »schwache Handgelenke«, eine zu »lebhafte Gestik«, ein »gekünsteltes Auftreten« und natürlich hat er, das wiegt wohl am schwersten, »seine gesamte Karriere der Aufgabe gewidmet, männliche Tugenden zurückzuweisen und den männlichen Ehrenkodex abzuwerten«.[203] Deshalb sei der Soziologe kein »normaler Mann«.

Donovans wichtigster Kritikpunkt an der heutigen Gesellschaft lautet, dass gewalttätige Männlichkeit immer weniger akzeptiert und als »toxisch« oder »überholt« dargestellt wird; dass die alten »Männerwerte« heute gezähmt und pazifiziert seien und politische und ökonomische Macht mit Frauen geteilt werde, sei ein sicheres Zeichen für einen baldigen Umsturz. Für Donovan verläuft die Geschichte sehr einfach und zirkulär:

> Am Anfang der menschlichen Gesellschaften steht die Gang, daraus wachsen Nationen mit Sport und einem Klima aus politischem, künstlerischem und ideologischem Wettkampf. Schließlich enden durchschnittliche Männer – wie wir heute sehen – im wirtschaftlichen Wettkampf und mit einer Handvoll Masturbationsventilen für ihre gefangene Männlichkeit. Wenn eine Zivilisation scheitert, wartet nur eine Gang aus jungen Männern darauf, ihre Ruinen zu plündern, neue Territorien abzustecken und die Welt neu zu starten.[204]

Einen solchen Neustart versucht Donovan herbeizuschreiben, indem er Männer durch seine Überlegungen motivieren möchte, ihre gewalttätige »männliche Religion« wiederzuentdecken. Aus diesem Grund wird Donovan als »revolutio-

När im wahrsten Sinne des Wortes« gefeiert, nicht nur von Maskulinisten, sondern ebenso von rechtsextremen Akzelerationisten. Letztere wollen den »Rassenkrieg« herbeiführen, indem sie den Staat, seine Institutionen und die Zivilgesellschaft sabotieren.[205] Sie gehen in einer extremen Interpretation des »Kampfes der Kulturen« davon aus, dass die »Rassen« und Religionen ohnehin früher oder später kriegerisch zusammenstoßen werden. Donovan schreibt am Ende seines Buches: »Die emotionale Beziehung zwischen Volk und Staat muss vollständig abgetrennt werden. Wenn der Volkskörper sich vom Kopf des Souveräns löst, wird Chaos ausbrechen. In diesem Chaos werden Männer sich selbst finden. Sie werden nicht mehr den Staat um Hilfe ersuchen, sondern einander. Zusammen können Männer kleinere, engere, lokalere Systeme erschaffen.«[206]

Weil Frauen und »Globalisten« die männliche Natur nicht mehr akzeptierten, würden sie Jungs beibringen, ihren natürlichen Platz in der Welt abzulehnen. Sie wollten verhindern, dass sich junge Männer »zu Gangs zusammenrotten und miteinander oder mit der Natur kämpfen«. Ihre gemeinsame Agenda habe nur ein Ziel: die Ablehnung gewalttätiger Männlichkeit, die einem Mord an der männlichen Identität gleichkomme.

> Mit Jungs wird heute sogar schon wegen ihrer Gewaltfantasien geschimpft – wegen der gewalttätigen Geschichten, die sie hören, der gewaltvollen Bücher, die sie lesen, der gewaltverherrlichenden Spiele, die sie spielen wollen. Männlicher »Dämonismus« wird bestraft, pathologisiert und stigmatisiert, von der Wiege bis zum Campus. Selbst gute Typen werden wie böse Typen behandelt dafür, dass sie sich zu Banden zusammenrotten, dass sie »xenophob«, patriotisch oder zu exklusiv sind.[207]

Für Donovan sind alle Jungs gleich, nämlich gewalttätig. Unterschiede gibt es höchstens im Grad der Ausprägung ihrer männlichen Eigenschaften und in der Zielrichtung ihrer Aggression, was sie zu den »Guten« oder zu den »Bösen« zählen lässt. Wird diese essenzielle Qualität männlicher Identität unterdrückt, so die These, bricht sie sich früher oder später Bahn wie die Lava eines Vulkans.

Um zu veranschaulichen, was passiert, »wenn Frauen ihren Weg durchsetzen«, zieht Donovan zwei Beispiele heran – aus »artverwandten« Gruppen: Zum einen dient ihm das Gemeinschaftsleben der Schimpansen als gesundes Vorbild, zum anderen das der Bonobos als abschreckendes Exempel. Beide Affenarten seien enge Verwandte des Menschen und hätten mit diesen vieles gemeinsam. Es gibt aber einen entscheidenden Unterschied zwischen beiden: Die Schimpansen würden sich nach männlichen reproduktiven Interessen organisieren, die Bonobos nach weiblichen. So folgen »Schimpansen dem Weg der Männer. Bonobos dem der Frauen.«[208] Bei den Schimpansen ist die Welt in Ordnung: »In Stresssituationen formen sie patriarchale Gangs. Weibchen bewegen sich (und werden bewegt) von Gang zu Gang. Männchen konkurrieren um sexuellen Zugang zu Weibchen, manchmal jedoch umwerben sie diese auch und eskortieren sie weg vom Stress des männlichen Wettkampfes.« Die hierarchische Sozialordnung ist bei den Schimpansen eindeutig nach Geschlechtern organisiert: »Weibchen sind den Männchen untergeordnet, von ihnen wird erwartet, dass sie Unterwerfung zeigen. Wenn ein junges Männchen erwachsen wird, beginnt es die Weibchen herumzuschubsen, bis diese ihn als erwachsenes Männchen anerkennen. Manchmal schlagen männliche Schimpansen die Weibchen, um ihren Status zu erhalten und den Mädels zu zeigen, wo oben und unten ist.« Schimpansen seien – genau wie männliche Menschen – gewalttätig, deshalb würden »Alphaschimpansen von Zeit zu Zeit ihre Männchen zusammentrommeln, mit ihnen an die Grenzen ihres Territoriums ziehen und dort versuchen, ein argloses Mitglied einer anderen Gang zu erwischen und es zu ermorden«.[209] Diese Verhaltensweise findet Donovan auch in der Kriegsführung »primitiver Menschen« wieder, die ebenfalls solche »Guerillaüberfälle« verüben würden. »Primitive Menschen« halten hier als Brückenspezies zwischen männlichen Schimpansen und modernen Männern her und als Garanten dafür, dass sich Verhaltensähnlichkeiten zwischen ihnen feststellen ließen.

Die Bonobogemeinschaft sei das genaue Gegenteil der Schimpansen, friedlich und weiblich dominiert. Bonobos seien unabhängiger von der Erschließung neuer Nahrungsquellen, weil sie in Gebieten mit einem vielfältigen Nahrungsangebot beheimatet seien. Aus diesem Grund seien sie nicht auf die Jagd angewiesen. Das stellt für Donovan den alles entscheidenden Unterschied dar. Aus diesem Grund »bedeutet Status für Bonobomännchen nicht viel. Sie konkurrieren nicht um Partnerinnen. Jedes Männchen wartet einfach ab, bis es dran ist, und die Weibchen freuen sich darüber, jeden in Beschlag zu nehmen, der an ihre Tür klopft.« Donovans Beschreibung ähnelt auf frappierende Weise den Charakterisierungen des Verhaltens weiblicher Menschen, wie sie Incels und Pick-up-Artists vornehmen, man denke nur an den Begriff des »Cock Carousel«. So lässt sich auch die Bemerkung über die sexuellen Ausschweifungen der Bonobos deuten: »Für Bonobos ist Sex eine soziale Angelegenheit, deshalb haben sie homosexuellen und heterosexuellen Sex.« Aus diesem Grund wüssten die Männchen auch nicht, wer ihre Kinder sind, die Weibchen hingegen schon, weshalb sie enge lebenslange Beziehungen zu ihrem Nachwuchs pflegten.

Bei den Bonoboaffen haben laut Donovan die Frauen die Macht, bilden starke Freundschaften und solidarisieren sich, wenn ein Männchen Ärger macht, um es gemeinsam in die

Schranken zu weisen. Wenn zwei Bonobogruppen aufeinandertreffen, genauer die Anführerinnen zweier Gruppen, führt das nicht zu Krieg, sondern zu Frieden. »Im Allgemeinen machen sie dann *Hoka-Hoka* miteinander, wie Eingeborene die Mädchen-mit-Mädchen-Handlungen nennen.« Dem lesbischen Sex folgt die Kopulation mit den Männchen des jeweils anderen Rudels. Bei diesem Verhalten würden die eigenen Männchen einfach zusehen, mit den Schultern zucken und manchmal dazukommen.[210] Auch diese Verhaltensinterpretation scheint eher den sexuellen Fantasien der Manosphäre zu entstammen als der Tierbeobachtung.

Wir Menschen hätten zu fast allen Zeiten in männlichen Schimpansengesellschaften gelebt. Heute hingegen herrsche die weibliche Bonobogesellschaft vor, heute »sind wir in einen Frieden des Überflusses geboren, in eine Spaßökonomie, eine Bonobomasturbationsgesellschaft«.[211] Sei es daher ein Wunder, wenn sich einige Männer in einem hellen Moment zwischen Masturbation zu verschiedenen Formen des Stellvertretersexes und Gewalt fragten: Ist das alles? Das gegenwärtige Gesellschaftssystem bezeichnet Donovan als »Degeneration, die Feministinnen ›Fortschritt‹ nennen«.[212]

Mit seiner »Philosophie« der männlichen Suprematie sind Donovans Ausführungen für viele anschlussfähig. So hat auch die rechtsextreme Szene in Deutschland Donovans Texte für sich entdeckt. Im Antaios-Verlag sind sie auf Deutsch erschienen, von der »Neuen Rechten« um Götz Kubitschek wird der Suprematist gerne eingeladen und als »intellektueller Vordenker einer neuen Männlichkeit« präsentiert. Bei der Winterakademie des Instituts für Staatspolitik, das vom Bundesamt für Verfassungsschutz als rechtsextremer Verdachtsfall geführt wird, sprach der »Aktivist für eine neue Kultur der Männlichkeit sowie die Rückkehr zum Stammesdenken«, wie Donovan eingeführt wurde, unter dem Titel »Violence is Golden« über ein »gesundes Verhältnis zum eigenen Gewaltpotenzial als Gegenbild zu einer erschlafften Konsumgesellschaft«.[213] Kubitscheks Ehefrau Ellen Kositza, Autorin des Buches *Gender ohne Ende oder Was vom Manne übrig blieb* von 2008, widmete dem *Weg der Männer* eine Videobesprechung. Darin soll auch für Personen, die nicht lesen, deutlich werden, worum es geht: Männer und Frauen sind grundverschieden. In der Anfangsszene spielen deshalb kleine blonde Mädchen mit Tierbabys: Kätzchen, Häschen, Entchen. Sie wollen sich kümmern, weil die kleinen Tierchen so niedlich sind. Dazu sagt Kositza mit süßlicher Stimme in die Kamera: »So sind wir Frauen: immer mit den kleinen, lieben, niedlichen, süßen Dingen befasst.«[214] Doch gleich darauf wird ihr Gesichtsausdruck ernst: »Männer«, kleine wirkungsvolle Pause, »sind anders«. Das ist das Stichwort für eine weitere Einlage mit Kindern und Tieren. Diesmal laufen kleine Jungs ins Bild, bekommen Entenküken in die Hand gedrückt mit der Bitte, sie zurück zur Mutter zu bringen. Die Jungs fragen: »Wann werden die eigentlich geschlachtet?« Die Botschaft ist eindeutig: Sie lassen sich von der niedlichen Erscheinung der Tierbabys nicht erweichen. Schließlich müssen sie später als erwachsene Männer Frau und Kinder versorgen, da wäre Mitgefühl nur hinderlich.

Zu Beginn ihrer Besprechung räumt Kositza mit Missverständnissen auf. *Der Weg der Männer* sei keine Anleitung für den Muskelaufbau, es ginge auch nicht um Männerkost oder um Tipps, wie man »Frauen flachlegt«, und schon gar nicht um Anliegen, wie sie Männerrechtler vertreten. »Das ist nicht der Weg von Jack Donovan, zu jammern, zu flennen und Geschlechtergerechtigkeit einzufordern.« Außerdem verbreite Donovan auch keine »irgendwie geartete reaktionäre Gender-Theorie«, denn »den sich ausbreitenden, invasiven Kulturen« sei die Meinung von Gender-Theoretikern »herzlich egal«. Ein zentraler Punkt für Maskulinisten wie Donovan und Anhängern der Neuen Rechten ist schließlich die vermeintliche »Überfremdung«. Gerade Muslime werden dabei einerseits als Feinde wahrgenommen, andererseits – wie in der von Donovan geäußerten Ankerkennung für »islamische Terroristen« – aber auch als Vorbilder in puncto Männlichkeit, die sich sicher nicht von irgendeiner Gender-Theorie beeindrucken lassen.

4. Die weiße Scharia

Die Verbindung von männlicher Aggressivität und neurechtem Denken ist kein Zufall. Vielmehr steht dahinter oft das Bild eines Ethnopluralismus stets abwehrbereiter Völker: Starke Männer müssen ihr Volk gegen andere Völker verteidigen. Mischt sich dazu eine paranoide Angst vor der Übernahme Europas durch muslimische Eroberer, landet man schnell in der Gedankenwelt des Rechtsterroristen Anders Behring Breivik. Obwohl Breivik mit seiner Tat und seinem Manifest sowohl im Mainstream als auch subkulturell weltweit bekannt wurde, weiß man vergleichsweise wenig über seine Ideologie. Dabei hatte Breivik seine Ideen vor dem Attentat unter dem Titel *2083: A European Declaration of Independence* auf insgesamt mehr als tausendfünfhundert Seiten niedergeschrieben. Er nennt seine Schrift »Kompendium«, weil viele Gedanken und Absätze von anderen Autoren eingeflossen sind, darunter Blogger und Forenkommentatoren. Allein rund hundert Seiten sind explizit der Gefahr für die europäische Zivilisation durch den Feminismus gewidmet sowie der Utopie, das Patriarchat zu »reimplementieren«, wie Breivik schreibt. Doch bisher sind die wissenschaftlichen und journalistischen Texte, die den Zusammenhang zwischen rechtsradikaler antimuslimischer und antifeministischer Ideologie aufarbeiten, noch sehr überschaubar.[215] Im Vordergrund der Analysen steht meistens das islam- und migrationsfeindliche Motiv, das im Manifest eine zentrale Rolle spielt und das Breivik bei seiner Aussage vor Gericht wiederholte. In dieser Einlassung bezieht er sich nicht nur auf die Zwickauer Terrorzelle des Nationalsozialistischen Untergrunds, sondern moniert auch, dass sich die Gegner von

Einwanderung und Multikulturalismus seit dem Zweiten Weltkrieg nicht mehr frei äußern dürften.

Vielleicht wäre Breiviks antifeministische Ideologie heute eher im kollektiven Bewusstsein über die Tat verankert, wenn das Attentat wie eigentlich geplant abgelaufen wäre. In einem entscheidenden Punkt ist der Anschlag nämlich gescheitert, wie Breivik bei seiner Aussage vor Gericht erklärte. Ursprünglich wollte er zwischen dem Bombenanschlag in Oslo, bei dem das gesamte sozialdemokratisch dominierte Kabinett einschließlich Ministerpräsident Jens Stoltenberg sterben sollte, und dem Schussattentat auf Utøya, das sämtliche Jugendliche des Zeltlagers der sozialdemokratischen Jugendorganisation zum Ziel hatte, noch eine weitere Gewalttat begehen: Er hatte vor, die ehemalige langjährige Regierungschefin Gro Harlem Brundtland vor laufender Kamera zu enthaupten und das Video anschließend ins Internet zu stellen. Der als Polizist verkleidete Terrorist verpasste die Politikerin nur knapp, als sie auf Utøya einen Vortrag für die sozialdemokratische Jugendgruppe hielt.

In Debatten im Netz hatte Breivik sie als Hauptverantwortliche der norwegischen Immigrationspolitik identifiziert und mit einem Wortspiel als »Landesmörderin« bezeichnet: Auf Norwegisch heißt die Landesmörderin »landesmorderen«, die Landesmutter heißt, fast genauso, »landesmoderen«.[216] Mit einem einzigen »r« gelingt es Breivik auf diese Weise, einen wichtigen Teil rechtsextremer Ideologie auszudrücken. »Mutter« ist in dieser Ideologie die bedeutsamste Rolle, die eine Frau spielen kann. Wenn sie zur Mörderin wird, dann begeht sie den Kindsmord auf heimtückischste und niederträchtigste Art und Weise. Von einer Mutter wird erwartet, dass sie ihre Kinder beschützt, anstatt sie zu verraten.

Brundtland war nicht nur die erste weibliche Vorsitzende

der sozialdemokratischen Arbeiterpartei und eine der ersten Frauen in der norwegischen Politik, die es bis ganz nach oben schaffte, viele Frauen in ihr Kabinett holte, sich national und international für Frauenrechte, Umwelt, Gesundheit und gegen Armut einsetzte und dafür viele Auszeichnungen erhielt. Sie ist zudem promovierte Ärztin und Mutter von vier Kindern.[217] Erfolgreiche Frauen waren für Breivik und andere rechtsterroristische Attentäter der letzten Dekade ein klares Feindbild. In seinem Manifest schreibt Breivik:

> Wo sehen wir den radikalen Feminismus auf dem Vormarsch? Im Fernsehen, wo nahezu jedes größere Programm eine weibliche »Powerfigur« im Angebot hat, wo Plots und Protagonisten die Minderwertigkeit des Mannes und die Überlegenheit der Frau betonen. Im Militär, wo Frauen immer mehr Möglichkeiten bekommen, sogar im Nahkampf, begleitet zunächst vom Doppelstandard, dann vom gesenkten Standard, sowie vom Rückgang bei der Einberufung von jungen Männern. Wir sehen es in staatlich verordneten Einstellungsprofilen und -praktiken, die Frauen bevorzugen und Anzeigen wegen »sexueller Nötigung« nutzen, um Männer an der kurzen Leine zu halten. In Hochschulen, wo weibliche Gender-Studies wuchern und »positive Diskriminierung« bei Zulassungen und Stellenvergabe angewandt wird. In Beschäftigungsverhältnissen, wo auch noch Zeit und Aufmerksamkeit für »Sensibilisierungsworkshops« verschwendet werden. In öffentlichen Schulen, wo »Selbstbewusstsein« und »Selbstwertgefühl« gefördert werden zu Lasten des akademischen Lernens. Und wir sehen, traurigerweise, dass in verschiedenen Ländern Europas die freie Verteilung von Verhütungsmitteln in Kombination mit einer liberalen Abtreibungspolitik erlaubt und finanziert wird.[218]

Die feministische Agenda sei darauf angelegt, die europäische Kultur zu »feminisieren« und anzugreifen »durch die Unterstützung von Masseneinwanderung von Muslimen«. In diesem Angriff könne die Fortsetzung »des hundert Jahre alten Versuchs« gesehen werden, die »traditionellen europäischen Strukturen zu zerstören, die Fundamente der europäischen Kultur«, so Breivik. Weiblichkeit wird zur Bedrohung für das völkische Projekt stilisiert. Als Belege für die schleichende »Verweiblichung« Westeuropas führt Breivik das Männerbild in den Medien an, wo effeminierte Männer vorherrschten. Männermagazine wie *GQ* oder *Men's Health* seien ausgerichtet auf »einen neuen feminisierten Mann«: »Die alte maskuline Haltung gegenüber dem Erscheinungsbild verschwindet. Soweit ich mich erinnere, war die Körperpflege unserer Väter auf Rasieren und Krawatte anlegen beschränkt.«[219] Ein »flacher Bauch für den Strand« oder »sich hübsch machen« hätten diese »stillen, starken« Männer nicht interessiert. »Die Feminisierung der europäischen Kultur ist beinahe vollendet«, lautet daher Breiviks Fazit: »Die letzte Bastion männlicher Dominanz, Polizei und Militär, ist unter Beschuss.«

In seinem Manifest lässt Breivik seinem Hass auf Frauen, auf den Feminismus und auf die Idee, dass die reproduktive und sexuelle Wahlfreiheit von Frauen zum Einfallstor einer »muslimischen Invasion« geworden sei, freien Lauf. Die Übernahme Europas stehe kurz bevor durch die »islamische demografische Kriegsführung«. Damit meint Breivik einen »indirekten Genozid an den Europäern« durch eine angeblich höhere Geburtenrate bei Musliminnen und eine »suizidal« niedrige bei »weißen« Europäerinnen. Diese Idee illustriert er mit einem Bild, auf dem die Zeichnung einer Frau in Burka zu sehen ist. Das Gesicht ist hinter dem Gesichtsnetz versteckt, das Gewand hochgeschoben. Ein praller Bauch wölbt sich in Form einer Bombe mit brennender Lunte unter den knöchernen Fingern der Skeletthände.[220] Um die vermeintliche Invasion zu verhindern, müssen »wir, die Kulturkonservativen, die politische und militärische Kontrolle über Westeuropa übernehmen« und »das Patriarchat wiederaufbauen«, wobei Frauen »so konditioniert« werden müssen, dass »sie ihren Platz in der Gesellschaft wieder kennen«.[221]

Als idealtypisches Gesellschaftssystem, das es zu restaurieren gelte, nennt Breivik das Modell der fünfziger Jahre: »Eine gute Zeit«, schreibt er: »Die meisten Männer behandelten Frauen wie Ladies, die meisten Ladies widmeten ihre Zeit und Anstrengung mit Hingabe der Arbeit, ein gutes Zuhause herzurichten, ihre Kinder gut zu erziehen und ihre Gemeinschaften durch ehrenamtliche Arbeit zu unterstützen. Kinder wuchsen in einem Zweielternhaushalt auf und die Mutter erwartete ihr Kind nach der Schule.«[222] Diese ideale Epoche der Familie wurde zerstört durch die »Ideologie der politischen Korrektheit«, beklagt Breivik. Der Feminismus habe dieses stabile System, ganz Skandinavien und vielleicht sogar die gesamte westliche Zivilisation geschwächt. Indem Frauen feministische Ideen instrumentalisierten, erschlichen sie sich einen privilegierten Status. Sie wollten Männer bestrafen und benachteiligen und deren Privilegien durch eine Politik der positiven Diskriminierung anderen Opfergruppen zuschanzen. Als Instrumente dienten ihnen hierfür die Zerstörung von Religion und Sexualmoral sowie die Etablierung des Konsumkapitalismus. Eine der begünstigten Opfergruppen seien Muslime, denen nun von Frauen Privilegien verliehen würden, besonders »von Feministinnen, die passionierte Antirassistinnen sind und sich jedem Schritt, der muslimische Migration verhindern soll, widersetzen werden mit dem Argument von ›Rassismus und Fremdenfeindlichkeit‹«.

Die einzige Lösung zur Rettung der westlichen Zivilisation sei die Wiedererrichtung des Patriarchats. Ein ganzer Abschnitt beschäftigt sich mit dem Thema, wie »der Krieg der Feministinnen gegen Jungs dem Islam Tür und Tor öffnet«.[223] Hier zeigt sich Breiviks Faszination für die soldatische Männlichkeit von »Alphamännern«:

> Muslime tun alles in ihrer Macht Stehende, um ihren Alphajungs beizubringen, stark, aggressiv und skrupellos zu sein. Wir bringen unseren Jungs bei, gute Schüler zu sein, damit sie gute Jobs in großen, sicheren Unternehmen bekommen und vorausschauend für ihre Rente planen. Sie wollen, dass ihre Jungs heilige Krieger werden. Wir sind stolz, wenn unsere Söhne auf eine gute Hochschule kommen. Sie sind stolz, wenn ihre Söhne als Märtyrer sterben. Die Gesellschaft von Alphamännern mit hohem Testosteronlevel zu befreien mag Ruhe und Frieden bringen. Aber mit einem Feind, der eine Armee aus Alphajungs aufbaut, die dazu ausgebildet sind, uns fanatisch zu hassen und geschworen haben, uns zu vernichten, ist das Selbstmord.[224]

Breiviks Analyse des gesellschaftlichen Schadens, den der Feminismus angerichtet habe, stellt eine von drei Ebenen dar, auf denen misogyn argumentiert wird, wie der Kulturwissenschaftler und Skandinavist Stephen Walton von der Universität Volda in Norwegen in Breiviks Manifest herausgearbeitet hat. Der analytischen folgen eine programmatische und eine persönliche Ebene der Misogynie. »Auf der programmatischen Ebene des Manifests plädiert Breivik dafür, Frauen zu töten«, stellt Walton ohne Umschweife fest.[225] Frauen sind für Breivik der Feind. Ein Abschnitt im Manifest trägt den Titel »Frauen auf dem Schlachtfeld töten – direkt oder indirekt«, mit »Schlachtfeld« meint er den Bürgerkrieg, der kurz bevorstehe und auch nötig sei, um Europa »ethnisch rein« zu halten.[226] Obwohl Kulturkonservative sehr viel »ritterlicher« als durchschnittliche Personen seien, müssten auch sie sich mit dem Gedanken anfreunden, »Frauen umzubringen, auch sehr attraktive Frauen«, so zitiert Walton aus dem Abschnitt. Weil Frauen einen Großteil der »Kulturmarxisten« stellten und außerdem zwanzig Prozent der Einsatzkräfte von Polizei und Armee, dürfe ihnen gegenüber keinerlei Gnade gezeigt werden. Tatsächlich soll der Rechtsterrorist bei seinem Amoklauf auf Utøya laut Augenzeugen zuerst auf die vermeintlich schönsten Mädchen geschossen haben.[227] Klaus Theweleit hat in seinem »Psychogramm der Tötungslust« *Das Lachen der Täter: Breivik u. a.* ebenfalls aus Zeugenaussagen rekonstruiert, wie der »Killer lächelt, lacht und sich austobt«, als er »14-jährigen sozialdemokratischen Mädchen aus einem halben Meter Entfernung in den Kopf schießt«.[228]

Breiviks Programm, das Patriarchat zu restaurieren und »das matriarchale System« zu stürzen, zielt vor allem auf die Sicherstellung der Reproduktion.[229] Reproduktion ist hier im Sinne einer »Monokultur« zu verstehen, denn »die Vermischung von Rassen führt zu selbstmordgefährdeten Kindern mit ernsthaften psychischen Problemen«. Die männliche Investition in die nächste Generation soll abgesichert werden durch »Stigmatisierung von ›illegitimen‹ Kindern«, denn die wachsende Akzeptanz von außerehelichen Geburten in fortgeschrittenen Gesellschaften habe das Patriarchat erodieren lassen. Väter sollten grundsätzlich den alleinigen Anspruch auf das Sorgerecht haben, findet Breivik, damit der Vater wieder die Autoritätsperson und das Oberhaupt in der Familie wird. Auch sollten Väter wieder das Recht erhalten, ihre Kinder zu schlagen. Das Recht auf Scheidung ohne triftigen Grund hingegen solle abgeschafft werden. Walton zeigt, dass Breiviks Programm zur Stabilisierung der Demografie durch ein neues Patriarchat zwei Lösungsansätze der Geburtenpolitik anbietet. Das eine ist das bereits angesprochene Modell aus den fünfziger Jahren: keine Verhütungsmittel und Abtreibungsverbot, Aufklärungsunterricht, der Sex als exklusiv für die Ehe propagiert und die romantische Liebe diskreditiert, Propaganda, die Frauen davon abhält, Karriere zu machen. Das andere ist das Modell »Lebensborn«, wie Walton das Konzept in Breiviks Manifest nach einem 1935 gegründeten und von der SS getragenen Verein für »Rassenhygiene« nennt.[230] Es sieht vor, den reproduktiven Part durch

In-vitro-Fertilisation und Leihmutterschaft zu regeln. Europäische Embryos würden im Reagenzglas erzeugt und Leihmüttern in Billiglohnländern eingesetzt, die »nach örtlichen Marktstandards« zu entlohnen seien. Je sechs Kinder, »drei Jungs, drei Mädchen«, würden zusammen in Wohngemeinschaften aufgezogen und von einem Paar professioneller Erzieherinnen betreut, jeweils einer männlichen und einer weiblichen Person. Diese »Reproduktionsindustrie wird dem Land eine nachhaltige Geburtenrate von 2,1 sichern, die nachjustiert werden kann, sollten die Frauen des Landes beschließen, ein bisschen mehr wie Madonna oder die Frauen in *Sex and the City* zu sein«, fantasiert Breivik nüchtern. Letztlich seien aber alle Frauen ersetzbar, nämlich durch Investitionen in neueste Biotechnologie, mit deren Hilfe künstliche Gebärmütter entwickelt werden könnten. Damit würden Frauen endgültig überflüssig.[231]

Dieser Punkt ist interessant vor dem persönlichen Hintergrund Breiviks. Nach eigener Aussage hatte er unter einem feministischen Vater, zwei feministischen Müttern und einer feministischen Schwester zu leiden, als deren Opfer er sich im Manifest inszeniert. Für Claus Leggewie rührt Breiviks tiefsitzende Misogynie »aus dem Erlebnis einer dysfunktionalen Ehe, als deren Achillesferse er die ›unreine‹ Mutter identifiziert hat, und aus der häufigen Abwesenheit des (Stief-) Vaters«.[232] Der Kulturwissenschaftler Walton urteilt ähnlich: »Breiviks Erzählung drückt eine Sehnsucht nach Männlichkeit aus, die ihm durch auferlegte Machtlosigkeit verwehrt ist.«[233] Dieses Gefühl der Ohnmacht führt Walton darauf zurück, dass die Familienmitglieder das Kind und den Jugendlichen mit Promiskuität und Geschlechtskrankheiten überfordert hätten. Seit er sich über seine »Mission« klar geworden sei, seien Sex und Intimität unmöglich geworden, schreibt Breivik. Die Mission erfordere Abstinenz. Gleichzeitig lehnt er Sex und sexuell aktive Personen auch ganz grundsätzlich ab und versteht Geschlechtsverkehr als reinen Reproduktionsakt.[234]

»Wird die Zukunft Europas von einem muslimischen oder von einem christlichen Patriarchat dominiert werden?«,[235] fragt Breivik. Dabei kommt sein Modell des christlichen Patriarchats »einer Parodie des Dschihadismus« gleich, wie Walton es formuliert.[236] In seinem Manifest diskutiert er sogar ganz offen die Möglichkeit, mit Dschihadisten zu kooperieren, zum Beispiel wenn es um das Erwerben von Massenvernichtungswaffen geht. Außerdem lotet er aus, wie sich die »Tempelritter«, zu denen er sich selbst zählt, und Dschihadisten die Welt aufteilen könnten, wie sie in separate, geschlossene Abschnitte aufgespalten werden könnte, über die die jeweilige Gruppe herrsche. Die Ehre durch Kontrolle der weiblichen Sexualität steht sowohl bei Breivik als auch bei dschihadistischen Ideologien im Vordergrund. In beiden Systemen sind Frauen den Männern unterworfen, Objekte männlichen Begehrens oder des männlichen Schutzsystems. Erweisen sie sich durch ihr Verhalten des Schutzes als unwürdig, dürfen sie getötet werden. Breivik inszenierte sich außerdem wie ein dschihadistischer Selbstmordattentäter: »Herumzuhuren außerhalb der Ehe ist eine vergleichsweise kleine Sünde gemessen an der riesigen Fülle von Gnade, die ich mit meiner Märtyreroperation ansammeln werde«, so zitiert Walton den Rechtsterroristen.

Besonders in diesem letzten Punkt zeigt sich, wie anschlussfähig Breivik, der nach seinem Terroranschlag oft als geistesgestörter Einzeltäter bezeichnet wurde, tatsächlich ist. Sechs Jahre später skandieren weiße Suprematisten bei dem Neonazi-Treffen unter dem Motto »Unite the Right« in Charlottesville 2017 »Weiße Scharia jetzt!«. Hinter dem Konzept der »weißen Scharia« verbirgt sich die Idee, dass die Unterwerfung und Vergewaltigung weißer Frauen durch weiße Männer der einzige Weg sei, die weiße Rasse zu retten, seit weiße Frauen dazu neigten, weiße Männer für Nichtweiße zu verlassen und auf diese Weise Gewalt erforderlich machten. Entwickelt hat das Konzept ein Ex-Marinesoldat und Irakveteran, der unter dem Namen Sacco Vandal bloggt. Es stellt eine misogyne, antifeministische Vision eines extremen Patriarchats dar, in dem Frauen in einem Maß unterworfen sind, dass sie nur noch als »Babyfabriken« in Kopftüchern fungieren.[237] Vandal propagiert eine Art »Stammespatriarchat im Ethnostaat«, in dem nach dem Vorbild von Dschihadisten Männer durch extreme »Barbarei« herrschen, »vergewaltigen, plündern und brandschatzen«. Die Ideen erinnern an Jack Donovans Männlichkeitstheorien, und tatsächlich hat dessen Buch *Nur Barbaren können sich verteidigen* den Rechtsextremen Vandal zu seinen Ideen inspiriert, wie eine sehr knappe Literaturliste unter einem seiner Blogeinträge zeigt, in der außerdem noch Oswald Spenglers *Untergang des Abendlandes* und Samuel Huntingtons *Kampf der Kulturen* zu finden sind. Die weiße Scharia umfasst Maßnahmen wie »Schlampen zurechtweisen«, »Schwule von Dächern werfen«, »Nutten steinigen« und »die Weltherrschaft der weißen Suprematie einführen«.

Weil »wir Weißen unser Barbarentum verloren haben«, wie Vandal bedauert, sollte das islamische Konzept der Scharia adaptiert werden, denn: »Die muslimische Welt ist die einzige Zivilisation, die heute auf der Erde noch übrig ist, wo ein extremes und rigide geregeltes Patriarchat vorherrscht. Das Gesetz der Scharia ist das einzige lebendige Beispiel, das der patriarchalen Gesellschaft nahekommt, die der westliche Mann einst selbst hatte.« Im neuen System sollten Frauen nicht wählen und auch sonst über keinerlei politische, rechtliche oder wirtschaftliche Macht verfügen dürfen. »Unsere

Männer brauchen Harems, und die Mitglieder dieser Harems müssen Babyfabriken sein«, so Vandal in einem seiner Blogeinträge.[238]

Vandals Vision kommt in der extremen Rechten gut an. So befürwortet der US-amerikanische Neonazi Andrew Anglin, Gründer der rechtsextremen Website »The Daily Stormer«, die Einführung der weißen Scharia mit dem Argument, Frauen würden ohnehin »kein Konzept von ›Rasse‹ kennen, weil es zu abstrakt ist für ihre simplen Hirne. Wovon sie ein Konzept haben, ist vom dominanten Männchen geschwängert zu werden.«[239] Hier lässt sich der evolutionsbiologisch angelehnte Diskurs erkennen, wie ihn auch Peterson mit seiner Hummerlehre bedient. Dass Frauen verantwortlich gemacht werden für Migration, »Rassenschande« und Multikulturalismus ist ein Muster, das sich in der extremen Rechten in vielen Teilen der Welt findet. Martin Sellner etwa, der Sprecher der Identitären Bewegung Österreich, meint, Frauen seien »von Natur aus emotional erpressbar« und daher verantwortlich für die »Masseninvasion«.[240] Sie wählen häufiger Parteien, die für »Masseneinwanderung« sind, weil sie sich von den Bildern »einer angespülten Babyleiche am Strand« leichter beeindrucken ließen.

Dass rechtsextreme und sogar rechtsterroristische Ideologien auch in der Incel-Szene rezipiert werden und mit dieser verbunden sind, zeigt das Beispiel Brenton Tarrant. Der rechtsradikale Attentäter von Christchurch, der Muslime ermordete, weil er besessen war von der Idee, deren angeblich höheren Geburtenraten seien für einen »weißen Genozid« im Westen verantwortlich, wird zum »Ultra Chad« verklärt, das heißt zum dominantesten aller Männer. Verschiedene Memes zirkulieren im Internet, auf denen Tarrant als Bildmontage in der typischen Chad-Stilisierung dargestellt ist, als »Chad Saint Brenton« oder »Chad Kebab Remover«.

Auch Breivik ist als ein solcher Chad-Meme verewigt worden.[241]

So heterogen die ideologischen Versatzstücke seien mögen, die in die Ideengebäude der Incels, der Maskulinisten und Alt-Right-Vertreter einfließen: Ihnen gemein ist die Herabwürdigung von Frauen. Und dass es sich dabei eben nicht um Wahnvorstellungen einzelner Irrlichternder handelt, sondern um ein transformatorisches Programm, zeigen die zahlreichen Akteure, die diese Ideen in politisches Handeln zu übersetzen versuchen.

III
Die Politik der Männlichkeit

1. Gekränkte Ansprüche in politisches Handeln übersetzen

Es ist eine verstörende Dystopie: Weil ein großer Teil der Bevölkerung durch Umweltkatastrophen und Verseuchung zeugungsunfähig geworden ist, übernehmen christliche Fundamentalisten in den USA mit einem Staatsstreich die Macht, um ein totalitäres Männerregime zu gründen, das seine Interessen mit Terror durchsetzt, Einwohnerinnen mittels eines Geheimdienstes überwacht, die öffentliche Ordnung mit Straßensperren und Milizen kontrolliert und den Gehorsam der Bürger mit körperlicher und psychischer Folter sicherstellt. In der Gesellschaft des autoritären Patriarchats sind Frauen untergeordnet, sie dürfen keinen Besitz haben, nicht arbeiten und haben nur eine einzige Aufgabe: Kinder gebären. Da die Ehefrauen in der Regel jedoch unfruchtbar sind oder für unfruchtbar gehalten werden, ist jedem Haushalt eine Magd zugewiesen. Ihre Hauptaufgabe ist es, durch regelmäßige Begattungszeremonien mit dem Hausherrn schwanger zu werden und den Nachwuchs stellvertretend für die Ehefrau auszutragen. Die Magd hat keinerlei Rechte, ihr Körper ist ein bloßes Gefäß, und wenn ein Kind zur Welt kommt, wird es ihr weggenommen. Dafür muss die Identität der Mägde bis ins kleinste Detail ausgelöscht werden. Sie tragen uniforme Roben, bewegen sich in der Öffentlichkeit geräuschlos und verhalten sich nach festgefügten Ritualen.

Als die kanadische Schriftstellerin Margaret Atwood 1985 ihren Roman *Der Report der Magd* veröffentlichte, erschien vieles an dieser Geschichte, die im fernen 21. Jahrhundert spielt, noch recht weit entfernt und dystopisch – selbst in den USA, wo fundamentalistische Gruppierungen schon damals an Boden gewannen. Heute würden wir das vielleicht anders sehen. Atwood werden inzwischen prophetische Fähigkeiten nachgesagt, denn viele Entwicklungen aus der jüngeren Zeit hat sie mit ihrer Geschichte vorweggenommen: dass christliche Fundamentalisten weltweit an Einfluss gewinnen würden, dass die lange für universal und unhintergehbar gehaltenen Errungenschaften wie Menschen-, Minderheiten- und Frauenrechte infrage gestellt werden könnten, dass der Geburtenrückgang in der westlichen Welt eine demografische Panik hervorrufen würde.

Heute sind wir der dreißig Jahre alten Dystopie von Margaret Atwood ein gutes Stück nähergekommen, auch ästhetisch. Seit einigen Jahren lässt sich in Städten überall in Europa eine seltsame Szene beobachten: Menschen jeden Alters versammeln sich bei Einbruch der Dunkelheit auf großen Plätzen und stellen sich aufrecht hin, genau im Abstand von zwei Metern, eine Stunde lang, ohne einen Laut von sich zu geben. Plakativ lesen sie in einem Buch oder halten eine Kerze. Sie nennen sich die »Wächter«. Zuerst tauchten sie in Frankreich auf, das war 2013, dann in Italien, dann in Slowenien, Polen, Spanien, Kroatien, überall. Die Wächter behaupten von sich, für die Rede-, Gedanken- und Gewissensfreiheit einzustehen und sich gegen die Zerstörung der europäischen Gesellschaften und Zivilisation zu wehren. Eigentlich protestieren sie mit ihrer unheimlichen Performance aber gegen die Ehe für alle (also die gleichgeschlechtliche Ehe), gegen die Gleichheit der Geschlechter und gegen die »Gender-Ideologie«. Doch sie stellen sich in die Tradition großer Freiheitskämpfer wie Gandhi, Martin Luther King, ja selbst Sokrates und inszenieren sich als Widerstandsbewegung. Außerdem nehmen sie Bezug auf die jüngste Tradition des friedlichen Protests seit der Orangenen Revolution in der Ukraine, dem Arabischen Frühling oder den Protesten in der Türkei, die alle auf zentralen Plätzen stattfanden und sich gegen korrupte Eliten und brutale Diktatoren richteten.[242]

Die Wächter als europaweite Sammlungsbewegung bleiben weitestgehend unter dem Radar der europäischen Öffentlichkeit, weil sie als jeweils nationale Gruppierungen wahrgenommen werden und nicht als transnationales Phänomen. De facto verfolgen sie unter anderem auch lokale politische Anliegen. Dass es sich bei den Gruppen inzwischen aber tatsächlich um eine immer weiter vernetzte Bewegung handelt, die aus vielen kleinen Prototypen zusammengewachsen ist, die heute Diskurse, Strategien und Aktionen teilen, steht für viele Politikwissenschaftlerinnen und Gender-Forscherinnen außer Zweifel.

2. Unheilige Allianzen

Die Wächter sind das einheitliche Gesicht einer längeren Entwicklung, die seit Mitte der neunziger Jahre ihren Lauf genommen hat, aber erst in den letzten Jahren wirklich wirksam werden und Massen mobilisieren konnte. Dabei sind sehr unterschiedliche Akteure zusammengekommen, die ursprünglich wenig miteinander zu tun hatten, völlig verschiedene Interessen verfolgten und in anderen Punkten auch heute noch vollkommen entgegengesetzte Weltanschauungen vertreten. Von religiösen Institutionen wie der katholischen Kirche und konservativen protestantischen Gruppierungen über zivilgesellschaftliche Organisationen und Familien- oder Männerrechtsvereine hin zu Verschwörungstheoretikern, besorgten Bürgerinnen, Nationalistinnen, Rechtspopulisten weiter zu religiösen Fundamentalisten bis zur extremen Rechten sowie politischen Parteien und Instituten aus diesem Spektrum findet sich alles unter einem Label. Sie alle verbindet die eine Idee: dass hinter dem Konzept »Gender« eine totalitäre und gefährliche Ideologie stecke, die als »Gender-Ideologie« oder »Gender-Wahn« bekämpft werden muss. Bei diesem Thema sind sie eine Allianz eingegangen, die ihnen allen nützt. Deshalb nennen Geschlechterforscherinnen den »Anti-Genderismus« auch »symbolischen Kitt«, denn dieser Terminus hält die ansonsten meinungsverschiedenen Akteure zusammen.[243]

Die Allianz ist unterschiedlich einflussreich in Europa. In Polen und Ungarn beispielsweise regieren schon Parteien mit einem dezidierten Anti-Gender-Programm. In Italien, Frankreich und Spanien hat die Bewegung immerhin eine starke Lobby. In Deutschland ist sie eher schwächer, befindet sich aber im Aufwind. Politisch verkörpert wird sie hierzulande von der AfD, man kennt sie aber zum Beispiel auch als Demo für Alle, Prolife oder als Marsch für das Leben. Was genau unter »Gender-Ideologie« zu verstehen ist, variiert von Gruppe zu Gruppe und von Land zu Land. In Spanien beispielsweise nutzen konservative Aktivistinnen das Label, um gegen die Liberalisierung von Abtreibung zu mobilisieren,[244] während in Frankreich die Ehe für alle kritisiert wird.[245] Schaut man aber hinter die verschiedenen Anliegen, findet sich immer dasselbe Muster, egal ob es um Abtreibungen, Gewalt gegen Frauen, Gender-Mainstreaming, Ehe und Adoption für alle oder Gender-Studies geht: Der Herrschaftsanspruch und die Privilegien, die mit – meistens weißer – Männlichkeit verbunden sind, werden erbittert verteidigt. Vor diesem Hintergrund ist »Anti-Genderismus« nicht bloß eine Bewegung, die sich gegen Gender-Sternchen und dritte Toiletten einsetzt, sondern eine, die ganz fundamental eine vergangene oder vergehende Gesellschaftsordnung restaurieren will.[246] Die Wächter sind unter diesen Umständen als ein Symptom des autoritären Backlash zu verstehen, den wir gerade erleben. Oder besser: Sie sind ein Symptom der Dynamik, die aussieht wie ein autoritärer Backlash. Sie sind Teil der politischen Dimension eines problematisch gewordenen männlichen Selbstverständnisses. Zu dieser politischen Dimension gehören »starke Männer« wie Donald Trump oder Jair Bolsonaro und rechtspopulistische Parteien. Sie alle wollen die Restauration jener »natürlichen Ordnung«, in der Frauen den Männern untergeordnet sind. Das ist der Punkt, an dem sich die Autoritären treffen.

Die Mitglieder dieser Allianz beharren auf einem essentialistischen Konzept von Geschlecht und Geschlechterordnung, das eigentlich schon lange und von vielen Seiten infrage gestellt wird: Das Geschlecht ist von der Natur vorgegeben; es gibt zwei Geschlechter, männlich und weiblich, die sich komplementär zueinander verhalten; die natürliche Familie besteht aus einem Vater, einer Mutter und deren leiblichen Kindern; Männer sind von Natur aus stärker, aggressiver, willens- und führungsstärker, planvoller, können besser logisch denken und so weiter. In der Folge sei es dann nur konsequent, wenn Männer andere und mehr Privilegien haben als Frauen, denn sie sind ja auch anders.

Das große Feindbild der Bewegung ist der Postessentialismus, verkörpert vor allem durch die poststrukturalistische Philosophin Judith Butler mit ihren Theorien zur Dekonstruktion von Geschlecht. Butlers radikalkonstruktivistischer Ansatz geht davon aus, dass Geschlecht etwas Performatives ist, also etwas, das dadurch entsteht, dass es gerade auch auf der kleinen Bühne des Alltags immer wieder »aufgeführt« wird.[247] Es ist wohl kein Zufall, dass die Anti-Gender-Bewegung ihren Anfang Mitte der neunziger Jahre nahm, also zu einer Zeit, in der das, was Butler als Theorie fasste, auch ins kollektive Bewusstsein einsickerte und Eingang in die politische Praxis fand.

Die Ersten, die vehement gegen die »Gender-Ideologie« mobilisierten, waren der Vatikan und die katholische Kirche, und zwar als Reaktion auf die Anerkennung sexueller und reproduktiver Rechte im UN-Menschenrechtssystem nach der Weltbevölkerungskonferenz von 1994 in Kairo und der Weltfrauenkonferenz von 1995 in Peking. Die Kirche sah die »natürliche Familie« durch Abtreibung, Verweigerung traditioneller Mutterschaft und durch Homosexualität bedroht und plädierte für »gleiche Würde« statt »gleicher Rechte« zwischen den Geschlechtern. Einigen Sozial- und Politikwissenschaftlern zufolge hat der Heilige Stuhl den Begriff »Gender-Ideologie« als Gegenstrategie zu den UN-Gleichstellungsbeschlüssen erfunden, um das eigene Menschenbild zu verfechten.[248] Indem die Kirche, die in vielen westlichen Ländern schon länger mit schwindenden Mitgliederzahlen zu kämpfen hatte, ein Bedrohungsszenario erschuf, konnte sie ihre Themen wieder besser im Mainstream platzieren. Die »Gender-Ideologie« gefährdet im Kirchennarrativ die natürliche Familie und damit die Menschheit insgesamt, denn in letzter Konsequenz geht es um die Reproduktion unserer Spezies. Die Vereinten Nationen wurden in dieser Erzählung zu korrupten Eliten, die »Gender« strategisch einsetzen, um die natürliche Familie anzugreifen. Die Kombination aus »Kind« und »bedroht« verfehlte ihre Wirkung nicht.

Vermutlich war der katholischen Kirche damals noch nicht bewusst, was ihre Erfindung der »Gender-Ideologie« implizieren könnte, zu was sie sich nutzen lassen würde. Der Kirchendiskurs war indes überaus anschlussfähig, wie sich herausstellen sollte. Jahre später erkannten rechtspopulistische Stimmungsmacher dessen Mobilisierungspotenzial, deshalb verbinden wir den »Korrupte-Eliten-Diskurs«, den zuerst die Kirche aufbrachte, mittlerweile vor allem mit rechtspopulistischer Rhetorik. Tatsächlich bildet aber das breite Bündnis heute die Basis für den weltweiten Aufstieg der Rechten und religiösen Fundamentalisten. Es verleiht Rechtsaußenpositionen einen bürgerlichen Anstrich. Der Begriff »Gender-Ideologie« hat dabei eine interessante Karriere und Metamorphose durchlebt: Vom Vatikan wurde er benutzt, bevor die internationale Rechte ihn sich aneignete, von der ihn in jüngster Zeit wiederum Konservative der Mitte übernehmen. Bei der Verwendung durch die katholische Kirche ging es noch um den engeren semantischen Rahmen von Familie, Reproduktion und Heterosexualität. Die internationale Rechte hingegen meint mit »Gender-Ideologie« ein ganzes Bündel an Dingen, die nur entfernt etwas miteinander zu tun haben müssen. Mit diesem Brückenbegriff lassen sich Frauenrechte kritisieren, aber auch Rechte anderer Minderheiten, von LGBTQ-Personen über Migrantinnen oder schwarze Menschen bis hin zu Menschen mit Behinderungen.

Es lassen sich aber auch die abstrusesten antisemitischen Verschwörungstheorien rechtfertigen. In der Politik- und Sozialwissenschaft, die sich mit der »Gender-Ideologie« befasst, wird deshalb von einem »leeren Signifikanten« gesprochen, weil alle möglichen Interessengruppen fast beliebig darunter fassen können, was ihnen in die Agenda passt.[249] »Genderismus« ist zur flexiblen Formel geworden für alles, was in unserer Welt gegenwärtig schiefläuft: Geschlechterkampf, niedrige Geburtenraten im Westen, soziale Ungleichheit und die Arroganz liberaler Eliten. Akteure können sich mit Hilfe des Terminus vernetzen und Allianzen schmieden, weil er als Schlüsselbegriff Signalwirkung für andere hat: Wir stehen hier auf derselben Seite. In den letzten Jahren ließ sich beobachten, dass Konservative, religiös und säkular, den Begriff (zurück-)adaptierten, seit sie gemerkt haben, dass man mit ihm leicht mobilisieren und sogar Politik machen kann.

3. Netzwerke und Strategien der Anti-Gender-Bewegung

Wie breit das Bündnis aufgestellt sein kann, veranschaulicht das Beispiel Polen. Denn hier findet sich das ganze Spektrum, von kleinen Grassrootsinitiativen bis hinauf in die Regierung und politische Institutionen. Die polnische Anti-Gender-Bewegung ist fest im lokalen Kontext verankert, gleichzeitig aber als Teil des internationalen Trends sehr gut über die Landesgrenzen hinaus vernetzt. Bei wichtigen Demonstrationen kommen in Polen regelmäßig internationale Größen im Kampf gegen Gender zusammen, zum Beispiel aus Großbritannien von der Society for the Protection of Unborn Children, aus Frankreich von La Manif pour tous oder aus Deutschland von der Demo für Alle. Auch digital treffen sich Gleichgesinnte. Über Websites, soziale Medien und offene Plattformen vernetzen sich Organisationen und formieren sich digitale Communitys. Netzwerke bilden sich über Ländergrenzen hinweg, rechte Thinktanks aus Polen wie das Ordo Iuris Institut für Rechtskultur haben Einfluss in ganz Europa. Im Gegenzug gibt es Plattformen wie die spanische CitizenGo auch auf Polnisch, damit Initiativen vor Ort sie für Petitionen nutzen können. Transnational tauscht man sich über Strategien zur Multiplikation aus, setzt gemeinsam Petitionen auf, bereitet Publikationen vor und organisiert Demonstrationen, Workshops, Konferenzen sowie parlamentarische Initiativen.[250]

Wegen dieser globalen Dimension gehen die feministischen Sozialwissenschaftlerinnen Agnieszka Graff und Elżbieta Korolczuk davon aus, dass es sich bei der jüngsten Entwicklung in Polen nicht bloß um eine weitere Welle eines konservativen Backlash handelt, wie das Land einige gesehen hat, sondern um eine ganz »neue ideologische und politische Konfiguration«.[251] Durch den Anschluss an den transnationalen und globalen Diskurs entstand dort eine politisch hochwirksame Massenbewegung, angeführt von katholischen Geistlichen, konservativen Politikerinnen, Journalistinnen, Bloggern und Aktivistinnen. Die politische Allianz von Nationalisten und religiösen Fundamentalisten trug 2015 zum Wahlsieg der rechtspopulistischen PiS-Partei bei und sichert deren Macht bis heute.

Ihre Allianz kam über das Thema »Gender« zustande: Anfang 2014 hielt der katholische Priester Dariusz Oko eine Rede über die »Gefahren des Gender-Mainstreaming« vor dem polnischen Parlament. Er war der Einladung des parlamentarischen Ausschusses gegen die Atheisierung Polens[252] sowie mehrerer Abgeordneter gefolgt, die der Pro-Life-Bewegung nahestehen. Für viele Politikwissenschaftlerinnen markiert Okos Rede den Beginn der Politisierung der Gender-Debatte im Land. Noch im selben Monat gründete die rechtspopulistische Partei Solidarna Polska (Solidarisches Polen) unter der Federführung von Beata Kempa den parlamentarischen Ausschuss »Stop Gender-Ideologie«. Kempa wurde später Leiterin der Kanzlei der Ministerpräsidentin im Kabinett Szydło. Der Kampf gegen Gender wurde so offiziell Teil des Programms der »Politik des guten Wandels«. Seitdem tobt der Kulturkampf auf Polens Straßen und im Parlament. Besonders vehement wird über Abtreibung gestritten, seit die damalige Ministerpräsidentin Beata Szydło und der Vorsitzende der PiS-Partei Jarosław Kaczyński 2016 ihre Unterstützung für ein ausnahmsloses Abtreibungsverbot erklärten.[253]

Was aber breite Schichten der Bevölkerung in Bewegung versetzte und so rechtspopulistischen Parteien die demokratische Unterstützung sicherte, war die Art und Weise, wie Gender von Aktivisten geframt wurde. Sie schürten die Angst, ausländische Mächte, die liberale EU und korrupte Eliten wollten Einfluss nehmen auf die »authentischen heimischen Werte« (gleichbedeutend mit »katholischen Werten«) der polnischen Nation. Der Westen wolle mittels der »Gender-Ideologie« seine eigenen dekadenten Werte exportieren und nichtwestliche Gesellschaften säkularisieren, so machten die Kampagnen glauben. »Ebola aus Brüssel« prangte auf Plakaten von Demonstranten, die 2015 in Warschau gegen die Ratifikation der Istanbul-Konvention zur Verhütung und Bekämpfung von Gewalt gegen Frauen und häuslicher Gewalt protestierten. Die Konvention verpflichtet die Unterzeichnerstaaten, Gewalt gegen Frauen und Mädchen sowie alle Formen häuslicher Gewalt als Verbrechen einzustufen und sich gegen die Diskriminierung von Frauen einzusetzen. Das Übereinkommen des Europarates trat 2014 in Kraft.

Den Anfang der rechten Anti-Gender-Kampagne aber bildete ein Hirtenbrief der Bischofskonferenz 2013, der in allen katholischen Gemeinden verlesen wurde. Als Teil einer groß angelegten Initiative wendete er sich gegen die Gleichberechtigung der Geschlechter, gegen sexuelle und reproduktive Rechte und gegen die Verwendung des Begriffs »Gender« in politischen Erklärungen und der öffentlichen Debatte. Die Familie und besonders Kinder seien gegen Feministinnen und die »Homo-Lobby« aus dem Westen zu schützen, die »Genderismus« als Projekt des Social Engineering benutzen würden, das seine Wurzeln im Marxismus habe und mit dem Stalinismus vergleichbar sei.

Dieser Vergleich zeigt, wie Diskurse und Protagonisten vor allem in Europa, aber auch darüber hinaus zirkulieren. Die Idee, Gender mit Sozialismus in Verbindung zu bringen, stammt aus einem Buch des österreichischen Bischofs Andreas Laun mit dem Titel *Der Christ in der modernen Welt* von 2009. Laun vergleicht darin die »Gender-Ideologie« mit Marxismus und Sozialismus und versteht den Gender-Diskurs als Angriff auf die katholische Kirche und auf religiöse Identitäten im Allgemeinen. Sein Buch wurde in viele Sprachen übersetzt und ist deshalb in zahlreichen Ländern bekannt, besonders dort, wo der Katholizismus eine einflussreiche Rolle spielt. Oftmals werden solche Diskurse auch, etwa im Fall Polens, über Hirtenbriefe an die Gemeinden weitergegeben und so an den Mann und an die Frau gebracht. So gibt es den Sozialismusvergleich auch im Nachbarland Ungarn, seit Launs Buch 2014 ins Ungarische übersetzt wurde. Bereits vorher wurde ein Hirtenbrief zu Advent in ungarischen Gemeinden verlesen, der vor Gender-Gerechtigkeit als »Trojanischem Pferd« warnte, weil diese die natürlichen Unterschiede zwischen den Geschlechtern auslöschen wolle.[254] Ursprünglich kam der Brief aus einem weiteren osteuropäischen Land, vom Episkopat der Slowakei, und wurde aus dem Slowakischen ins Ungarische übersetzt – und sicherlich auch in andere Sprachen, denn auch die Idee des Trojanischen Pferds findet sich in allen katholisch geprägten Ländern. Beispielsweise lehnte es der damalige polnische Justizminister Jarosław Gowin schon im Jahr 2012 ab, die Istanbul-Konvention zu ratifizieren, mit dem Argument, dass es sich dabei um ein »Trojanisches Pferd« handele: Die Konvention verfolge die »geheime Agenda«, die traditionelle Familie zu unterwandern.[255] Mit derselben Begründung lehnte Ungarn die Ratifizierung im Mai 2020 ab, auf dem Höhepunkt der Coronakrise, als sich die Berichte über eine Zunahme häuslicher Gewalt überall in Europa mehrten.[256]

Bereits 2010 lässt sich in einem Artikel des ungarischen Priesters und Theologen Ferenc Tomka nachlesen, dass die

Gleichstellung von Frauen nur auf den ersten Blick erstrebenswert sei, auf den zweiten aber erweise sie sich als »Trojanisches Pferd«. Zurück geht der Diskurs auf die »Kultur des Todes«, die Papst Johannes Paul II. bereits 1995 mit seiner Enzyklika »Evangelium vitae« beschworen hatte und die in Ungarn erst richtig bekannt wurde durch die Übersetzung von Gabriele Kubys Buch *Die Gender-Revolution – Relativismus in Aktion* von 2008.[257] Mit »Kultur des Todes« bezeichnete Johannes Paul II. das Recht auf Abtreibung und »Euthanasie« (also Schwangerschaftsabbruch bei Behinderung) sowie zunehmenden Säkularismus. Angesichts rückläufiger Geburtenzahlen traf dieser Diskurs in Ungarn auf fruchtbaren Boden. Den Klappentext zur ungarischen Ausgabe schrieb der bereits erwähnte Bischof Andreas Laun. In Budapest war Gabriele Kuby Gastprofessorin an einer privaten Hochschule, die 2016 geschlossen wurde. Es sind immer wieder dieselben Namen, die einem als treibende Kräfte der Anti-Gender-Szene begegnen. Kuby ist katholische Konvertitin und in Europa wahrscheinlich die bekannteste Ideologin im Kampf gegen Gender. Nur in Deutschland wird ihr Werk wenig rezipiert, obwohl sie Deutsche ist. Allerdings wird es in sehr viele Sprachen übersetzt, sogar ins Koreanische und Chinesische. Außerhalb Deutschlands hält Kuby regelmäßig Vorträge, besonders im internationalen Netzwerk der Initiative Pro Life.[258]

Doch zurück zum Vergleich von Gender und Sozialismus. Indem Anti-Gender-Aktivistinnen in Polen die Bedrohung durch eine Art Besatzungsmacht heraufbeschworen, rührten sie an tiefsitzende kollektive Ängste. Hier zeigt sich eine osteuropäische Besonderheit des globalen Narrativs von Gender als »totalitärer Ideologie«: »Schlimmer als Kommunismus und Nationalsozialismus zusammen« sei Gender, so formulierte es 2013 ein polnischer Bischof und traf damit einen nationalen Nerv.[259] Durch diese Gleichsetzung mit der Fremdherrschaft durch ein kommunistisches und nationalsozialistisches Regime, die in Osteuropa viele Millionen Todesopfer gefordert hatte, konnte der politische Diskurs über Gleichberechtigung erfolgreich diskreditiert werden. Graff und Korolczuk sehen darin eine Variante der Aneignung des antikolonialen Diskurses durch die politische Rechte, wie wir sie weltweit verfolgen können.[260] Die EU hat in dieser Erzählung die Sowjetunion als Kolonialmacht abgelöst, wobei ihre Politik genauso totalitär sei.

Vor diesem Hintergrund gewinnt auch die Tatsache ganz neue Bedeutung, dass der Vatikan die »Gender-Ideologie« in den neunziger Jahren zum Feindbild erklärte, und zwar unter einem polnischen Papst. Nachdem die katholische Kirche in der eigenen Vorstellung den Kommunismus niedergerungen hatte, sah sie jetzt möglicherweise die Stunde gekommen, auf breiter Front alle Ideologien, das heißt alle nicht katholizismuskonformen Weltanschauungen, aus dem Weg zu räumen. Auch Papst Franziskus hat die »Gender-Ideologie« als »ideologische Kolonisierung« bezeichnet und damit in vielen Ländern der Welt, auf dem afrikanischen Kontinent, in Lateinamerika, in Südostasien düstere Erinnerungen geweckt – und mit ziemlich einfachen Mitteln eine Abwehrhaltung gegen all das provoziert, was mit Gender zu tun hat.[261]

Dieselbe Strategie verfängt auch im Osten Deutschlands, also in einer sehr säkularen Region, in der die katholische Kirche kaum Einfluss hat. Besonders Maßnahmen zur Gleichstellung der Geschlechter lassen sich leicht als Stasimethoden disqualifizieren, weil von oben verordneter Staatsfeminismus ja wirklich Teil der offiziellen Politik der DDR war. So schrieb der Journalist Michael Klonovsky 2010 im *Focus* in einem selbst für dieses Magazin ungewohnt polemischen Artikel mit dem Titel »Ein Nagel im Sarg des westlichen Menschen – Was Gender und Gender-Mainstreaming mit Dekadenz zu tun haben«:

> Freilich verhält sich Gender-Mainstreaming zum Gender-Theorem an sich allenfalls wie eine linke Staatspartei zur kommunistischen Weltbewegung. Gender will mehr, quasi den neuen Menschen schaffen [...]. Die EU und also auch Deutschland veranstalten Gender-Mainstreaming, was im Unterschied zum Kommunismus, mit dem diese Idee immerhin den Stallgeruch teilt, nicht Millionen Menschenleben, sondern zunächst nur viele Millionen überwiegend von männlichen Steuerzahlern aufzubringende Euros (und langfristig Zigtausende Männer den Job) kosten wird.[262]

Der *Focus* trennte sich 2016 von Klonovsky. Dieser wurde daraufhin erst Berater von Frauke Petry, dann Sprecher von Jörg Meuthen und ist heute persönlicher Referent von Alexander Gauland.

Nicht nur Vergleiche zum Sozialismus und Kommunismus müssen für die Idee von Gender als Ideologie einer totalitären Diktatur herhalten. In Begriffen wie »Feminazi« oder »Gender-Faschismus« wird sie ebenfalls mit Nationalsozialismus in Verbindung gebracht. So funktioniert der Diskurs nicht nur im Osten, sondern auch im Westen Deutschlands. Außerdem wirkt er, wenn Gender noch weiter westlich verortet wird, als »westliches« im Sinne von »amerikanisches« Konstrukt, was wiederum den Antiamerikanismus rechtspopulistischer Organisationen in ganz Europa bedient.[263] Dass sich die verschiedenen Konzeptionen in ihrer ideologischen Ausrichtung auch widersprechen, spielt für den Effekt keine Rolle. Ähnliche Widersprüche findet man auch in der Geschichte des Antisemitismus, wo Juden oft gleichzeitig als amerikanische Finanzkapitalisten, die von oben die Fäden ziehen, und als bolschewistische Agitatoren, die von unten aufwiegeln, verteufelt werden.[264] In Zeiten, in denen es zumindest in Europa ungleich weniger akzeptiert ist, sich antisemitisch zu äußern, kann der als viel harmloser wahrgenommene Anti-Gender-Diskurs auf diese Weise alte Feindbilder aufrufen.

In Frankreich lässt sich beobachten, wie strategisch und abgestimmt die Anti-Gender-Bewegung vorgeht, um ihre Interessen durchzusetzen. Und dass sie dafür auch die eigene Identität verschleiert, wenn dies nötig erscheint. In der laizistischen Republik Frankreich ist das notwendig, denn der Gender-Diskurs kommt dort – anders als beispielsweise im Nachbarland Deutschland – aus dem katholischen Lager. Weil explizit katholische Positionen schon lange nicht mehr konsensfähig sind, müssen Aktivisten ihre eigentliche Identität dissimulieren und sich von der rückständigen Aufmachung befreien. Stattdessen verpassen sie sich ein cooles, positives, massenbegeisterndes Image. Die Initiative La Manif pour tous zeigt par excellence, wie das geht. Sie ist der Vorgänger der Wächter, es gibt sie auch in Italien als La Manif pour tous Italia oder in Deutschland unter dem Namen Demo für Alle.

Gender als Feindbild kam schon sehr früh nach Frankreich. Ende der neunziger Jahre importierte der französische Priester und Psychoanalytiker Tony Anatrella mit seinem Buch *La différence interdite* Sprache und Ideen des »Gender-Ideologie«-Diskurses aus dem Vatikan. In den folgenden Jahren polemisierte Anatrella sehr erfolgreich gegen »Gender«, was für den Geistlichen vor allem eine inakzeptable »Toleranz gegenüber Homosexualität« bedeutete. Doch eine Dekade später passten seine homofeindlichen, pathologisierenden Standpunkte, denen zufolge Homosexualität eine psychische Krankheit sei, nicht mehr zum sozialen und politischen Zeitgeist.[265] Deshalb mussten sich Aktivisten etwas Neues einfallen lassen.[266] Sie orientierten sich weg von der

Haltung, Homosexualität sei pathologisch, und hin zu der Argumentation: »Wir müssen unseren Kindern die bestmögliche Erziehung geben, und das können nur heterosexuelle Eltern.« Man verpasste der Kritik an Homosexualität kurzerhand ein neues Gewand und beschwor eine »geheime Agenda« der »Homo-Lobby«, um möglichst breite Schichten der Gesellschaft zum »Schutz des Kindes« auf den Plan zu rufen. La Manif pour tous schickte hierfür seine Unterstützer aus der Wissenschaft an die vorderste Front, um der Argumentation einen wissenschaftlichen Anstrich zu verleihen. So gelang es der Bewegung, den »Anti-Gender«-Diskurs wiederzubeleben und für ein breites Publikum zugänglich zu machen.[267]

Doch nicht nur argumentativ rüsten Gender-Gegner auf, auch rhetorisch und stilistisch passen sie ihre Vermittlungsstrategien dem Zeitgeist an. Sie bedienen sich einer nationalen Symbolik und säkularen und bisweilen antikapitalistischen Rhetorik, angelehnt an die Sprache des französischen Republikanismus von Universalität, Menschenrechten und Gemeinwesen. Sie greifen zurück auf intellektuellen Antiamerikanismus, in Frankreich traditionell ein wirksames Mittel, will man die Ideen des politischen Gegners delegitimieren. Indem sie statt des französischen Ausdrucks »genre« das englische »gender« verwenden, betonen sie, dass es sich bei dem Konzept um einen gefährlichen Ideologieimport aus den USA handele. So diskreditierte etwa der konservative Parlamentarier Philippe Gosselin 2011 den Plan des Bildungsministeriums, an Oberschulen den Unterschied zwischen Sex und Gender zu unterrichten, indem er vor der Infiltration des französischen Rahmenplans durch die »fremde«, aus den USA kommende »Gender-Theorie« warnte.[268]

Die Aktivisten kaschieren, dass sie überwiegend aus der oberen Mittelschicht kommen, weiß, konservativ und katholisch sind, um auch solche Teile der Bevölkerung zu erreichen, die sich abgehängt fühlen. Stattdessen evozieren sie gezielt Bilder progressiver und, so paradox das klingen mag, emanzipatorischer politischer Bewegungen wie der Achtundsechziger, der feministischen oder der globalisierungskritischen Bewegung. Sie nutzen Pop-Hits wie Gloria Gaynors »I Will Survive« und bunte Plakate, wie sie bei Gay-Pride-Paraden zum Einsatz kommen. Über diese Mimikry des politischen Feindes schaffen sie es, das Gefühl von französischer kollektiver Identität herzustellen und Massen zu mobilisieren.[269] Die französische Bewegung ist derart erfolgreich, dass ihre Strahlkraft bis in andere europäische Länder reicht. Italienische Aktivisten beispielsweise haben gleich die ganze Corporate Identity von La Manif pour tous adaptiert und einen eigenen Zweig unter demselben Namen eröffnet, mit denselben Symbolen, derselben Rhetorik, denselben politischen Zielen.

Die Anti-Gender-Aktionen waren in Europa von Beginn an konzertiert. Noch bevor sich Protestierende in Italien nach dem französischen Vorbild Wächter nannten, gab es in dem Land schon aktivistische Performances im Stil der Gruppierung. Die Geschlechterforscherin Sara Garbagnoli beschreibt, wie junge Leute im Jahr 2013 vor dem Abgeordnetenhaus in Rom protestierten. Sie saßen mit verbundenem Mund vor einer Kerze und hielten Transparente mit dem Logo von La Manif pour tous. »Manif« war erst kurz zuvor gegründet worden, hatte aber bereits den italienischen Ableger hervorgebracht. Die jungen Leute trugen T-Shirts mit der typischen Rhetorik, wie sie durch das französische Vorbild bekannt wurde: »LGBT-Privilegien sind keine nationale Priorität«, »Das Gewissen kann man nicht verbinden« (wie den Mund), »Gegen freiheitsfeindliche Gesetze«.[270] Es ist das erste koordinierte politische Happening in Italien dieser Art.

Zur selben Zeit finden vor der italienischen Botschaft in Paris Solidaritätsaktionen der französischen Wächter statt. Wie in Frankreich gibt sich die italienische Bewegung unpolitisch und nichtkonfessionell, obwohl hinter den Protesten die katholische Sozialdoktrin steht. Doch die Protestierenden präsentieren sich als Bürger, die sich um einen »anthropologischen Notfall« sorgen. Italien ist ihnen zufolge die letzte Bastion in Europa, in der das Menschliche, »das Humane« gegen »das Transhumane« verteidigt würde, eine Art künstlicher Mensch, dem die »Gender-Ideologie« zum Aufstieg verhelfen wolle.

Kurze Zeit später gründen sich in Italien auch die Wächter. Sie nennen sich Sentinelle und wollen ebenfalls gegen die »anthropologische Revolution gegen die Natur des Menschen« einstehen. Dabei können sie auf die Unterstützung von Abtreibungsgegnern und des Vatikan zurückgreifen. Sie haben Beziehungen zu transnationalen konservativen Gruppen bis in die USA, mit traditionalistischen Bewegungen und mit identitären, rechtsradikalen und neofaschistischen Akteuren bis hin zum französischen Bloc identitaire und Pegida-Anhängern in Deutschland. In Italien sind sie mit den zwei großen xenophoben Parteien Lega und Fratelli d'Italia – Alleanza Nazionale verbunden. All diesen disparaten Akteuren bietet der »Krieg gegen Gender« die Möglichkeit, ihre jeweiligen Anliegen zu stärken, indem sie reaktionäre Argumente in einer nationalistischen Art und Weise neu formulieren: als Verteidigung »traditioneller Werte«, als Restauration der »natürlichen Ordnung«, als Abgrenzung der »nationalen Gemeinschaft«. In typischer Weise für den reaktionären Diskurs beschwören sie das Ende der Zivilisation und die Zerstörung der Menschheit mit einer Mischung aus pseudowissenschaftlicher Terminologie und apokalyptischem Katastrophismus. So wollen sie eine moralische Panik herbeiführen, durch die ihre Anliegen von der Allgemeinheit gutgeheißen werden.[271]

Seit 2008 hatten LGBTQ-Personen in Italien Fortschritte bei der rechtlichen Gleichstellung errungen. Anwältinnen und Wissenschaftler setzten sich vor Gericht für die Ehe für alle ein und erstritten richtungsweisende Urteile und gesetzliche Neuerungen. Dagegen formierte sich der Widerstand der Anti-Gender-Bewegung, die zunächst vor allem zwei Gesetzesvorhaben von 2013 angriff: Zum einen wurde ein Gesetzesentwurf des Politikers Ivan Scalfarotto von der Partei Partito Democratico gegen Diskriminierung aufgrund der Gender-Identität und sexuellen Orientierung sowie ein Gesetzesvorhaben von seiner Parteikollegin Monica Cirinnà für gleichgeschlechtliche Lebenspartnerschaften zum Ziel der Aktivisten. Zum anderen nahmen sie die Implementierung pädagogischer Mittel für Gender-Gleichheit und gegen Mobbing von LGBTQ-Kindern in öffentlichen Grundschulen ins Visier. Diese beiden Kampffelder – Erziehung und Gleichstellung Homosexueller – entsprechen genau den Prioritäten des Vatikan. Der Gegenbewegung gelang es, gesetzliche und bildungspolitische Reformen zugunsten sexueller Minderheiten entweder ganz zu blockieren oder zumindest abzuschwächen. Außerdem prägten sie der öffentlichen Debatte über sexuelle Rechte ihren Anti-Gender-Stempel auf.

Garbagnoli hat gezeigt, dass und wie mit dem »anthropologischen« Argument für »das Humane« eine Art sexueller Nationalismus propagiert wird. Dessen Verfechter wähnen sich im Kampf gegen »Genderisierung« und »Islamisierung« der nationalen und »natürlichen« Ordnung, wobei beides angeblich miteinander verknüpft sei. Die humanistische Rhetorik, in der »Gender« als Gegensatz zu all dem geframt wird, was das Menschliche ausmache, hat den Effekt, dass die nichtdemokratischen Elemente innerhalb der Anti-Gender-

Bewegung quasi »weißgewaschen« werden. Die italienische Bewegung sieht sich als Speerspitze für die gesamte westeuropäische Zivilisation, deren »humane Errungenschaften« durch »Gender« auf dem Spiel stünden. Und durch das, was sie rhetorisch als sexuellen »Clash of Civilizations« rahmen. Auch die Kirche bedient dabei nationalistische Narrative, etwa wenn sie fordert, das »Naturgesetz zu verteidigen wie die Stadtmauer«.[272] Die Kirche bewegt sich dabei mitunter ganz offen im rechten Spektrum. Bei einem Meeting zum Beispiel diskutierten zwei katholische Kardinäle mit dem Gründer des rechten Thinktanks Magna Carta darüber, wie die »Gender-Ideologie« »das Humane« zerstöre. Demnach sei der »moralische Verfall«, den »Gender« in Gang gebracht habe, das Resultat der Verleugnung sowohl des Christentums als wichtige Wurzel Europas als auch der Bedrohung durch die »Islamisierung«.[273] Das Treffen fand im Oktober 2015 statt, zu einer Zeit also, als gerade Hunderttausende Geflüchtete aus Syrien in Europa ankamen.

Den Erfolg in Italien erklären Geschlechterforscherinnen mit zwei nationalen Besonderheiten. Einerseits hat die essentialistische, vom Vatikan vertretene Vorstellung von der »Geschlechterdifferenz«, die den Nährboden für den naturalistischen Diskurs über die Geschlechterordnung bereitet, sehr großen Einfluss in der italienischen Öffentlichkeit. Zum anderen gibt es einen paradoxen Familialismus, denn obwohl die Institution der heterosexuellen Ehe und Familie als heilig gilt, ist die Familienpolitik in Italien nur sehr schwach aufgestellt. Nach wie vor übernimmt die katholische Kirche wichtige Aufgaben in den Bereichen Altenpflege, Kinderbetreuung oder Krankenversorgung. Wenn mit der Anti-Gender-Rhetorik die Renaturalisierung der Geschlechterordnung und der Arbeitsteilung propagiert wird, dann fällt das auf fruchtbaren Boden in einem Sozialsystem, in dem die Fürsorge zwischen den Generationen vor allem durch Familiensolidarität, das heißt durch weibliche Haus- und Carearbeit und durch private Pflegedienste der katholischen Kirche bestritten wird.[274]

Die katholische Kirche ist in Italien traditionell einflussreich und mischt sich als nationale politische Akteurin direkt in die politische Agenda ein, so dass die Anti-Gender-Mobilisierung hier schon verwurzelt ist. Bereits zehn Jahre vor den ersten koordinierten Aktionen im Jahr 2013 brachte der Vatikan ein Lexikon zu Sexualität und bioethischen Fragen heraus. Darin werden die Ergebnisse der UN-Weltfrauenkonferenz von Peking 1995 infrage gestellt, wonach Geschlecht und Sexualität politische Kategorien sind und sein sollen. Als »mächtiges Gegenmittel gegen kulturelles Gift« sollte das Lexikon seinen Lesern ein sprachliches Instrumentarium an die Hand geben, um der Kritik am Gender-Konzept einen systematischen Rahmen zu verleihen. Federführend bei der Erstellung waren unter anderem Autoren des Movimento per la vita (Bewegung für das Leben), einer ultrakonservativen Gruppe von Abtreibungsgegnern.

Das Konzept Gender hat keinen Eingang in die Sprache gefunden. Wenn das Englische »gender« benutzt wird, dann, um zu zeigen, wie fremd dieser Begriff aus dem italienischen Kontext heraussticht, wie wenig er passt. Erst als sich das Syntagma der »Gender-Ideologie« nach dem französischen Vorbild plötzlich im Land zu verbreiten begann, wurde der Gender-Begriff überhaupt im öffentlichen Diskurs benutzt: als Symbol für das Abnorme und Antinationale, das abgewehrt werden muss.[275]

Wie in Frankreich ist es in Italien auch die performative Umsetzung, die die Anti-Gender-Mobilisierung zu einem Erfolg macht. Die Wächter organisierten im Oktober 2015 ihre koordinierten Mahnwachen in hundert verschiedenen

Städten vor allem im Nordosten Italiens, wo rechtsextreme Parteien enge Beziehungen in die lokalen Behörden hinein pflegen. Für ihre Performances mischen sie Stilelemente aus anderen Formen der Einnahme des öffentlichen Raums: Flashmobs, Massengebete und Militärparaden. Das zur Schau gestellte Lesen in Büchern soll vermitteln, dass die Wächter eine »dauerhafte Bildung« einführen wollen, »frei von kulturellen Manipulationen«. Ihr Anliegen inszenieren sie als einen Freiheitskampf gegen die »Kolonisierung des Gewissens«, als Verteidigung »der Schwachen«, wie zum Beispiel Kinder. Das Stehen auf öffentlichen Plätzen soll der Bewegung den Anschein verleihen, sie leiste als Opposition Widerstand gegen ein totalitäres Regime. Die Stille soll die Einschränkung ihrer Redefreiheit symbolisieren. Diese Strategie, um sich selbst ins Recht zu setzen, kennen wir bereits von anderen reaktionären autoritären Akteuren wie zum Beispiel Maskulinisten: Wer unterdrückt ist und wer herrscht, dieses Verhältnis wird kurzerhand umgekehrt. Die tatsächlichen Opfer repressiver Normen, in denen politische Minderheiten wie Frauen oder LGBTQ-Personen als inferior gedacht sind, werden zu mächtigen Lobbygruppen, die angeblich internationale Institutionen übernommen haben, um einen »totalitären Konformismus« durchzusetzen und Gegenmeinungen zum Schweigen zu bringen. »Gayropa« oder »Gaystapo« sind Ausdrücke, die das belegen sollen. Um ihre Sichtweise deutlich zu machen, lesen die Wächter in dystopischen Werken über totalitäre Diktaturen wie George Orwells *1984*. Aus der vermeintlich unterdrückten Position versuchen sie ihre autoritäre Doktrin zu legitimieren. In Italien geht das Kalkül auf: Bei ihren Aktionen werden die Wächter von der Polizei geschützt, während Gegendemonstranten harsch abgewehrt werden, als seien sie die Aggressoren. Die italienischen Wächter sind dabei derart erfolgreich, dass der französische Vorgänger sich selbst ein Beispiel an ihnen nahm und sich von Les Veilleurs in Sentinelles (beides bedeutet »Wächter«) umtaufte, um am Ruhm des italienischen Ablegers teilzuhaben. Mit ihrer Corporate Identity sind die Wächter zur transnationalen Marke geworden.[276]

4. Follow the Money: Wie transnationale Bewegungen aufgebaut werden

Der Aktivismus in Europa hat sich ausgezahlt, das Programm der »Anti-Genderisten« wird zunehmend in konkrete Politik übersetzt. Auch im Europäischen Parlament macht sich der neue autoritäre Geist bemerkbar. Hier hat sich die Zahl der Abgeordneten, die reproduktive Rechte von Frauen, Gleichheit zwischen den Geschlechtern, Sexualkundeunterricht, Ehe für alle und die Istanbul-Konvention ablehnen, von einer Legislatur auf die nächste verdoppelt: bei der letzten Wahl im Jahr 2019 auf 30 Prozent.[277] In Italien war eine Partei bei der Europawahl besonders erfolgreich: Matteo Salvinis Lega. Sie konnte ihr Ergebnis mit fast 35 Prozent der Wählerstimmen sogar mehr als verfünffachen, 2014 war sie noch auf 6 Prozent gekommen. Bis vor wenigen Jahren war die Lega eine rechtsextreme Regionalpartei, die Lega Nord hieß, weil eine ihrer Forderungen die Unabhängigkeit des reichen italienischen Nordens vom armen Süden war und sie in keinem anderen Teil Italiens antrat oder Chancen gehabt hätte. Erst seit 2018 heißt sie nicht mehr Lega Nord, seitdem wird sie in ganz Italien gewählt. Lega-Chef Salvini wurde Innenminister und innerhalb kürzester Zeit zum prominentesten Politiker Italiens. Er wurde bereits als nächster Regierungschef gehandelt, wäre die von der Lega im Sommer 2019 entfachte Regierungskrise nicht so fatal nach hinten losgegangen.

Italien ist ein gutes Beispiel dafür, wie eine einst marginale Regionalpartei plötzlich zu einer einflussreichen nationalistischen Bewegung in Europa aufsteigt. In einer langjährigen investigativen Recherche haben Journalistinnen der Zeitschrift

New York Review of Books (NYRB) und der Internetplattform OpenDemocracy gemeinsam Schwarzgeldkanäle aufgedeckt, die einen solchen Aufstieg möglich machen. Sie haben die Netzwerke untersucht, die hinter dem rasanten Wachstum rechtsextremer und nationalistischer Parteien in ganz Europa stehen.[278] Die Nachforschungen haben Erstaunliches ans Licht gebracht: Die einflussreichsten religiös konservativen Gruppierungen in den USA haben im letzten Jahrzehnt sehr viel Geld aufgewendet, um in Europa Kampagnen und Lobbyarbeit zu finanzieren. Mindestens fünfzig Millionen Dollar Schwarzgeld hat das Investigativteam zurückverfolgen können. Wahrscheinlich handelt es sich dabei nur um die Spitze des Eisbergs. Von insgesamt zwölf untersuchten christlich-fundamentalistischen rechten Organisationen war die größte Spenderin die Billy Graham Evangelistic Association mit zwanzig Millionen Dollar zwischen 2008 und 2014. Das Geld ist an »Armeen« ultrakonservativer Anwälte und Lobbyistinnen geflossen, die in Brüssel EU-Beamtinnen beeinflussen, Gesetze gegen Diskriminierung und Hassrede vor europäischen Gerichten anfechten und groß angelegte Kampagnen für »Familienwerte« durchführen sollen. Dazu gehören Projekte wie zum Beispiel »Krisenschwangerschaftszentren«. Sie sollen Frauen von Schwangerschaftsabbrüchen und Verhütung abhalten. Es gibt ein weltweites Netz solcher Zentren, in Europa finden sich die meisten davon in Italien.

Die investigativen Journalistinnen und Politologen von NYRB und OpenDemocracy beobachten die Aktivitäten der nationalistischen Bewegungen in Europa seit 2016, von der Brexit-Kampagne über Orbáns autokratischen Umbau des ungarischen Staates bis hin zu grenzüberschreitenden Netzwerken, die Minderheitenrechte angreifen. »Die Strategien beginnen immer damit, Wahlen, Gerichte, Bildungs- und Gesundheitssysteme sowie politische Entscheidungsträger und die öffentliche Meinung zu beeinflussen. Sie enden mit der Machtergreifung«, so fassen Journalisten das Vorgehen zusammen.[279] Dafür wird viel Geld aufgewendet, für Vernetzungsarbeit, die gleichzeitig in die Breite und in die Tiefe geht. Auf der untersten, individuellen Ebene der Gesellschaft wird Stimmung gemacht für die autoritäre Agenda, indem beispielsweise ganz persönliche Lebensentscheidungen in Anlaufstellen beeinflusst werden. In der Mitte der Gesellschaft wird die Öffentlichkeit durch gezielte Lobbyarbeit beeinflusst, auf mediale Diskurse und Debatten wird eingewirkt, Anwältinnen und Berater werden auf Missstände im Sinne der autoritären Doktrin angesetzt, Prozesse angestrebt und zivilgesellschaftliche Allianzen geschmiedet. Auf der höchsten Ebene werden die Allianzen mit den politischen Kreisen und Entscheidungsträgerinnen verbunden, Politik wird beeinflusst und eigene Kandidaten für die politische Arena werden aufgebaut. Die Sammlungsbewegung agiert auch räumlich auf allen Ebenen, von der kleinen regionalen über die nationale bis hin zur kontinentalen Ebene.

In den USA reicht das Netzwerk bis ins Weiße Haus. So gehört etwa die Familie von Trumps Bildungsministerin Betsy DeVos zu den Millionenspendern der untersuchten christlich-rechten Vereine. Trumps persönlicher Anwalt Jay Sekulow berät eine der Gruppen, die zwischen 2008 und 2017 über zwölf Millionen Dollar nach Europa schleuste. Außerdem taucht ein Name im Zusammenhang mit obskuren Geldflüssen immer wieder auf: Stephen Bannon, Trumps ehemaliger Chefstratege. Bannon treibt seit Jahren den rechtskonservativ autoritären Backlash in Europa voran, vor allem mit der ihm nahestehenden Denkfabrik Dignitatis Humanae Institute mit Sitz in Rom. Der Thinktank unterstützt den Rollback von Frauen- und Minderheitenrechten, außerdem wird ihm vorgeworfen, antisemitisches und antiislamisches Gedankengut zu verbreiten. Mit Dignitatis sorgte Bannon schon für einige Schlagzeilen, zum Beispiel mit dem Plan, ein altes Kloster in der Nähe von Rom zu pachten, um dort eine neue Generation autoritärer Politiker nach dem Vorbild von Salvini, Orbán oder Le Pen heranzuzüchten. »Lasst uns eine Akademie aufbauen, in der die besten Köpfe zusammenkommen, um auszubilden, was wir moderne Gladiatoren nennen«, so zitiert die NYRB Steve Bannon.[280] Das Vorhaben scheiterte unter anderem am Widerstand der lokalen Bevölkerung.

Trotz kleinerer Verhinderungserfolge sind Rechtsautoritäre erfolgreich wie nie in der EU. »Dies ist ein erstes Anzeichen für ein verändertes Europa«, gab sich Salvini kurz nach den Europawahlen auf einer Pressekonferenz in Mailand siegesgewiss. Mit einer für den Rechtsaußenpolitiker typischen dramatischen Geste küsste er seinen Rosenkranz und dankte dem »unbefleckten Herzen Marias«, wie er von der NYRB zitiert wird. Zum Erfolgsrezept gerade in Staaten wie Italien gehört, dass auf die Wirtschaft kein Verlass und die Arbeitslosigkeit besonders unter jungen Leuten hoch ist. Es gibt kein ausgeprägtes Sozialsystem, »der einzige Sozialstaat, der in Italien seit je funktioniert, ist die Familie«, ist die Weisheit, die etwa auf dem ultrakonservativen Weltfamilienkongress 2019 in Verona verbreitet wurde. Deshalb verfängt eine Rhetorik gegen den Sozialstaat und das Rekurrieren auf die starke Familie in Italien besonders gut. Denn so können Politiker wie Salvini auf die »leeren Krippen Europas« als Ursache für die wirtschaftliche Misere verweisen und dies wiederum darauf schieben, dass »die natürliche Familie« – Vater, Mutter, viele Kinder – in Bedrängnis sei. Daher müssten die Rechte von Frauen und LGBTQ-Personen beschnitten werden, will man das traditionelle Wirtschaftssystem wieder zum

Laufen bringen, so die Logik der ultrakonservativen Argumentation.

Bei Foren wie dem Weltfamilienkongress finden wichtige Vernetzungsaktivitäten statt. Das Publikum besteht aus christlichen Konservativen und Abtreibungsgegnern aus den USA, Mitgliedern der russischen Regierung und der orthodoxen Kirche sowie Vertretern verschiedener rechtsextremer Parteien aus Europa. Der Weltfamilienkongress ist ein Exportschlager aus den USA, ursprünglich initiiert von der dortigen religiösen Rechten, doch seit mehr als einem Jahrzehnt findet er jährlich als globales Format statt und bietet ultrakonservativen Vertretern aus der ganzen Welt ein Forum. In Budapest eröffnete Viktor Orbán 2017 den Kongress, in Verona zwei Jahre später sprachen unter anderem Salvini von der Lega und Maximilian Krah von der AfD. In den USA wird der Weltfamilienkongress vom Southern Poverty Law Center SPLC als Hassgruppe gelistet, auch wegen der zunehmenden Vernetzung mit der extremen Rechten. Dieselben Diffamierungen von LGBTQ-Personen – etwa dass Homosexualität gefährlich sei, weil sie zu Pädophilie führe – würden dort verbreitet, wie sie von weißen Suprematisten und anderen Rechtsradikalen über Muslime, Schwarze oder Migranten als Gefahren für die Gesellschaft propagiert würden.[281]

Einer der wichtigen Sprecher in Verona war Ignacio Arsuaga, der Gründer und Präsident der rechtskonservativen Stiftung CitizenGo, in deren Vorstand sowohl US-amerikanische als auch russische Ultrakonservative sitzen. Sie wurde 2013 in Madrid gegründet, nachdem der Weltfamilienkongress in Spanien stattgefunden hatte, als konservative Gegenplattform zu progressiven Onlinekampagnenprojekten wie Avaaz oder Change.org. Die weltweiten Onlinepetitionen, die man bei CitizenGo unterschreiben kann, richten sich gegen die Ehe für alle, Sexualkundeunterricht oder Abtreibungen. Die Lobbyarbeit geht weit über Onlineaktionen hinaus, so fahren zum Beispiel »Redefreiheits«-Busse auf der ganzen Welt durch große Städte und machen Stimmung gegen LGBTQ-Rechte oder »Feminazis«. Arsuagas Rhetorik gleicht der anderer »Anti-Genderisten« in Europa. Bei dem Kongress spricht er vom Kampf gegen »die Erben der Kulturmarxisten, radikalen Feministinnen und LGBTQ-Totalitären«, erklärt ihnen den »Kulturkrieg«, der ein »globaler Krieg« sei, und fordert seine Mitstreiter dazu auf, sowohl die direkten Wege zur Macht zu beschreiten über Parteien und gewählte Vertreter als auch die indirekten Wege, indem »wir ihre Regierungen kontrollieren, dann kontrollieren wir auch sie«, so wird es protokolliert.[282]

CitizenGo ist ein weiteres Beispiel dafür, wie mit viel Geld, dem Austausch von Strategien und koordinierter Lobbyarbeit in kurzer Zeit große politische Erfolge erreicht werden sollen. Die Stiftung hatte sich zum Ziel gesetzt, mit ihrer Kampagnenarbeit bei der Europawahl 2019 eine einflussreiche Rolle zu spielen, und Abgeordnete des rechten Spektrums zu unterstützen. Auch mit dubiosen Methoden, wie Arsuaga einem Undercoverreporter der NYRB verriet. Demnach sollten sogenannte Attack Ads, also Schmierenkampagnen in den sozialen Medien, dafür genutzt werden, politische Gegner der rechtsradikalen Vox-Partei bei der Parlamentswahl in Spanien im April 2019 persönlich anzugreifen, um die Position der Partei für die Europawahl einen Monat später zu stärken. Tatsächlich hatte die Vox-Partei die politische Bühne relativ unvermittelt betreten in einem Land, in dem traditionell eher linkspopulistische Parteien stark sind. Aufmerksamkeit und Zulauf hatte Vox mit der Forderung erlangt, ein Gesetz gegen sexuelle Gewalt gegen Frauen wieder abzuschaffen.

Beim Weltfamilienkongress sprach einer der Undercoverreporter mit einem Experten für Fundraising und Technologie, der sein Know-how CitizenGo zur Verfügung stellt. Darian Rafie ist erfahrener amerikanischer Wahlkampfmanager, der bereits die Medienkanäle der Republikaner und der Tea-Party-Bewegung bespielte und auch bei Trumps Wahlkampf 2016 geholfen haben soll. Besonders stolz gab sich Rafie dem Reporter zufolge auf seine Technologie des Geofencing, mit der persönliche Daten von Mobiltelefonen potenzieller Wählerinnen und Wähler abgegriffen werden, wenn diese sich in bestimmten Gegenden aufhalten, zum Beispiel bei Wahlkampfveranstaltungen. Mit solchen Daten lassen sich Personen gezielt mit personalisierten Ads versorgen, die ihre Willensbildung manipulieren sollen.

Indem CitizenGo rechtsradikale Parteien mit Geld und Know-how unterstützt, hat die Organisation eine Rolle in Europa übernommen, wie sie sonst von großen international agierenden rechtskonservativen Akteuren des »Kulturkampfs« mit ihren globalen Kampagnen bekannt ist. Zum Beispiel versuchten amerikanische Alt-Right-Aktivisten Wähler beim historischen Abtreibungsreferendum 2018 in Irland mit Social-Media-Propaganda zu beeinflussen, wie OpenDemocracy dokumentierte. Sie durften Geld für Kampagnen spenden und politische Werbeanzeigen bei Facebook und Co. schalten und sich so von außen in eine nationale Abstimmung einmischen. Offenbar gibt es in der Zusammenarbeit zwischen amerikanischen Ultrakonservativen und europäischen Rechtsradikalen auch Versuche, Wahlen und Abstimmungen nicht nur zu beeinflussen, sondern zu fälschen. So verzeichnete etwa die britische NGO für Menschenrechte Unhack Democracy einen groß angelegten Wahlbetrug durch Orbáns Fidesz-Partei bei den Parlamentswahlen 2018 in Ungarn: Stimmen wurden gekauft, Wähler eingeschüchtert, Stimmzettel verschwanden, bei der Briefwahl wurde manipuliert und die Wahlsoftware wies Fehler auf.[283] Orbán erlangte mit seinen Nationalkonservativen einen deutlichen Wahlsieg und im Bündnis mit der Christlich-Demokratischen Volkspartei eine Zweidrittelmehrheit im Parlament, die den autokratischen Staatsumbau noch schneller ermöglicht.

Die Ergebnisse der Investigativrecherche über das Ausmaß von Geldflüssen und Einflussnahmen regressiver Gruppierungen in Europa schockierten Grundrechtsanwältinnen und Abgeordnete des Europäischen Parlaments kurz vor den Europawahlen 2019 quer durch alle Parteien, mit Ausnahme der rechtsaußen stehenden. Welche Rolle die religiöse Rechte aus den USA in Europa spielt, ist ein ganz neues Thema für die EU. Andere Teile der Welt machen diese Erfahrungen schon länger, wie Studien zeigen. So haben einige der genannten rechtsreligiösen Gruppen bereits vor einem Jahrzehnt erfolgreiche Kampagnen zur Kriminalisierung von Homosexualität in Afrika oder für drakonische Strafen bei Abtreibungen in Lateinamerika geführt. Ein Beispiel, das international für Empörung sorgte, ist das »Kill the Gays«-Gesetz, das die Regierung in Uganda nach jahrelanger Lobbyarbeit durch amerikanische Evangelikale 2013 verabschiedete. Die Todesstrafe für Homosexuelle wurde dann in lebenslange Freiheitsstrafe umgewandelt und kurze Zeit später vom Verfassungsgericht ganz gekippt, doch Angriffe von Privatpersonen auf LGBTQ-Personen sind seitdem exponentiell gestiegen. 2019 wurde die Todesstrafe für Homosexuelle in Uganda erneut diskutiert.[284]

5. Durch hegemoniale Männlichkeit an die Macht

Mit »traditionellen Werten« und der Naturalisierung von Geschlecht lassen sich viele Interessen durchsetzen, die Rechte und religiöse Fundamentalisten weltweit vertreten. Und nicht nur im engen Feld der Geschlechterpolitik, sondern weit darüber hinaus. Vor allem lässt sich eine politische Agenda vorantreiben, die mit Nationalismus und der Verteidigung nationaler Souveränität verbunden ist.

Wie das funktioniert, zeigt das Beispiel Kolumbien eindrücklich. Ein historisches Friedensabkommen der Regierung mit den linken Farc-Rebellen, das über Jahre verhandelt worden war und 2016 mehr als einem halben Jahrhundert Bürgerkrieg ein Ende gesetzt hätte – und dem damaligen Präsidenten Juan Manuel Santos den Friedensnobelpreis einbrachte –, wurde im letzten Moment verhindert. Die Gegner des Friedens, politisch verbunden mit der damals oppositionellen Centro Democrático des Ex-Präsidenten Álvaro Uribe, knüpften ein Referendum über das Abkommen an die Frage, ob die »Gender-Ideologie« zur offiziellen Politik werden solle – ungeachtet des Umstands, dass das überhaupt nicht zur Debatte stand.[285] Sie machten sich die starke Polarisierung der Bevölkerung über die »Grundwerte« des Landes zunutze und lösten eine »Gender-Panik« aus. Bereits im Jahr zuvor waren christliche Fundamentalisten gegen die »Gender-Ideologie« auf die Straße gegangen, als die lesbische Bildungsministerin Gina Parody eine Broschüre für Schulen über Diskriminierung aufgrund sexueller Orientierung herausgeben wollte. Der dreihundertseitige Friedensvertrag war angreifbar, weil er einige Absätze über die Gleichheit zwischen den Geschlechtern enthielt, nachdem Frauenopfergruppen gefordert hatten, an den Friedensverhandlungen beteiligt zu werden.[286] Es ging darin allerdings um Gender-Gerechtigkeit bei der Wiedergutmachung und nicht um sexuelle Orientierung oder Identität. Dennoch: Als sich abzeichnete, dass das Referendum deutlich zugunsten des Friedensprozesses ausgehen könnte,[287] wurden die Forderungen im Friedensvertrag als Manipulationsversuche der »Gay-Lobby« diffamiert und die Abstimmung über den Frieden als Entscheidung über Gender und Grundwerte vermarktet.[288] Die Gegner setzten sich mit knapper Mehrheit durch.

Etwas Ähnliches ließ sich Anfang 2020 bei den vorgezogenen Parlamentswahlen in Peru beobachten. Dort sitzt seit Januar eine bizarre christlich-fundamentalistische Sekte im Parlament, mit der niemand gerechnet hatte. Los Israelitas galten vielen als exzentrische Fanatiker. Ihre Anhänger kleiden sich in fließenden biblischen Gewändern wie aus dem Alten Testament, die Männer mit langen Bärten und Haaren, die Frauen mit langen Schleiern und Roben. Gegründet hatte die messianische Sekte Ezequiel Ataucusi 1968. Er selbst nannte sich »Jesus des Westens«. Vor seiner Erleuchtung hatte er als Bauarbeiter und Schuhmacher gearbeitet. Gegen ihn wurde wegen sexuellen Missbrauchs minderjähriger Mädchen und wegen Mordes ermittelt. Mehrmals kandidierte er erfolglos bei Präsidentschaftswahlen.

Nach seinem Tod im Jahr 2000 wurde er in einem gläsernen Sarg mit Krone auf dem Kopf aufgebahrt, weil er seinen Anhängern geschworen hatte, wiederaufzuerstehen (die Erfüllung dieses Versprechens steht noch aus). Zwanzig Jahre später zog die Sekte im politischen Bündnis mit der Landwirtschaftlichen Volksfront Perus und anderen christlichen Fundamentalisten als eine der stärksten Kräfte ins peruanische Parlament. Ihren Wahlkampf hatte die Sekte ganz auf die Themen LGBTQ-Rechte und Gender-Gleichheit ausgerichtet. Homosexuelle würden »das Böse in ihrem Herzen und Blut tragen«, lautete die Botschaft der Sekte, die ihr zum unerwarteten Erfolg verhalf.[289]

Das Konzept »Gender-Ideologie« ist zum globalen Diskurs geworden, der heute die internationale Rechte mit christlichen Fundamentalisten und Konservativen verbindet. Dieses breite Bündnis verhalf auch Donald Trump 2016 ins Präsidentenamt. Seine Positionen zur »Gender-Ideologie« – in der ganzen Breite der Bedeutungsvielfalt, von Gleichheitsrechten für Frauen über Minderheitenrechte bis hin zum Verbot misogyner, homophober oder rassistischer Diskriminierung – machten ihn für sie wählbar und anschlussfähig. Auch der brasilianische Präsident Jair Bolsonaro ließ bei einem Besuch im Weißen Haus 2019 keinen Zweifel an der geteilten Grundhaltung in Sachen »Gender-Ideologie« aufkommen, als er erklärte: »Brasilien und die USA stehen Seite an Seite für traditionelle Familienentwürfe und Gott und gegen die Gender-Ideologie der politisch Korrekten.«[290] Mit dieser scheinbar unscheinbaren Randbemerkung konnte Bolsonaro den wirkmächtigen Diskurs und die globale politische Vernetzung aufrufen und an die weltweite Bewegung anschließen. So mobilisieren rechtspopulistische Demagogen die Massen. Bolsonaro konnte sich dabei auf die Unterstützung der privilegierten weißen Evangelikalen in Brasilien verlassen.

Die brasilianischen Evangelikalen bekamen dafür etwas zurück: Als er im Januar 2019 sein Amt als Präsident antrat, besetzte Bolsonaro vier der zweiundzwanzig Ressorts seines Kabinetts mit Evangelikalen, darunter zwei religiöse Führungsfiguren. Das Kabinett Bolsonaro ist eines der männlichsten der demokratischen Welt, nur zwei Ministerposten gingen an Frauen. Bolsonaro wurde bereits vor seiner Präsidentschaft als der »frauenfeindlichste gewählte Funktionär der demokratischen Welt« bezeichnet.[291] Das Militär, dem Bolsonaro anhängt, regiert ebenfalls mit, acht Ministerien sind in Händen von Angehörigen der Streitkräfte.[292]

Die einzigen weiblichen Kabinettsmitglieder sind die Landwirtschaftsministerin Tereza Cristina Dias und die Ministerin für Frauen, Familie und Menschenrechte Damares Alves, eine evangelikale Pastorin. Diese sorgt immer wieder für Schlagzeilen mit Aussagen wie: »Achtung, Achtung. Es gibt eine neue Ära in Brasilien: Die Jungs ziehen sich blau an, die Mädchen rosa«, »Frauen müssen dem Mann in der Ehe unterworfen sein. In der Ehe ist der Mann der Führer« oder: »Mädchen in der Amazonasregion werden Opfer sexuellen Missbrauchs, weil sie keine Unterwäsche tragen, weil sie arm sind und sich deshalb keine Schlüpfer leisten können.«[293] Alves ist Abtreibungsgegnerin und hat der »Gender-Ideologie« sowie der »Diktatur einer linken Minderheit in den Medien, den Universitäten und Nichtregierungsorganisationen« den Kampf angesagt.

Damit vertritt die Ministerin genau die Linie, die der Präsident vorgibt. Bolsonaro selbst hat mit misogynen Aussagen für sich geworben. Über die Abgeordnete Maria do Rosário sagte er im Februar 2015: »Sie verdient es nicht vergewaltigt zu werden, weil sie sehr hässlich ist. Sie ist nicht mein Typ. Ich würde sie nie vergewaltigen«, wofür er zu einer Geldstrafe verurteilt wurde. Bereits 2003 hatte er mit denselben Worten dieselbe Abgeordnete beleidigt: Er würde sie nicht vergewaltigen, »weil sie es nicht verdient«.[294] Über die Geburt seiner einzigen Tochter sagt der fünffache Vater, sie sei das Resultat eines »kleinen Schwächeanfalls«.[295] Die Regierung misst den in Brasilien dringenden Themen wie Gesundheit oder wirtschaftliche Sicherheit von Frauen oder Gleichberechtigung keinerlei Priorität bei. Gerade der Schutz von

Frauen vor häuslicher Gewalt wird vernachlässigt. Besonders drastisch zeigte sich dies in der ersten Woche der Coronapandemie, in der eine Quarantäne im Bundesstaat Rio de Janeiro verhängt wurde: Häusliche Gewalt stieg dort um fünfzig Prozent.[296]

Eine Analyse der Wählerschaft zeigt, für wen Bolsonaro Politik macht, wessen Interessen er schützt und welche Privilegien und Vorrechte er verteidigt. Zustimmung erhält er deutlich mehr von Männern als von Frauen, mehr von Menschen über sechzig Jahre als von jüngeren, mehr von den Reichen als von Armen und mehr von denen, die sich als Weiße bezeichnen, als von denen, die sich als Nichtweiße verstehen.[297]

Jair Bolsonaro war von Beginn an der Kandidat der fundamentalistischen Rechten gewesen, Donald Trump wurde es erst. Sechs Wochen vor der Präsidentschaftswahl im Herbst 2016 traf sich der Überraschungskandidat der Republikaner im Trump Tower mit Führungspersönlichkeiten der religiösen Rechten, um über das Thema Geschlechtsumwandlung zu sprechen. Doch eigentlich ging es bei dem Treffen um viel mehr. Trump wollte den weißen Evangelikalen weitreichende Zugeständnisse anbieten, um sich ihre Unterstützung zu sichern. So schilderte es die Zeitschrift *Rolling Stone* später, der ein Mitschnitt von dem Treffen zugespielt wurde. Trump wusste, dass ein Kandidat der Republikaner ohne die evangelikale Wählergunst keine Chance auf das Präsidentenamt haben würde, denn sie machen rund ein Viertel der amerikanischen Bevölkerung aus, achtzig Millionen Menschen. Sechzig Prozent von ihnen wählen, und mehr als drei Viertel der weißen Evangelikalen geben ihre Stimme den Republikanern, weil sie mit der Haltung der Partei zu Abtreibungen, zur gleichgeschlechtlichen Ehe und zu Rechten für sexuelle Minderheiten übereinstimmen. Auf den ersten Blick mag Trump mit seiner narzisstischen Persönlichkeit, seinen Affären, drei Ehen und der materialistischen Lebensweise nicht der christliche Wunschkandidat für »traditionelle Werte« gewesen sein. Doch das änderte sich schnell.

Trump machte bei dem Treffen Versprechungen, wie sie kein Präsident aus den Reihen der Republikaner gemacht hatte: die Übernahme kostenlos verfügbarer Verhütungsmittel durch die Krankenkasse zu streichen, ausschließlich Abtreibungsgegner zu Richtern am Obersten Gerichtshof zu ernennen, Transgender von der Benutzung der »falschen« Toiletten und Umkleiden abzuhalten, christliche Privatschulen zu fördern, auch wenn sie Schwarze und andere Minderheiten diskriminierten, und noch viele weitere Zusagen. »Wenn es einen Kulturkampf in den USA gibt«, soll Trump gesagt haben, »dann sind nicht die Konservativen die Aggressoren – die Liberalen [*liberals*] sind es, die uns ihre liberalen Werte aufzwingen wollen.« Trump versprach, der »liberalen Unterdrückung« ein Ende zu setzen.[298] Damit überzeugte er die christliche Rechte. Nach Einschätzung des *Rolling Stone* war dies keineswegs der Tatsache geschuldet, dass die spirituellen Führer Trump für einen wahren Gläubigen gehalten hätten. Vielmehr war es dem Umstand zu verdanken, dass sie in Trump den starken Mann sahen, einen, der für ihre Anliegen erbittert kämpfen würde. Sie glaubten, dieser Präsidentschaftskandidat sei ein Gesandter Gottes, ein Instrument, das selbst nicht moralisch sein und christliche Werte verkörpern müsse, um diese effektiv zu verteidigen. Für den Geistlichen Robert Jeffress von der Megakirche First Baptist Dallas mit 14 000 Gemeindemitgliedern war klar: »Diese Wahl ist kein Kampf zwischen Republikanern und Demokraten. Sie ist ein Kampf zwischen Gut und Böse, Licht und Finsternis, Recht und Unrecht.« Nach der Wahl im November 2016 sagte Jeffress dem *Rolling Stone*: »Niemals, niemals zuvor hatten Evangelikale Zugang zu einem Präsidenten wie heute unter Präsident Trump.«

Der Erfolg des Treffens war durchschlagend, für beide Seiten: Hatten bei den Vorwahlen keine vierzig Prozent der weißen Evangelikalen für Trump gestimmt, waren es jetzt mehr als doppelt so viele, mehr sogar, als George W. Bush auf sich hatte vereinigen können. Als Präsident machte sich Trump an die Umsetzung seiner Versprechen. Er nominierte die Konservativen Neil Gorsuch und Brett Kavanaugh für den Obersten Gerichtshof, versagte Transgender den Zugang zum Militär und Muslimen aus einer Reihe von Ländern die Einreise in die USA, kürzte die Mittel für die Organisation Planned Parenthood und schuf im Gesundheitsministerium eine Abteilung für »Gewissens- und Religionsfreiheit«. Für Gläubige, die auch davon überzeugt sind, dass die Anschläge vom 11. September die Rache Gottes für Abtreibungen gewesen seien oder Hurrikan Sandy die Strafe für die Homoehe, wie etwa der Fernsehprediger Pat Robertson behauptet, kam Trump wie ein Erretter daher. In evangelikalen Kreisen wird er mit dem biblischen König Kyros verglichen, der die Juden aus der babylonischen Gefangenschaft befreite, obwohl er selbst ein persischer Herrscher war. So behaupteten manche, Trump sei Gottes »Abrissbirne für den Geist der politischen Korrektheit«, andere wiederum, Gott nutze ihn als »unvollkommenes Gefäß, um seine Pläne und Zwecke zu erfüllen«.[299]

Neben weißen Evangelikalen war die Alt-Right-Bewegung eine weitere wichtige Unterstützergruppe für Trump bei der Wahl 2016. Bei der Frage nach Frauenrechten und solchen von sexuellen Minderheiten dürften sich beide Lobbys einig sein: Frauen gehören ins Haus, dem Mann untergeordnet. Das Geschlecht ist von der Natur vorgegeben, »natürlich« ist ausschließlich Heterosexualität. Die Alt-Right unterstützte Trumps Präsidentschaftskandidatur von Beginn an, spätestens jedoch mit der Ernennung Steve Bannons zum Wahlkampfleiter, dessen Nachrichten- und Meinungswebsite Breitbart News sich zuvor zum Sprachrohr für die Alt-Right entwickelt hatte. Dort teilte Bannon Beiträge wie »Was wäre Ihnen lieber: Wenn Ihr Kind an Feminismus oder an Krebs leiden würde?«.[300] Nach Trumps Amtsantritt wurde Bannon als wichtigster Berater des Präsidenten Chefstratege im Weißen Haus und saß sogar im Nationalen Sicherheitsrat, bis er nach der für Mitglieder der Trump-Regierung nicht unüblichen Halbwertszeit von ein paar Monaten entlassen wurde.

Bei der Alt-Right steht der weiße »Ethnostaat« im Vordergrund, aus dem Muslime, Schwarze und Migrantinnen durch Abschiebung entfernt werden sollen. Ein weiterer wichtiger Aspekt der Ideologie ist die antifeministische Ausrichtung. Ihre Anhänger setzen sich für eine patriarchale Gesellschaft ein. Die Rolle der Frau solle darin bestehen, dass sie gesellschaftlich keine Rolle mehr spielt. Sie gehört nach Hause, zu den Kindern, an den Herd und ins Bett. Für die Alt-Right war Trump der richtige Kandidat, nicht trotz seiner sexuellen Eskapaden, sondern gerade wegen ihnen. Das ist ein wichtiger Unterschied zur fundamentalistischen Rechten, die immer wieder nach neuen Begründungen suchen musste, um Trumps Verhalten zu rechtfertigen. Die Alt-Right hingegen feierte Trump ganz offen für seinen zur Schau gestellten Sexismus, zum Beispiel als in der Endphase des Wahlkampfes mit Hillary Clinton eine Tonbandaufzeichnung aus dem Jahr 2005 auftauchte, auf der zu hören ist, wie sich Trump gegenüber dem Fernsehmoderator Billy Bush mit sexuellen Übergriffen gegen Frauen brüstet. Seine misogynen Tabubrüche erlaubten Trump den ideologischen Schulterschluss mit der Alt-Right. Bei der Bewegung brachte es Trump gehörigen Respekt ein, dass er ganz offen gegen jede »politische

Korrektheit« verstieß, Dinge sagte wie »grab 'em by the pussy« und dennoch das höchste Amt in den USA erreichen konnte, wie etwa Richard Spencer, eine wichtige Figur im Spektrum der Alt-Right, bewundernd äußerte.[301] Während der ersten Präsidentschaftsdebatte zwischen Clinton und Trump twitterte Spencer: »Frauen sollte es niemals erlaubt sein, Außenpolitik zu machen.«[302]

Die Alt-Right mobilisierte ganz gezielt in der Mannosphäre, um Anhänger für ihre Ideologie zu gewinnen und Stimmen für Trump zu sammeln. Die virtuelle Männergemeinschaft ist ein idealer Rekrutierungspool, wie sich bei der Präsidentschaftswahl 2016 in den USA herausstellte. »Treibstoff für die Revolution«, nannte der Alt-Right-Blogger Matt Forney die männlichen Rekruten. Für die Alt-Right sind Frauen seiner Meinung nach uninteressant, weil es sich dabei um eine politische Bewegung handelt, die per definitionem männlich dominiert sei, wie Forney bereits 2012 deutlich gemacht hatte:

> Die »Misogynie« der Alt-Right abzuschwächen würde der Bewegung ein paar mehr Mädchen einbringen, aber viel mehr Männer abschrecken. Letztlich sind junge Männer der Schlüssel zum Erfolg einer jeden sozialen Bewegung. [...] Frauen werden immer folgen, solange Männer führen. Sie erreichen zu wollen ist eine Übung in Sinnlosigkeit. Der Fokus der Alt-Right sollte auf der Rekrutierung junger Männer liegen, dem Treibstoff für die Revolution. [...] Versteht mich nicht falsch: Es ist ja nicht so, dass Frauen unerwünscht sind. Sondern eher, dass sie unwichtig sind.[303]

Das Kalkül ging auf, für die Alt-Right und für Trump. Was auch immer die komplexen Gründe und Gemütslagen gewesen sein mögen, die letztlich zu Trumps Sieg über Hillary Clinton führten, Tatsache ist, dass Trump mit einem frauenfeindlichen Wahlkampf und offen propagierter hegemonialer Männlichkeit Anhänger mobilisieren konnte. Dass es sich bei seinem politischen Gegner um die erste Frau handelte, die das mächtigste Amt der USA anstrebte, kam ihm dabei zupass.

Der Autor und Professor für Linguistik Jared Yates Sexton, der während des Präsidentschaftswahlkampfes für die *New York Times* über das Trump-Lager berichtete, hat beschrieben, wie Clinton aufgrund ihres Geschlechts diskreditiert wurde: Auf Wahlkampfveranstaltungen zirkulierten unter anderem frauenfeindliche Merchandisingartikel, zum Beispiel Anstecker mit der Aufschrift »Bitch«, Shirts mit Sprüchen wie »Clinton sucks, but not like Monica« (ein vulgäres Wortspiel, das sich im Deutschen nicht wiedergeben lässt; mit Monica ist Monica Lewinsky gemeint) oder mit einem Bild von Trump auf einem Motorrad in Bikerjacke mit Aufdruck hinten »If you can read this the bitch fell off« (Wenn du das hier lesen kannst, ist die Schlampe runtergefallen; gemeint war Clinton).[304] Sexton hörte, wie Trumps Anhänger über »politische Korrektheit« debattierten, die sie mit dem neuen weiblichen Wind assoziierten, und darüber, dass Frauen nicht mehr wüssten, wo ihr Platz sei. Außerdem äußerten sie Vergewaltigungs- und Mordfantasien über Clinton oder diskutierten die *pussification* des Landes. Trump-Anhänger beschimpften Clinton-Wähler als *faggots* (Schwuchteln) und drohten denjenigen, die gegen Trump protestierten, körperliche Gewalt an.[305]

Trump kritisierte Obamas Regierung als schwach, weil sie Foltermethoden wie Waterboarding abschaffte. »Folter funktioniert«, rief der Präsidentschaftskandidat seinen Anhängern auf einer Veranstaltung in South Carolina im Februar 2016 zu, »aber wir müssen noch viel härtere Methoden einführen.«[306] Außerdem bediente er die Kernthemen von hegemonialer und soldatischer Männlichkeit mit Forderungen nach einer stärkeren Armee, die nicht »nett« ist, sondern Kriege gewinnt, und nach dem uneingeschränkten Recht auf Schusswaffen für Privatpersonen.[307] Trump verstand es, den Zorn derjenigen, die in ihrer Männlichkeit verunsichert und zutiefst frustriert sind, zu spiegeln und zu kanalisieren, ihre Ansichten als seine eigenen wiederzugeben. Wenn sich der Präsidentschaftskandidat bei seinen Wahlkampfauftritten in Rage redete und zu Äußerungen scheinbar hinreißen ließ wie: »Ich will diesem Demonstranten ins Gesicht schlagen«[308] oder »Teil des Problems ist, dass heute niemand mehr irgendwen verletzen will, wegen der politischen Korrektheit«,[309] dann handelte es sich dabei keineswegs um unbedachte Ausbrüche unkontrollierter Emotionen, sondern im Gegenteil: Trump setzte seine Gefühlsausbrüche berechnend ein, der Tabubruch war kalkuliert. Während Hillary Clinton und mit ihr viele politische Analysten die Unbedarftheit des Polit-Newcomers kritisierten, ohne das politische Kalkül zu durchschauen, mobilisierte Trump Anhänger.[310] Er gewann sie mit dem Versprechen, ihre Anliegen in Politik zu übersetzen, und konnte sich selbst als starken Mann inszenieren.

6. Biologismus als Angriff auf die Demokratie

Wie so viele rechtspopulistische Demagogen wusste Trump den Zorn der Verunsicherten politisch zu nutzen und für die eigene Popularität immer neu aufzupeitschen.[311] Mit dem Zorn hängt eine ebenfalls hegemonial männliche Eigenschaft zusammen, die sich politisch instrumentalisieren lässt, wenn man ihren Verlust beschwört: Kontrolle. Denn die Angst vor dem Kontrollverlust hat das Zeug, Massen zu mobilisieren. Rechtspopulistische Parteien leben davon, die »Krise der Souveränität«[312] in einer globalisierten Welt präsent zu halten und Bedrohungsszenarien zu entwerfen, in denen die staatliche, gesellschaftliche, wirtschaftliche Ordnung in Gefahr gerät oder schon im Chaos versunken ist, um dann zu versprechen, die einstige, die »natürliche« Ordnung der Dinge wiederherzustellen. Massenmigration, wirtschaftliche Transformationen oder die Verschiebung staatlicher Hoheitsrechte hin zu überstaatlichen politischen Institutionen wie der EU bilden den Rahmen für die jeweiligen Szenarien. Slogans wie »Take our country back« der Tea-Party-Bewegung oder »Take back control« der Brexit-Befürworter bündeln dieses Gefühl der entgleitenden Kontrolle und kanalisieren es. Die Slogans sollen vermitteln, es gäbe einfache Lösungen. Sie fordern zum politischen Handeln auf und suggerieren, man müsse nur aktiven Widerstand leisten und alles werde wieder, wie es war.

In Deutschland wurde im Jahr 2015 die Beschwörung eines Kontrollverlusts im Zusammenhang mit der »Flüchtlingskrise« zum Momentum für die AfD. Die ursprünglich als Anti-Euro-Bewegung gegründete Partei konnte dem Bedeutungsverlust entgehen, die »Krise« trieb ihr die Massen zu. Als Glücksfall und Geschenk bezeichnete Alexander Gauland daher die Ankunft syrischer Bürgerkriegsflüchtlinge für seine Partei: »Natürlich verdanken wir unseren Wiederaufstieg in erster Linie der Flüchtlingskrise«, sagte der damalige Vizebundessprecher der AfD gegenüber dem *Spiegel*.[313] Wie sehr dieser Kontrollverlust als gescheiterte Männlichkeit inszeniert wurde, zeigt ein kurzer Ausschnitt aus einer Rede, die Björn Höcke im Schicksalsjahr hielt: »Wir müssen unsere Männlichkeit wiederentdecken. Denn nur wenn wir unsere Männlichkeit wiederentdecken, werden wir mannhaft. Und nur wenn wir mannhaft werden, werden wir wehrhaft, und wir müssen wehrhaft werden, liebe Freunde!«, rief er seinen Mitstreitern bei einer Demonstration in Erfurt zu.[314] Später sollte er auch noch sagen, wodurch Deutschland und Europa bedroht werden, nämlich durch den Islam und »die Anderen« in Gestalt muslimischer Geflüchteter aus Syrien. Und wer dafür verantwortlich ist: Bundeskanzlerin Angela Merkel, eine Frau, die eine neue Form weiblicher Autorität performt und deshalb wie so viele Staats- und Regierungschefinnen ins Visier der Rechten geraten ist. Es ist der 18. November 2015 – weil Merkel die Grenzen geöffnet hat, gibt es islamistische Terroranschläge wie kurz zuvor in Paris, so lautet Höckes Botschaft. Dass er mit seiner Äußerung »Wir müssen unsere Männlichkeit wiederentdecken« auf offener Bühne eingesteht, dass seine Erkundungsreise in Sachen Geschlechteridentität bisher nicht von Erfolg gekrönt gewesen ist, geht im unironischen Jubel seiner Anhänger unter.

Warum aber bemüht Höcke den Männlichkeitsdiskurs, wenn es dem späteren Chef des »Flügels« doch eigentlich um muslimische Flüchtlinge geht? In der für Rechte üblichen Terminologie der Naturkatastrophen hätte er schließlich ebenso die »Horden« und »Ströme« evozieren können, um denselben Effekt zu erzielen. Der Männlichkeitsdiskurs ist aus mehreren Gründen von strategischem Vorteil: Wenn es um Männlichkeit und die »natürliche Ordnung« geht, dann fühlen sich viele Menschen ganz persönlich angesprochen, denn dann geht es um die eigene Familie, die als bedroht dargestellt wird und geschützt werden muss. Es wird nicht irgendein wenig anschauliches Staatengebilde beschworen, »die Nation«, die es zu verteidigen gilt. Sondern das eigene Zuhause, Frau und Kinder.

Wenn suggeriert wird, die Familie sei in Gefahr, weil das Familienoberhaupt durch »Unmännlichkeit« Angriffsfläche bietet, zielt der Diskurs auf persönliche Ängste ab. Die Gefährdungslage ist nicht abstrakt wie in der Behauptung, dass Deutschland im Jahr 2050 mehrheitlich muslimisch sein wird. Stattdessen wird sie ganz nah gebracht: Die eigene Familie wird schon jetzt bedroht durch muslimische Fremdlinge, die Frauen und Kinder vergewaltigen, weil ihre Kulturen deren Rechte nicht achten würden, weil ihre Religion es ihnen erlaube oder weil dies Teil einer perfiden Verschwörung gegen den Westen sei. Diese Bedrohungslage wird als selbst verschuldet skizziert.

Das Thema Männlichkeit kommt dabei auf unterschiedlichen Ebenen zum Tragen. Erstens sei diese Lage eingetreten, weil Linksliberalismus und Feminismus Grenzen und deren Verteidigung abgeschafft hätten. So konnten die fremden Männer in Europa einfallen, was selbst schon als Akt der Vergewaltigung, der Penetration des Bodens, dargestellt wird.

Zweitens sei der Feminismus außerdem dafür verantwortlich, dass Männer zur Verweichlichung erzogen worden seien, weshalb die gefährliche Lage nicht unter Kontrolle zu bringen sei, weil durch den Pazifismus heute niemand wisse, wie man als Soldat kämpfe. Die so evozierte Bedrohungslage mit mangelnder Männlichkeit in Verbindung zu bringen ist ein cleverer Schachzug, denn im Umkehrschluss heißt das, man ist der Gefahr nicht einfach ausgeliefert, sondern kann etwas gegen sie unternehmen. Man kann handeln und der »Verweichlichung« etwas entgegensetzen. Der Männlichkeitsdiskurs mobilisiert viele, indem er die Handlungsmacht von Männern anspricht und das Bedürfnis wachruft, aktiv zu werden, etwas zu tun, sich zu organisieren. Gegenwehr zu leisten wird als einfache Lösung für die »Krise« angeboten. Dass der Männlichkeitsdiskurs wirkt, bestätigen Extremfälle wie Balliet oder Rathjen. Beide haben Angehörigen oder Freunden gegenüber gesagt, dass irgendjemand doch etwas tun müsse, um den »Niedergang des weißen Mannes« zu verhindern. Dieser Niedergang wird von außen und von innen vorangetrieben, durch einfallende Horden und durch den gleichzeitigen Abbau von Gegenwehr, durch das freiwillige Preisgeben von Frauen und Kindern, dem intimen Kern und Heiligsten der Nation. »Ich bin fest davon überzeugt: Vor allem die Männer werden aufwachen und sich ihrer besonderen Verantwortung für das Ganze bewußt werden. Unsere Zukunft hängt auch an der Frage männlicher Ehre und Würde«, wird Björn Höcke in einem Band zitiert, der ein Gespräch zwischen ihm und dem Maler Sebastian Hennig dokumentiert. *»Sie binden das nationale Schicksal an die deutschen Männer?«*, wird er daraufhin gefragt.[315] Und weiter: *»Steckt nicht in den Frauen ohnehin eine Erwartungshaltung an die Männer, sie sollten das Sinken des Kahns nicht einfach passiv hinnehmen, sondern endlich aufstehen und das Ruder in die Hand nehmen?«* »Ja«, antwortet Höcke, »aber damit fühlen sich viele Männer heute überfordert, […] aufgrund ihres verkümmerten männlichen Selbstbewußtseins«.[316]

Beim Schutz der Familie und bei der klassischen Rollenaufteilung zwischen Mann und Frau sind rechtspopulistische Gesinnungen anschlussfähig, auch über das rechte Spektrum hinaus. Mit dem Thema lassen sich viele verschiedene Akteure aus der Mitte der Gesellschaft versammeln, wodurch sich Rechtspopulisten den Anschein von Bürgerlichkeit und ihren extremen Positionen den Anschein von Konsensfähigkeit verleihen können. Außerdem bekommt der Kontrollverlust mehr Bedeutung, seine Ursachen sind nicht bloß eine Krise, die vorübergeht. Sie liegen viel tiefer. Nicht die Geflüchteten sind schuld daran, dass Deutschland außer Kontrolle geraten ist – sie sind nur das Symptom –, sondern eine grundlegende Störung der Ordnung. Dass massenweise muslimische Männer in Deutschland einfallen konnten, wie die AfD das Ankommen von Bürgerkriegsflüchtlingen darstellte, wurde demnach nur möglich, weil bereits vorher etwas grundsätzlich aus dem Gleichgewicht geraten war, das nun alles ins Straucheln brachte, »unser Land angreifbar macht«, in Höckes Worten. Die »natürliche Ordnung« ist aus dem Gleichgewicht geraten, weil die »natürliche Hierarchie« zwischen den Geschlechtern angegriffen und durcheinandergebracht wurde. Geflüchtete kommen dann als Tropfen, der das Fass zum Überlaufen bringt. Als Beleg führt Höcke die Bundeskanzlerin an. Sie ist als Regierungschefin quasi die Spitze der »Dekadenz«, der Pervertierung des Systems, in dem Männer natürlicherweise herrschen und Frauen sich um die Familie kümmern.

Angst und imaginierter Kontrollverlust sind wirkmächtige Komponenten für die Mobilisierung. Es gibt aber noch mehr Gründe dafür, dass in rechtspopulistischen Diskursen Männlichkeit mit anderen Themen vermischt wird: Es geht darum, essentialistische Vorstellungen zu verbreiten und zu etablieren. Häufig sprechen oder schreiben AfD-Mitglieder scheinbar beiläufig über die Rollen von Männern und Frauen und wollen dann auf etwas anderes hinaus. Das Thema »Geschlechterverhältnisse« war bisher weniger aufgeladen, wenn man es mit Gesellschaftsdebatten über »Geflüchtete«

oder »Erinnerungspolitik« vergleicht. Rassismus oder Antisemitismus sind schon länger viel weniger akzeptiert als Frauenfeindlichkeit. Auch deshalb wirkt das Thema vergleichsweise harmlos und nebensächlich. Wenn rechtspopulistische Politiker sich in Reden oder Posts äußern, klingt es oftmals, als würden sie ihre Vorstellungen von Männlichkeit scheinbar unbedacht fallen lassen, wie für den Stammtisch. Doch genau diese Beiläufigkeit gehört zur Strategie: Auf diese Weise können Rechtspopulisten und Rechtsextreme ohne viel Aufsehen ihr biologistisches Konzept von Geschlecht im Mainstream etablieren, das dazu geeignet ist, den Diskurs auch bei anderen Themen weiter nach rechts zu verschieben. Denn die essentialistische Vorstellung von Männlichkeit und Weiblichkeit sowie von der Unabänderlichkeit der Geschlechterordnung bildet tatsächlich den argumentativen Kern der rechtsnationalen Ideologie, die sich so als kohärentes Weltbild an den Mann und an die Frau bringen lässt.

Wenn Höcke also ganz nebenbei von »echter« Männlichkeit spricht, dann meint er damit die hegemoniale Form von Maskulinität, die als einzige gültig sein soll. Beim Thema Geschlecht ist Höcke kein Hardliner, sondern ein durchschnittlicher Rechtspopulist. Er versteht Geschlecht wie die meisten »Anti-Genderisten« als etwas Naturgegebenes, die Unterschiede zwischen Männern und Frauen als wesensmäßig. Typische natürliche Eigenschaften seien »Wehrhaftigkeit, Weisheit und Führung beim Mann – Intuition, Sanftmut und Hingabe bei der Frau«.[317] Höcke macht die Politik dafür verantwortlich, dass »das innere Wesen der Geschlechter deformiert« würde.[318] Deshalb bestünden »deutsche Männer« heute »zu zehn Prozent aus verkrampften Machos und zu achtzig Prozent aus Weicheiern«, wegen »fehlender Vaterprägung, kaum männlichen Vorbildern, weiblich dominierten Kitas und Schulen, generell einer Antigewalt- und Antikörperlichkeitserziehung, Verzicht auf männliche Initiation«, kurz wegen dem, was der Katzenkrimi-Autor Akif Pirinçci *Die große Verschwulung* genannt habe. (Die restlichen zehn Prozent werden wahrscheinlich die letzten wahren Männer sein.)[319] Wenn wesenhafte Eigenschaften von Männern und Frauen existieren sowie naturgegebene Unterschiede zwischen ihnen, dann erscheinen andere Konzepte von Männlichkeit und Weiblichkeit als widernatürlich. Alle »biologischen« Männer, die nicht dem soldatischen Männlichkeitsideal entsprechen, sind dann eben »deformiert«, »verweichlicht«, »verschwult«.

Das biologistische Bild von naturgegebenem Geschlecht findet sich nicht nur beim rechtsextremen Flügel der AfD, sondern auch im Programm der Partei zur Bundestagswahl 2017, bei der immerhin über zwölf Prozent der wählenden Bevölkerung der AfD ihre Stimme gaben. Hier wird Geschlecht nicht nebenbei verhandelt, sondern ganz explizit. Besonders die »Gender-Ideologie« gilt es zu bekämpfen. Das Problem der AfD mit »Gender« ist, dass damit »naturgegebene Unterschiede zwischen den Geschlechtern« nivelliert und »geschlechtliche Identität in Frage« gestellt werden und Feministinnen so »die klassische Familie als Lebensmodell und Rollenbild abschaffen« wollen würden. Damit steht die »Gender-Ideologie«, so glaubt die AfD, in »klarem Widerspruch zum Grundgesetz, das die (klassisch verstandene) Ehe und Familie als staatstragendes Institut schützt, weil nur dieses das Staatsvolk als Träger der Souveränität hervorbringen kann«. Sie widerspreche »sowohl den wissenschaftlichen Erkenntnissen der Biologie und der Entwicklungspsychologie als auch der lebenspraktischen Alltagserfahrung vieler Generationen«. Deshalb lehnt die AfD es ab, Gleichstellung »durch Instrumente wie Gender-Studies, Quotenregelungen z. B. für Frauen, Propagandaaktionen wie den ›Equal Pay Day‹ oder die ›geschlechterneutrale Sprache‹ umzusetzen«. Geschlechterforscherinnen, die als Frauen *und* als Gender-Wissenschaftlerinnen doppelt betroffen sind, weisen seit Jahren darauf hin, wie wichtig der Gender-Diskurs, oder »Anti-Genderismus«, für die rechtspopulistische Argumentation und Mobilisierung ist.[320] Mit Verweis auf den antisemitischen Autor Wolfgang Gedeon spricht Höcke von »Menschenrechtsextremismus« und warnt vor einer »existenziellen Bedrohung der europäischen Völker und ihrer Kulturen« durch eine angebliche »Gleichschaltung«.[321] Wenn Migranten in Deutschland dieselben Rechte zugestanden würden wie Deutschen und Männer nicht mehr über Frauen herrschten, dann führe das zu ebendieser »existenziellen Bedrohung der europäischen Völker«, die Höcke und andere Rechtsextreme immer wieder beschwören. Damit beziehen sie sich mal versteckt, mal offen auf die Theorie vom »großen Austausch«, wie Migrationsbewegungen und demografische Entwicklungen etikettiert werden. Andere Begriffe für dieselbe Denkweise sind »Umvolkung«, »Volkstod« oder »Genozid an den Weißen«. Der Feminismus mit seinem Gleichheitswahn, so eine Variation der Verschwörungstheorie, ist demnach schuld daran, dass Frauen in westlichen Ländern keine Kinder mehr bekommen – während zugewanderte Familien aus muslimischen Kulturkreisen ganz viel Nachwuchs produzierten, weshalb im Jahr 2050 der Westen von einer muslimischen Mehrheitsbevölkerung bewohnt würde. Dahinter stehe ein geheimer Plan zum Austausch der weißen Mehrheitsbevölkerung, mit dem das »Weltjudentum«, wahlweise auch »die Globalisten«, »die Eliten«, »die Finanzwirtschaft«, die EU oder die UN, den »weißen Genozid« herbeiführen wollten. Den Mythos kann man bei den Neonazis der Neuen Rechten nachlesen, in den Vlogs der Identitären hören, er wird von der AfD genauso verbreitet wie von der Alt-Right und von Rechtsterroristen wie Breivik, Tarrant oder Balliet aufgenommen.

Der Vorläufer dieser Idee ist bekannt: In der von Verschwörungstheorien geprägten Vorstellungswelt der Nationalsozialisten barg die »Degeneration« von Männern und Frauen die große Gefahr, dass die »artgerechte« Volksgemeinschaft ausgelöscht wird, weil deutsche Frauen wegen der durch Juden fremdgesteuerten Emanzipation nicht mehr mit deutschen Männern Kinder produzieren und deutsche Männer nicht mehr den Mumm haben, sie dazu zu bewegen. Bereits um die Wende vom 19. zum 20. Jahrhundert wurden solche Verschwörungsmythen vom »Untergang des Abendlandes« vertreten.

7. Postergirls und Architektinnen

Frauen und rechte Parteien, das passte lange nicht zusammen. Warum sollten Frauen auch, wenn sie eine andere Wahl haben, sich für genau die Parteien einsetzen, die gegen ihre Interessen stehen und ihr Recht auf wirtschaftliche, sexuelle und reproduktive Selbstbestimmung beschneiden wollen? Viele Gründe hat die Wissenschaft für den »Rechtsaußen Gender Gap«, wie das Phänomen genannt wird, dass vor allem Männer rechtspopulistische Parteien wählen, gefunden:[322] Frauen arbeiten in anderen Berufsgruppen, seltener in den klassischen Arbeiterberufen und häufiger im Pflege- und Dienstleistungsbereich; ihr Bildungshintergrund ist ein anderer, ihre Sozialisation verläuft anders. Aus diesen Gründen hegen sie weniger autoritäre Einstellungen und haben ein geringer ausgeprägtes politisches Interesse.[323] Außerdem liegt die gesellschaftliche Rolle, die rechte Bewegungen Frauen zugestehen, naturgemäß nicht im Bereich der Politik oder der Arbeitswelt, sondern als Mutter und Hausfrau in den eigenen vier Wänden. Daher gibt es wenige weibliche Vorbilder und Identifikationsfiguren. Im frauenfeindlichen Klima rechter Parteien können sich Politikerinnen nur schwer behaupten. Dennoch gibt es sie dort an prominenten Stellen, was zunächst wie ein Widerspruch erscheinen mag.

Wie schlecht Frauen etwa bei der AfD aufgestellt sind, zeigt das Beispiel einer jungen Bundestagsabgeordneten, die eine der ersten Bundespolitikerinnen überhaupt für eine rechte Partei in Deutschland wurde. Kurz nachdem Corinna Miazga für die AfD in den Deutschen Bundestag eingezogen war, als eine von elf Frauen unter 94 Abgeordneten, kam es im Dezember 2017 zum ersten Eklat: Auf dem AfD-Parteitag enthüllte Miazga, dass der Parteikollege Petr Bystron, damals Chef des AfD-Landesverbandes Bayern, im Wahlkampf ihr gegenüber geäußert hatte, dass Frauen wie sie »eigentlich besser an einer Stange tanzen sollten«.[324] Sie tat dies in ihrer Bewerbungsrede für den Parteivorsitz und sagte, dieser herabwürdigende Kommentar habe sie überhaupt erst zu ihrer Kandidatur motiviert. Daraufhin ging ein Raunen durchs Publikum. Es galt jedoch weniger der sexistischen Äußerung, wie der Bundestagsabgeordneten im Nachhinein bestätigt wurde, als vielmehr der Tatsache, dass Miazga diese öffentlich gemacht hatte und so das Frauenproblem der AfD entblößte: Nur dreizehn Prozent der Mitglieder waren damals Frauen (bei der auch nicht unbedingt feministisch ausgerichteten CSU in Bayern über zwanzig), nur ein Drittel der Wähler ist weiblich. Miazgas offensives Vorgehen auf dem Parteitag brachte das schlechte Image der AfD in Bezug auf Frauen auf die politische Bühne.

Das, was die Politikwissenschaftlerin Terri Givens 2004 als »radical right gender gap« identifizierte, ist bei der AfD besonders ausgeprägt: Die deutsche rechtspopulistische Partei wies bei ihrem Einzug in den Bundestag eines der höchsten Geschlechtergefälle unter rechten Parteien in ganz Europa auf, zwei Drittel ihrer Wähler waren männlich. Die AfD fällt immer wieder mit sexistischen PR-Aktionen auf, die Frauen eher abschrecken. Wie zum Beispiel mit dem Plakat der Jungen Alternative zum Europawahlkampf, auf dem die Hinterteile von fünf jungen Frauen mit unterschiedlichen Haarfarben halbnackt in Szene gesetzt sind, darunter der Slogan »P(r)o Vielfalt in Europa!«. Überschrieben ist das Plakat zynisch mit »Gleichberechtigung statt Gleichmacherei«. Auf dem Plakat werden Frauen jedoch gerade nicht als ernst zu nehmende Bürgerinnen dargestellt, die ihre gleichen Rechte wahrnehmen, sondern als Objekte männlichen Begehrens, als schönes Beiwerk aus dem Bereich »Freizeit«. Um Stimmen und Beteiligung von jungen Frauen wird damit nicht geworben.

Der Aufschwung der Rechtspopulisten in den letzten drei Jahrzehnten ist vor allem ein männlich dominiertes Phänomen. Oftmals wird es als eines der »zornigen weißen Männer« charakterisiert, die »zornige weiße Männer« wählten, um ihre männlichen Privilegien zu verteidigen.[325] Es erscheint vor diesem Hintergrund paradox, wenn in den letzten Jahren eine neue Generation von Frauen zwischen zwanzig und fünfzig Jahren, Frauen wie Miazga, in rechte Parteien mit antifeministischen Programmen drängen und deren autoritäre Programmatik hegemonialer Männlichkeit verteidigen. Doch genau das ist der Trend: Frauen werden in der Rechten zunehmend sichtbar, als Demonstrantinnen, als Wählerinnen, als Aktivistinnen und als Frontfrauen. Ob Alice Weidel in Deutschland, Beata Szydło in Polen oder Siv Jensen in Norwegen: Frauen führen rechte Parteien (mit) an und folgen dem prominenten Modell von Marine Le Pen als Verkörperung der französischen Rechten. Sehr junge Frauen setzen sich bei der Identitären Bewegung gegen Feminismus und für eine klassisch konservative Rollenverteilung zwischen Mann und Frau ein. Sie gründen Initiativen wie »Radikal feminin« oder #WomenAgainstFeminism, bloggen und nutzen soziale Medien wie Facebook, Instagram, Snapchat oder YouTube. Schülerinnen engagieren sich als Influencerinnen für die Verbreitung rechten Gedankenguts, Studentinnen wollen die Idee wieder salonfähig machen, nach dem Studium einfach nur Mutter und Hausfrau zu sein und dafür Wertschätzung und gesellschaftliche Anerkennung zu erfahren.

Der Fall Miazga gibt einen Hinweis, warum Frauen gewillt sind, scheinbar gegen ihre eigenen Interessen zu handeln. Die Bundestagsabgeordnete nutzte den Sexismus des

Parteikollegen, um sich zu profilieren. Sie stellte ihr Geschlecht in den Vordergrund – nicht von sich aus, sondern als Reaktion auf den Sexismus – und forderte damit eine exklusive Rolle für sich und ihre Mitstreiterinnen ein. Seitdem kennt man sie. »Es braucht nur 10 von uns, um 82 Männer in Schach zu halten«, mit diesem Witz wertet Miazga gerne den marginalen Part von Frauen in der AfD auf. Die Politikerin konnte so eine Nische besetzen, gerade weil sie eine Frau ist. Denn die AfD hat ein strategisches Interesse daran, dass Personen wie Miazga als Frauen in der Partei Karriere machen und auch ganz nach oben kommen (inzwischen hat sie es zur Landesvorsitzenden der AfD in Bayern gebracht). Nicht, weil der rechten Partei die Frauenförderung besonders am Herzen liegen würde, sondern, weil es beiden Seiten nutzt: Miazga kann Karriere als Politikerin machen. Sie stellt damit ihr persönliches Fortkommen vor die strukturelle Benachteiligung. Die AfD kann ihrerseits ein weibliches Gesicht zeigen und auf das Erfordernis reagieren, auch Politikerinnen in den eigenen Reihen zu präsentieren, um sich ein zeitgemäßes Ansehen zu geben. Frauen wirken als Vorbilder für andere Frauen und »eignen sich als ›Postergirls‹ eines Imagewandels«, wie in dem Sammelband *Triumph der Frauen?* zum Thema »Frauen in der extremen Rechten in Europa« diagnostiziert wird.[326] Frauen sind demnach das neue freundliche, harmlose, moderne Gesicht rechter Parteien, die erkannt haben, dass Wählerinnen rein zahlenmäßig ein riesiges Potenzial darstellen. Also lohnt es sich, um sie zu werben.

Die AfD startete mit Spitzenkandidatinnen wie Frauke Petry und Alice Weidel in die Bundestagswahl, weil sie ohne die Stimmen von Wählerinnen geringere Chancen gehabt hätte, die Fünfprozenthürde zu überspringen. Erst die Widersprüche, die Frontfrauen verkörpern, besonders Weidel als offen lesbisch lebende Frau, die mit ihrer Partnerin mit Wurzeln in Sri Lanka zwei Kinder aufzieht, machen eine extreme Partei in der breiten Masse wählbar, wie viele Beispiele in Europa zeigen. Auch bei der AfD ist damit ein Wandel zu beobachten, weg von dem Image der Männerpartei, hin zur modernen Bürgerpartei, die durch aufgestellte Vielfalt viele ansprechen will – auch wenn es paradox ist. Doch was sich eine Partei mit rückwärtsgewandter Programmatik, die auf Bundesebene Einfluss üben will, nicht erlauben kann, ist, rückwärtsgewandt zu wirken. Der Wandel der AfD geht sehr viel langsamer vonstatten als der anderer Rechtsaußen-Parteien in Europa, die vormachen, wie gut Selbstwidersprüche funktionieren und wie wenig das von Wählerinnen und Wählern durchschaut oder für die Wahlentscheidung als ausschlaggebend eingestuft wird.

Die Programmatik der AfD im Bereich der Frauen-, Geschlechter- und Familienpolitik zeigt, dass antifeministische und sexistische Ideologien zentral gesetzt sind.[327] Frauen, die AfD wählen, vertreten diese Ansichten also selbst, wissen nicht, was im Wahlprogramm steht, oder nehmen die Benachteiligungen in Kauf, weil sie andere Bereiche wichtiger finden. Strategisch verknüpft sind die politischen Forderungen mit rassistischen und völkisch-nationalistischen Grundhaltungen. Denn dass Frauen seltener rechtsextreme Parteien wählen, heißt nicht, dass sie auch seltener rassistische und islamfeindliche Einstellungen hegen. Die Einstellungsforschung zeigt schon seit mehreren Jahren, dass Frauen Positionen der »Gruppenbezogenen Menschenfeindlichkeit« genauso anhängen wie Männer.[328] Vorrechten für Etablierte stimmen sie sogar häufiger zu.[329] Solche Erkenntnisse versucht die AfD für sich zu nutzen.

Im Wahlprogramm wird der »demografische Niedergang« beschworen, den es zu beeinflussen gelte und der einerseits durch geringe Geburtenraten aufgrund von Scheidungen, Abtreibungen und Karrieren von Frauen zustande komme. Andererseits ist der vermeintliche Niedergang an das Thema »Überfremdung« durch den Zuzug von Menschen aus anderen Ländern gekoppelt. Hinter dieser Verknüpfung scheint die Idee zu stehen, dass sich eine patriarchale und autoritäre Gesellschaftsordnung leichter auch von denen vertreten lässt, die darin weniger Rechte genießen, wenn es um ein höheres Ziel geht, wie den Erhalt der Nation zum Beispiel. In diesem Narrativ bekommen Frauen zwar weniger Rechte, dafür aber einen ganz entscheidenden Wert zugesprochen, denn sie bewahren das deutsche Volk vor dem Aussterben. Damit ist die Familiengründung nicht mehr Privatsache, sondern wird zur Angelegenheit von nationaler Wichtigkeit, Ehe und Familie zur »Keimzelle der Gesellschaft«. Der private häusliche Bereich ist damit politisch und Mütter können aktiv in ihrer besonderen Rolle als Frauen daran mitwirken. An vorderster Front können sie »den großen Austausch« verhindern, ohne dass sie dafür zur Waffe greifen und zu Terroristinnen werden müssen.

Alle Aussagen der AfD zur Frauen- und Familienpolitik finden sich deshalb unter dem Abschnitt »Willkommenskultur für Kinder: Familienförderung und Bevölkerungsentwicklung« im Wahlprogramm von 2017. Der erste Abschnitt trägt den Titel »Deutschland nicht abschaffen«. Die Aufnahme und Versorgung von Menschen auf der Flucht soll gegen die Interessen von in Deutschland geborenen Kindern ausgespielt werden, zu diesem Ergebnis kommen die Autorinnen und Autoren des Bandes *Triumph der Frauen?*.[330] In der nationalistischen Erzählung ist der »ideale Betreuungsplatz für ein Kleinkind auf Mamas Schoß«, so wird ein AfD-Landesverband zitiert.[331] Im Wahlprogramm sind daher »Maßnahmen zur mittelfristigen Erhöhung der Geburtenrate der einheimischen Bevölkerung« vorgesehen. Hier zeigt sich eine interessante Entwicklung. Im ersten Wahlprogramm aus dem Gründungsjahr der AfD, also von 2013, war vieles unter diesem Abschnitt noch viel expliziter formuliert. Zum Beispiel sollte damals »der Mutter eine Kindspauschale von 25 000 Euro ausgezahlt werden«, während Väter nicht vorkamen. Außerdem sollte das Schuldprinzip bei Scheidungen wiedereingesetzt werden. Demnach hätten Frauen nicht »selbst verschuldet« in die Situation der Scheidung geraten dürfen, so der Wortlaut im ersten Wahlprogramm. Auch im Programm vier Jahre später soll »schwerwiegendes Fehlverhalten gegen die eheliche Solidarität« Konsequenzen haben, wie im Scheidungsrecht vor 1977. Vieles andere ist aber stark abgeschwächt und geschlechterneutral formuliert, von »Eltern« ist die Rede und von »Selbstverschulden« bei »Alleinerziehenden«. Die AfD scheint erkannt zu haben, dass es besser ist, sich nicht zu explizit festzulegen, wenn sie auch breite Teile der weiblichen Hälfte der Gesellschaft erreichen will. Ihr Wahlprogramm von 2013 hat die Partei aus dem Netz genommen.[332]

Selbst das Verbot von Schwangerschaftsabbrüchen lässt sich im nationalistischen Narrativ zur Sorge um den Fortbestand der Volksgemeinschaft umdeuten. Dafür gibt es die Unterstützung aus dem rechtskonservativen, fundamentalistischen Milieu, wie zum Beispiel aus dem Umfeld vom Marsch für das Leben, der seit 2010 jährlich in Berlin stattfindet. Eine der wichtigsten Verbindungsglieder ist die stellvertretende Vorsitzende der AfD-Bundestagsfraktion Beatrix von Storch, die 2014 am Marsch für das Leben teilnahm und nach eigener Angabe Mitorganisatorin der Demo für Alle ist.[333]

Neben der Verknüpfung »traditioneller Werte« und antimigratorischer Programmatik verfängt noch eine weitere Strategie: das Hin- und Herchangieren zwischen Positionen, die sich ausschließen. Natürlich ist die AfD auch eine extrem heterogene Partei, in der die unterschiedlichsten rechtskonservativen Weltanschauungen zusammenkommen. Gleichzeitig lässt sich aber auch ein Taktieren mit feministischen und emanzipatorischen Positionen beobachten. Frauenrechte zum Beispiel sollen nicht nur beschränkt werden. Sie werden gleichzeitig auch als wichtige Errungenschaft hochgehalten, nämlich immer dann, wenn es darum geht, zu betonen, wie gefährlich »der Islam« und muslimische Männer für »moderne westliche Werte« wie Minderheitenrechte seien. Feministische Themen werden im Rechtspopulismus instrumentalisiert, wenn behauptet wird, dass durch die »Islamisierung« die »mühsam erkämpfte Gleichberechtigung der Frauen wieder aufgegeben wird«.[334] Das zeigt sich auch beim Umgang mit LGBTQ-Personen. So forderte ein Abgeordneter des Landtags von Sachsen-Anhalt Gefängnisstrafen für Homosexuelle,[335] ein weiterer aus dem Berliner Abgeordnetenhaus bezeichnete LGBTQ-Personen als »degenerierte Spezies«.[336] Gleichzeitig inszeniert sich die AfD als »die einzige echte Schutzmacht für Schwule und Lesben in Deutschland«, wie die heutige Fraktionsvorsitzende der AfD im Bundestag Alice Weidel kurz vor der Wahl als Spitzenkandidatin deklarierte.[337] Weidel wird als Betroffene zur »Kronzeugin für die Homosexuellenfreundlichkeit ihrer Partei«, weil sie als offen lesbisch lebende Frau über jeden Verdacht der Feindlichkeit gegenüber LGBTQ-Personen erhaben scheint.[338] Wenn sie sich gegen die gleichgeschlechtliche Ehe wendet mit den Worten: »Den Schwulen und Lesben in diesem Land kann es am Ende des Tages egal sein, ob ihre Beziehung ›eingetragene Lebenspartnerschaft‹ oder ›Ehe‹ heißt, wenn sie sich dafür kaum noch Arm in Arm in großen Städten auf die Straßen trauen können«, tut sie LGBTQ-Rechte als unwichtig ab, indem sie diese gegen die Untergangsszenarien durch

»Überfremdung« als das vermeintlich drängendere Problem ausspielt.[339] Außerdem wird widersprüchlicherweise gleichzeitig gerade die AfD zur Garantin für LGBTQ-Rechte als »die Partei, die für Recht und Ordnung und für die Bewahrung unserer freiheitlichen westlichen Kultur und Zivilisation steht«, die sich »die Verteidigung der eigenen Lebensweise durch Schaffung innerer Sicherheit und Bewahrung unserer kulturellen und zivilisatorischen Errungenschaften« auf die Fahnen schreibt.[340] Alice Weidel ist nicht nur das lesbische Postergirl der AfD, sondern auch Kronzeugin dafür, dass eine Frauenquote überflüssig ist.

Mit Sicherheit keine Quotenfrau ist Marine Le Pen. Keine Frau ist so sehr zum Sinnbild des rechten Aufschwungs in Europa geworden wie sie. Sie ist das große Vorbild für rechtspopulistische Politik überall in Europa. Ihr ist es zu verdanken, dass Frauen als neue Autoritäre salonfähig geworden sind. Le Pen ist die Architektin der rechten Parteipolitik in Frankreich und zunehmend auch der gesammelten Rechten in Europa. Die antisemitische rechtsradikale Partei Front National (FN) ihres Vaters baute sie zur Bürgerpartei Rassemblement National (RN) um. Fast wäre sie 2017 Präsidentin Frankreichs geworden, als erster Person aus einer rechtsextremen Partei rechnete man ihr gute Chancen aus. Le Pen hat damit das erreicht, wovon viele ihrer neurechten Nachbarn nur träumen können: Sie führt eine programmatisch rechtsextreme Partei, die mit ihrem fast schon sympathischen Image auch in der bürgerlichen Mitte wählbar ist. Wie hat sie das geschafft?

Die Parteiübernahme durch Marine Le Pen lässt sich wie ein Drama von Shakespeare erzählen, wie König Lear, der seine loyale Tochter verbannte und von seinen zwei bevorzugten Töchtern verraten wurde. Marine Le Pen kämpfte um die Nachfolge ihres Vaters mit Bruno Gollnisch, dem langjährigen loyalen Vertrauten Jean-Marie Le Pens, der dem rechtsextremen Flügel angehörte und wie der Vater eine antisemitische Haltung pflegte. Marine, die für eine Öffnung der Partei eintrat, setzte sich durch und übernahm 2011 den Parteivorsitz vom Vater. Vier Jahre später schloss sie ihren Vater aus der Partei aus, die er gegründet hatte. Er war mit seinen antisemitischen und rassistischen Äußerungen nicht mehr tragbar. Die Situation war eskaliert, nachdem Marine Le Pen in einem öffentlichen Kommentar geäußert hatte, dass ihr Vater es wohl nicht ertrage, dass der FN auch ohne ihn als Vorsitzenden existieren könne, und er nicht mehr in dessen Namen sprechen solle, weil seine Äußerungen der offiziellen Parteilinie widersprächen. Ihr Vater entgegnete über die Presse, dass er »verstoßen« worden sei und dass es »skandalös« wäre, wenn seine Tochter bei der Präsidentschaftswahl 2017 siegen würde. Sie solle stattdessen lieber wieder heiraten, damit sie nicht mehr seinen Familiennamen trage.[341]

Marine Le Pen setzte alles daran, den Front National in gemäßigtere Bahnen zu lenken, wobei es ihr gelegen kam, eine Frau zu sein. Ihre Strategie nennt sie *dédiabolisation*, »Entdämonisierung«, die von Politikbeobachtern auch als »Banalisierung« bezeichnet wird. Sie besteht vor allem darin, den offenen Antisemitismus des Vaters zu subtileren Formen des Rassismus und besonders der Islamfeindlichkeit umzugestalten. Unter anderem wegen der weniger radikalen Gestalt geben immer mehr Frauen dem RN ihre Stimme, und er wird mittlerweile sogar von jüdischen Franzosen gewählt, die sich um eine »Islamisierung« sorgen.[342] Diese Entwicklung wäre noch vor zehn Jahren undenkbar gewesen unter einem Parteichef, der den Holocaust leugnete. Marine Le Pen hat den alten FN modernisiert, wenn nicht programmatisch, so zumindest vom öffentlichen Erscheinungsbild her.

Die Strategie der Widersprüchlichkeit ist gewissermaßen

Le Pens Erfindung, die ausgesprochen gut funktioniert, vor allem wenn es um Gleichberechtigung und Gleichstellung geht. Der Blick auf das Parteiprogramm zeigt, dass sich der RN inhaltlich nicht sehr weit wegbewegt hat vom FN.[343] Im Programm von 2017 zur Präsidentschaftswahl ist nur eine einzige Maßnahme aufgeführt, die sich mit Gleichstellung befasst, im Abschnitt »Aus Frankreich wieder ein Land der Freiheit machen« unter dem Titel »Frauenrechte verteidigen«: »Kampf gegen den Islamismus, der ihre Grundfreiheiten untergräbt; Erstellung eines nationalen Plans für Lohngleichheit und Bekämpfung von prekären Arbeitsverhältnissen und sozialer Unsicherheit« (Wahlversprechen 9 von 144). Wie bei der AfD werden auch im Programm der französischen Schwesterpartei Gleichstellung und Feminismus in künstliche Opposition gebracht zur »Bedrohung durch den Islam«. Abgesehen davon spielen Frauenrechte eine untergeordnete Rolle.

Gleichzeitig pflegt Marine Le Pen aber ein gegenteiliges Image und inszeniert ihre Auftritte gerne mit weiblicher oder mit feministischer Symbolik. Die Politikwissenschaftlerin Christèle Marchand-Lagier hat die Anlässe gesammelt, bei denen eine derartige Symbolik herausgestellt wurde. Darunter die Verteilung eines Flugblatts nach Art eines Fotoromans während der Präsidentschaftskampagne, der das Leben von Marine Le Pen als berufstätige Frau und Mutter skizziert, ein Brief zum Weltfrauentag an alle weiblichen Mitglieder, in dem die Übergriffe in der Silvesternacht in Köln verurteilt werden, oder das Darstellen guter Wahlergebnisse ihrer Partei als Durchbruch durch die »gläserne Decke«.[344] Anlässlich der Ehrung von Jeanne d'Arc, der weiblichen Nationalheldin Frankreichs, die für »ihr Vaterland«, wie die Geschichte heute erzählt wird, in den Kampf des Hundertjährigen Krieges zog und dafür mit nur neunzehn

Jahren auf dem Scheiterhaufen verbrannt wurde, wählte Marine Le Pen folgende Worte:

> Wir beim Front National lieben Jeanne d'Arc, weil sie eine Heldin ist, die die Schicksalhaftigkeit ihrer Lage nicht akzeptiert hat. Sie hat den für sie als Frau vorgegebenen Rahmen und ihre bescheidene Herkunft hinter sich gelassen, um ihre Mission zu verfolgen. Sie brauchte keine absurde Gender-Theorie, um sich die Haare abzuschneiden und ein männliches Gewand anzuziehen. Sie hat nicht auf die Gleichmacherei der Geschlechter gewartet, um ein Pferd zu besteigen und das Schwert zu führen. Sie hat nicht auf Gleichstellung gehofft, um Männer zu befehligen und die Führung einer Armee zu übernehmen. Sie hat nicht auf die Befreiung der Frau gewartet, um ihr Leben für die Befreiung Frankreichs zu geben.[345]

In der meritokratischen Vorstellung des RN ist Gleichheit etwas, das Frauen sich durch Leistung verdienen müssen, und somit eben kein Grundrecht. Die Indienstnahme von Jeanne d'Arc veranlasst Marchand-Lagier zu der Einschätzung: »Marine Le Pen instrumentalisiert ihre Weiblichkeit, um Modernität vorzugaukeln, weicht aber nicht von der prinzipiellen Feindseligkeit gegenüber dem Feminismus ab.«[346] Was Le Pen hier außerdem vorführt, ist die kulturelle Aneignung, wie sie in den letzten Jahren vor allem von Rechten praktiziert wird. Rechtskonservative greifen nicht mehr nur auf das Altbewährte zurück, das sie propagieren. Sie müssen aber auch nichts Neues erfinden, sondern eignen sich nun ursprünglich unpolitische oder gar linke Projekte und Symbole an und deuten sie für ihre Zwecke um. So kehrt Le Pen in ihrer Rede nicht nur die symbolische Bedeutung von Jeanne d'Arc um – sie tut dies auch am 1. Mai und besetzt damit kurzerhand einen für Linke wichtigen Tag neu.

Marine Le Pen widerspricht auch von ihrer Biografie her dem traditionellen Frauen- und Familienbild, das vom FN lange vertreten wurde. Sie ist zweifach geschieden und lebt mit ihrem neuen Partner unverheiratet zusammen. Spätestens seit der letzten Präsidentschaftswahl sind Maßnahmen oder konkrete Vorschläge, die explizit die traditionelle Familienordnung wiederherstellen wollen, nur noch selten zu finden, denn damit könnten vor allem jüngere Wählerinnen verprellt werden. Der RN ist – im Gegensatz zur AfD – besonders bei jungen Leuten beliebt, ein Viertel der 18- bis 34-Jährigen gab Marine Le Pen bei der Stichwahl seine Stimme, Emmanuel Macron erhielt in dieser Altersgruppe nur 21 Prozent. Der »radical right gender gap«, der auch die Wählerschaft des RN charakterisierte, hatte sich bei dieser Abstimmung aufgelöst, genauso viele Frauen wie Männer wählten Le Pen. Junge Frauen unter dreißig Jahren stimmten sogar häufiger für die rechtsextreme Kandidatin als ihre männlichen Altersgenossen.[347]

Marchand-Lagier hat auf der Grundlage repräsentativer Umfragen an den Wahlurnen 2017 ein Profil der Wählerinnen des FN erstellt. Demnach sind junge Frauen häufig beruflich schlechter gestellt, der Durchschnitt der Wählerinnen jedoch sind Angestellte aus sozial stabilen Verhältnissen. Sie verfügen oft über geringe politische Kenntnisse. Vor allem bei den jungen Erstwählerinnen wird beobachtet, dass gesellschaftliche Fragestellungen, die für frühere Generationen zentral waren – Frauen- und Minderheitenrechte, sexuelle Selbstbestimmung oder das Recht auf Abtreibung –, eine untergeordnete Rolle spielen. Das gilt auch für das Wahlrecht selbst. All diese Rechte und gesellschaftlichen Errungenschaften werden für selbstverständlich gehalten und sind deshalb in den Hintergrund getreten, als könnten sie gar nicht mehr infrage gestellt werden.[348] Die jungen Wählerinnen des RN sind also nicht weniger emanzipiert als frühere Frauen-Generationen, sondern im Gegenteil: Sie sind den alten »Geschlechterkämpfen« entwachsen, setzen aber genau dadurch, dass sie Frauenrechte für garantiert halten und sich nicht eingehender mit rechten Programmatiken beschäftigen, deren Erfolge aufs Spiel.

Besonders deutlich verkörpert eine neue Generation junger Frauen dieses Dilemma. In sozialen Medien wie YouTube, Instagram, Facebook oder auf eigenen Blogs werben sie für ein althergebrachtes Frauenbild. Sie nennen sich »Tradwives« (kurz für: »traditional wives«, zu Deutsch: »traditionelle Ehefrauen«) und spielen sorgfältig inszeniert die Rolle der klassischen Hausfrau aus den fünfziger Jahren. Die entsprechenden Accessoires sind akkurat arrangiert: In Petticoats und High Heels, mit aufwändigen Lockenwicklerhochsteckfrisuren und gewissenhaft geschminkten Püppchengesichtern halten sie selbst gebackene Kekse in die Kamera, präsentieren Rezepte oder geben Tipps für eine gelingende Ehe. Ihre Videos tragen Titel wie »Die weibliche Natur und Rat für junge Frauen«.[349] Tradwives haben sich selbst dafür entschieden, ihrem Ehemann zu dienen und sich als Hausfrau und Mutter zu verwirklichen, statt Karriere zu machen. Sie wenden sich gegen den Feminismus und setzen sich dafür ein, dass ihre Wahl, als hyperfeminine »submissive« Ehefrauen zu leben, wieder gesellschaftliche Anerkennung erfährt. Das ist insofern paradox, als sie diese Wahl für sich treffen können, weil sie gerade dem Feminismus die Möglichkeiten zu verdanken haben, das eigene Leben selbstbestimmt zu führen. Ihr Hausfrauendasein ist daher alles andere als traditionell. Das Phänomen der Tradwives ist modern, die Bilder, die sie produzieren, von einer hochstilisierten Ästhetik. Vielleicht lassen sich Tradwives als weibliches Analogon zu Maskulinisten verstehen, die sich eine männliche Vorherrschaft wünschen, aber wissen, dass sie nicht mehr zurückkönnen in die Zeit, als diese »unsichtbar« war.

Für die Philosophin Catherine Newmark handelt es sich bei der »lustvoll inszenierten Hausfrauenrolle« aus diesem

Grund weniger um ein gesellschaftspolitisches Statement als vielmehr um ein »aufwändiges Rollenspiel« mit Fetischcharakter, ein »Cosplay«, welches das »gezielte Reenacting von historischen Fantasien« aufführe. Sie macht dies an der hochartifiziellen ästhetischen Sprache fest: »Es ist die Werbesprache der Fünfziger, es sind genau die Bilder, mit denen man damals versuchte, Frauen – die im Zweiten Weltkrieg überall gebraucht worden waren – die Zurückdrängung aus dem Arbeitsmarkt in den Haushalt als idyllisch zu verkaufen.«[350] Tradwives, so Newmark, dürften bei all der Selbstvermarktung, den Fotoshootings und der Webseitenpflege eigentlich kaum Zeit haben für das »Klassisch-Hausfrauliche«.

Tradwives leben damit denselben performativen Selbstwiderspruch wie die Quotenfrauen rechter Parteien, denn sie sind eben nicht »einfach nur Hausfrau, Ehefrau und Mutter«, wie sie von sich behaupten. Als Influencerinnen und Instagram-Stars generieren sie viel Aufmerksamkeit in Form von Likes und Kommentaren, also etwas, das »der im Arendtschen Sinne reproduktiven Arbeit, den repetitiven und glanzlosen Abwasch- und Kochtätigkeiten des alltäglichen Haushalts, meist verwehrt bleibt«, so Newmark. »Als Selbstvermarkterinnen sind sie in der Öffentlichkeit in einer Weise aktiv, die einer in einem historischen Sinne untergeordneten Hausfrau nie gestattet gewesen wäre.« Außerdem können Tradwives jederzeit ihrer Hausfrauenehe entfliehen, sollten sie dieser überdrüssig werden, und sich scheiden lassen – dank des heute gültigen Eherechts, das Feministinnen erstritten haben.

Das ist der große Unterschied zu den fünfziger und sechziger Jahren, als dieses Modell selbstverständlich war und die Normalität darstellte. Die Hausfrauen von heute sind eine Minderheit, der Standard sowohl vom Ideal her als auch sozioökonomisch längst ein anderer. Diejenigen, die dieses Frauenbild verkörpern, leben ihren Hausfrauentraum nicht unbemerkt im Privaten, sondern propagieren dieses Bild offensiv und öffentlich. Was sie tun, ist politisch: Sie begeben sich in die Position der strategischen Minderheit und markieren das weibliche Geschlecht, und zwar im Privaten, nicht in der politischen Sphäre. Sie drehen also die Markierung genau um, das »Andere« (Markierte) ist jetzt die Frau zu Hause – und der Mann in der Öffentlichkeit. Denn sie konstruieren ihre Weiblichkeit dezidiert komplementär zu Männlichkeit. Wenn sie fordern, dass ausschließlich der Mann arbeiten gehen und bestimmen soll, markieren sie das, was sie fordern, als eben nicht mehr selbstverständlich. Auch in diesem Umgang mit dem Thema Geschlecht in den sozialen Medien lässt sich also die Politisierung von Männlichkeit erkennen.

Doch warum treffen Influencerinnen, die für »traditionelle Familienwerte« und die Hausfrauenehe werben, mit ihrem antiquierten Familienbild überhaupt einen Nerv bei jungen Frauen? Weil sich für viele, gerade jüngere Frauen die Verheißungen des Feminismus auf Selbstverwirklichung im Beruf nicht erfüllt haben. Die heute so genannten »typischen Frauenberufe«, also im Pflege- und Dienstleistungsbereich, bieten prekäre Arbeitsverhältnisse, sind schlechter bezahlt als »Männerberufe« und verfügen über ein geringeres gesellschaftliches Ansehen. Gleichzeitig leisten Frauen einen Großteil der unbezahlten Haus- und Carearbeit, das heißt, sie versorgen Kinder und pflegen alte Familienangehörige. Außerdem ist es für junge Leute insgesamt schwieriger, finanzielle Sicherheiten aufzubauen. Heute können zwei Einkommen nicht mehr bestreiten, was in der Zeit des Wirtschaftswunders allein das Einkommen des Mannes leisten konnte. Vor diesem Hintergrund mag es verführerisch erscheinen, einfach nur Hausfrau und Mutter zu sein und viel Zeit mit Kindern, mit Kochen und Backen zu verbringen. Auch Newmark versteht

Tradwives als »Symptom für die Verwerfungen der aktuellen Geschlechter- und Arbeitsverhältnisse, für das Auseinanderklaffen von Anspruch und Wirklichkeit in einer Welt, die strukturelle Probleme wie die Vereinbarkeitsfrage mehrheitlich auf den Einzelnen abwälzt«. Gleichzeitig kritisiert sie, dass Tradwives für eine Kritik an neoliberaler Selbstausbeutungskultur nur bedingt taugen. Nicht nur, »weil sie selbst die neoliberale Sprache der individuellen Entscheidung sprechen, sondern vor allem auch, weil ihre Lösung in gewisser Weise ein Luxusmodell ist: Der Rückzug aus der Arbeitswelt setzt einen Ehemann voraus, der genug für zwei verdient.«

Weil sie als Influencerinnen erfolgreich sind, erfreuen sich Tradwives auch bei Rechten großer Beliebtheit, denn sie vertreten ein für eine rechtsextreme Weltanschauung anschlussfähiges reaktionäres Geschlechterbild. Einige der Tradwives werben ganz offen für rechtsradikale Ideen. Die Querverbindungen zur White-Supremacy-Bewegung sind bekannt, seit ein Artikel in der *New York Times* zu dem Thema im Sommer 2018 erschien.[351] Besonders berühmt ist Ayla Stewart, besser bekannt als »Wife with a purpose« (Ehefrau mit einer Mission), eine Tradwife mit großer Reichweite. Sie unterstützte Trumps Wahlkampf 2016 und setzt sich für »traditionelle Werte« ein. Dazu gehört, sich ihrem Mann unterzuordnen und diesen als treusorgende Ehefrau zu unterstützen. Sie behauptet in ihren Vlogs, selbst einst Feministin gewesen zu sein, bis sie erkannt habe, dass »der Feminismus die natürliche Familie« zerstöre. Deshalb sei sie heute Antifeministin.[352] Sie nimmt also die für Frauen in rechtsextremen Bewegungen typischen Positionen der Kronzeugin und des Postergirls ein.

Stewart geht es dabei nicht nur um den Erhalt der »natürlichen Familie«, sondern vor allem um den Erhalt der »natürlichen weißen Familie«. Die bekennende Anhängerin des weißen Nationalismus und der Alt-Right verficht unter anderem die Initiative »Reclaim the west«. Für Schlagzeilen sorgte sie in diesem Zusammenhang mit einem Beitrag bei Twitter, der den Titel »The white baby challenge« trug. Wegen der angeblich fallenden Geburtenraten von Weißen rief Stewart ihre Anhängerinnen auf, sich zu vermehren und sie beim Kinderkriegen zu überbieten. »Ich habe sechs gemacht, mach's mir nach oder schlag mich«, provoziert sie in dem Tweet: »Wir können unsere Nation nicht erneuern mit den Babys anderer.«[353] Die hyperfeminine Ästhetik soll dabei über ihre autoritäre Ideologie hinwegtäuschen.

Eine ähnliche Funktion haben die Postergirls der Identitären Bewegung (IB) in Deutschland und Österreich. Auffällig junge Frauen stehen hier in der ersten Reihe bei Demonstrationen, um medienwirksam zu vermitteln: Die Identitäre Bewegung ist cool, sie ist jung und modern. Deshalb sind sie auf Plakaten zu sehen, werden in YouTube-Videos gezeigt oder auf Bildern bei Instagram. Sie geben Interviews und zeigen sich kämpferisch in Kampagnen-Videos. Wie keine andere rechte Strömung stilisiert die IB junge Frauen als wichtigen Teil ihrer Bewegung, um sich eine friedliche und zivile Außendarstellung zu geben. Schaut man hinter die erste Reihe der Demos, folgen fast ausschließlich Männer. Diejenigen, die wirklich etwas in der Bewegung zu sagen haben, sind Männer. Doch die Bilder, die von den Influencerinnen der IB produziert werden, verfehlen ihre Wirkung nicht, wie ein anonymer Blog zur Beobachtung der Bewegung herausstellt.[354] Auch etablierte Medien fallen auf die Selbstinszenierungen herein und multiplizieren das Bild, das die Rechte von sich selbst zeichnen will.

Der Spiegel gehörte zu den ersten großen Medien in Deutschland, die über die Frauen der IB berichteten. Das Magazin porträtierte Melanie Schmitz, eine der wichtigsten Akteurinnen der IB, als die Bewegung zwar schon vom Verfassungsschutz beobachtet wurde, aber noch nicht sämtliche Accounts, Videos und Blogs löschen musste. Dem Autor des Porträts »Das Postergirl der neuen Rechten« kam es wohl gelegen, dass Schmitz ein so ambivalentes Selbstbild abgab. So übernahm er ihre oszillierende Weise in seinen Text, bezeichnet sie als rechtsradikal und rassistisch, beschreibt sie aber zugleich als erotisch mysteriös:

> Schmitz kann nicht singen, aber man merkt, dass es ihr Spaß macht. Sie trägt dezente Ohrringe und roten Lippenstift. Sie ist schlank, hat hohe Wangenknochen und herbstrot gefärbte Haare. Man schaut sie an und ist hypnotisiert von der Inszenierung dieser Frau. Den Text nimmt man eher unbewusst wahr. Zum Beispiel diese Zeile hier: »Gegen diese Invasion hilft nur eins: Remigration.« Remigration bedeutet Abschiebung. Schmitz lächelt, als sie das singt. Es ist die perfekte Verführung.[355]

Das ist genau das Bild, das die Neue Rechte von sich in Mainstreammedien lesen will, eine romantisierende Darstellung von faszinierenden Frauen mit weicher Schale und hartem Kern. »Roter Lippenstift«, »hohe Wangenknochen«, »herbstrot gefärbte Haare«, so etwas »hypnotisiert« und »verführt«. Dass der Autor ihr Auftreten auf der Metaebene reflektiert, hilft nicht dagegen, dass er sich mit seinem Artikel instrumentalisieren lässt und das inszenierte Charisma der IB weiterverbreitet. Der PR-Trick der IB besteht darin, mit einer sorgfältig arrangierten Ästhetik vom radikalen Kern der Aussagen abzulenken.

Der Autor erklärt: »Die Gruppe benimmt sich anders als alles, was Deutschland an rechtsextremen Gruppen kannte. Schmitz und ihre Freunde tragen keine Springerstiefel, sie distanzieren sich vom Nationalsozialismus, sie sind keine Antisemiten, sie sprechen sich gegen Gewalt aus, viele haben studiert. Ihr Vorbild, sagen sie, sei Greenpeace.« Damit perpetuiert er – wieder in reflektierter Weise, aber dennoch unkritisch – den harmlosen Anschein, den sich die Gruppe gibt. Die IB konnte dieses Porträt für sich nutzen und das Bild, das der *Spiegel* von ihr gezeichnet hatte, im Netz verbreiten, um für sich zu werben. Denn die wichtigste Aussage des Artikels ist: Es gibt jetzt eine neue rechte Bewegung, eine echte rechte Alternative, die nicht aus besoffenen pöbelnden Nazis besteht, sondern aus kultivierten jungen Frauen, gut aussehend und belesen. Sie studieren, machen sich Gedanken über die Welt und engagieren sich für wichtige Themen wie Umweltschutz oder sexuelle Gewalt gegen Frauen, verübt von Migranten. Das klingt viel mehr nach einem berechtigten gesellschaftspolitischen Anliegen junger Aktivistinnen als das »Ausländer raus« der Springerstiefel und Bomberjacken tragenden »Glatzen« der neunziger Jahre. Deshalb ist die Bewegung auch für junge Leute interessant. Sie können sich mit dem hippen Image identifizieren.

So zum Beispiel die jungen Frauen von »Radikal feminin«, die an der Universität Tübingen studiert haben und mit ihrem Blog Werbung machten für ein Leben nach dem Studium als Ehefrau und Mutter. Ihr erklärtes Feindbild ist der Feminismus, dem sie radikale Femininität entgegensetzen wollen. Interessant ist die Argumentation: Echte Frauen brauchen keinen Feminismus, der sie zu bloßen Opfern von Männern erklärt. Der Feminismus infantilisiere Frauen und diabolisiere Männer. Er sei unsolidarisch und wolle einen Keil zwischen die – in der binären biologistischen Logik – beiden Geschlechter treiben. Außerdem sei die rechtliche Gleichstellung längst erreicht, der Feminismus aber wolle »Gleichmacherei« oder Männer unterdrücken.

Auch diese jungen Frauen kommen gepflegt, gut aussehend und hip daher und sind außerdem noch gebildet und kultiviert. Das zeigen sie zum Beispiel in einem Interview mit

Martin Sellner, in dem es um das Anliegen der IB-Aktivistinnen geht, das »zwischen Gender-Wahn und Reconquista« angesiedelt ist.[356] »Reconquista« bezeichnet ursprünglich die Rückeroberung Spaniens von den muslimischen Mauren. In ebendieser Tradition sieht sich die IB gerne. Die »Eroberung« Europas hat also in erster Linie etwas mit »Genderwahn« zu tun, wie der Titel suggeriert, das heißt mit unfemininen Feministinnen, die das Fortbestehen der weißen Europäer gefährden. Dagegen hilft in der Vorstellung der Identitären nur ein reaktionäres Geschlechterbild, das Frauen zurück auf ihren Platz verweist.

Bei »Radikal feminin« lässt sich dasselbe Oszillieren beobachten wie bei Melanie Schmitz, bereits im Logo, das aus einer Handgranate mit dem Initial »R« und einer Rose mit dem Initial »F« besteht. »Mit den Waffen einer Frau« – reduziert auf die Fähigkeiten, zu gebären und aufzuziehen – wollen sich die harmlos wirkenden Studentinnen am imaginierten Rassenkrieg beteiligen. Gleichzeitig reden sie aber hauptsächlich vom legitimen Wunsch, sich im klassischen Eheleben und Mutterdasein zu verwirklichen, und lenken so von den extremistischen Inhalten ab: zum Beispiel von der Vorstellung, Europa solle »weiß« bleiben oder vielmehr: solle durch »Remigration weiß« werden. Die jungen Frauen sollen mit ihren hübsch geschminkten Mädchengesichtern und ihrer Haltung, die man leicht mit konservativ verwechseln könnte, eine Normalisierung in die Mitte der Gesellschaft hinein bewirken. Ihre positive Ausstrahlung, die menschliche und persönliche Seite, die sie zeigen, soll Sympathie schaffen. Einen »›IBster‹-Lifestyle« kreieren, so nennt die Essayistin Enis Maci 2018 die Strategien der Identitären in ihrem Band *Eiscafé Europa.* Auf den identitären Marketingkanälen werde alles, was den gewalttätigen Kern der Ideologie zeigen könnte, ausgeblendet. »Selbst die Wehrsportübungen bekommen Wellnesscharakter: Es herrscht eine Semantik des Angenehmen.«[357]

Die Essayistin beobachtet neben ausgestellter Weiblichkeit ein weiteres wichtiges Element der Selbstinszenierung: Bücher. Die IB-Influencerin Alina Wychera zum Beispiel postet Bilder von sich in sozialen Medien beim Lesen, »und das am liebsten hosenlos in Strümpfen, mal mit Haltern, mal ohne, und zwar rechte Klassiker ebenso wie Texte, die sie dazu erklärt«.[358] Zu den von Wychera ausgestellten Büchern gehören auch viele Werke von oder über bekannte Frauen. Die Biografie von Marie Curie, die »ihr Vaterland so sehr liebte, dass sie ihm mit dem Polonium sogar ein Element widmete, oder [...] die blumige Theorie einer Simone Weil, die zwar Jüdin war, zumindest aber geschrieben hat: Die Verwurzelung ist wohl das wichtigste und am meisten verkannte Bedürfnis der menschlichen Seele.«[359] Die rechte Influencerin stellt sich in die Tradition wichtiger Denkerinnen und verschafft sich auf diese Weise Legitimität für das, was dann kommt: Wychera liest Neuerscheinungen »aus dem Hause Antaios, vom Roman über die italienische neofaschistische Gruppierung CasaPound bis hin zu Ellen Kositzas *Die Einzelfalle – Warum der Feminismus ständig die Straßenseite wechselt*, das sie in einer Art postfeministischem Stillleben mit einem schwarzen Pumps und einer kleinen Dose Pfefferspray, wie sie zur Abwehr krimineller Ausländer verwendet wird, arrangiert«.[360] Auch bei diesen jungen IB-Frauen lässt sich die Strategie der »Entdämonisierung« beobachten, die Le Pen so erfolgreich vormacht. Ihre Blogs mussten die Autorinnen dennoch in der Zwischenzeit löschen, die Facebook-Seite von »Radikal feminin« wurde seit zwei Jahren nicht aktualisiert.

»Es ging natürlich von Beginn an um Scheinargumente, souverän behauptet, um Rassenkunde, freundlich vorgetragen«, schreibt Maci über die politische Ausrichtung der Identitären Bewegung. Und darüber, welchen Anteil Frauen darin haben:

> Es ging um Frauen, die sich das Frau-Sein erkämpfen mit Puderquasten, Kuchenblechen und mit Fäusten, Rassistinnen, die annehmen, die reaktionären Glaubenssätze über das minderwertige Wesen der Frau, die sie kolportieren – und natürlich kolportieren sie sie, wenn sie von ungleich, aber gleichberechtigt schwafeln –, diese Glaubenssätze träfen auf sie nicht zu. Es ging mir von Beginn an um Girls, die schon immer irgendwie besser, irgendwie »one of the boys« sein wollten.[361]

Frauen, so Maci, können sich aufwerten, indem sie Anerkennung von autoritären Männern erfahren, die Frauen sonst abwerten. Sie werden hofiert, weil rechte Bewegungen wie die IB weibliche Gesichter für die Imagepflege braucht. Sie werden als Idealfrauen vorgezeigt, als Traumpartnerinnen für schwer zu erweichende Männer. Sie gewinnen jeden Vergleich mit anderen Frauen, die als abschreckende Beispiele herangezogen werden, seien es – in der rechten Konstruktion – »unweibliche« Feministinnen ohne lange Haare und rote Lippen oder unterdrückte Musliminnen ohne Respekt der eigenen Männer. Gegen die einen können sie als feminin hervortreten, gegen die anderen als empowert.

Dazu passen die Ergebnisse der Studie *Triumph der Frauen?*, nach denen die Zustimmung von Frauen zu Vorrechten für Etablierte seit einigen Jahren signifikant weiterverbreitet ist als bei Männern. Auch Frauen geht es also darum Privilegien gegen Aufsteiger oder Neuankömmlinge zu verteidigen. Einher gehe die Einforderung von Etabliertenvorrechten mit Rassismus, Fremdenfeindlichkeit, Abwertung von Asylsuchenden und der Zustimmung zu islamfeindlichen Meinungen.[362] Die Geschlechterunterschiede erklären sich zum einen durch die Wahrnehmung einer unkonkreten, diffusen Bedrohung durch fremde Männer, die als Reaktion auf die Instrumentalisierung geschlechterpolitischer Fragestellungen erzeugt wird. Zum anderen liegen sie in der Betonung einer demonstrativen Zugehörigkeit des Deutschseins. Frauen versuchten demnach »auf einem höheren Niveau als Männer, die eigene soziale, politische und ökonomische Gleichwertigkeit innerhalb der Gesellschaft über Ungleichwertigkeit, das heißt Abwertung schwacher Gruppen, zu erreichen – vor allem, wenn sich eigene Lebensentwürfe nicht umsetzen lassen«.[363]

Für die Politikwissenschaftlerin Héloïse Michaud steht hinter den Beweggründen von Frauen, sich gegen den Feminismus zu engagieren, unter anderem eine neoliberale Ideologie und sozialdarwinistische Einstellung. Die individuelle Freiheit wird demnach höher bewertet als kollektive Kämpfe: »Ich bin nicht unterdrückt, ich bin kein Opfer, ich brauche keine Hilfe von einer Bewegung, es muss niemand anders für mich kämpfen.«[364] Ungleichheit wird in dieser Vorstellung »privatisiert« und mit einem meritokratischen Argument versehen: Man selbst ist schuld an seiner unterdrückten, diskriminierten oder erfolglosen Lage. Strukturelle Ursachen sind dafür nicht verantwortlich. So kann man es auch im Programm der AfD lesen, wenn beispielsweise vom »Selbstverschulden« und von der Verantwortung Alleinerziehender für deren prekäre Lage die Rede ist.

Dies ist einer der Gründe dafür, dass in einigen Ländern rechte Parteien sogar mehrheitlich von Frauen gewählt werden, obwohl diese den Ruf haben, Frauen zurück an den Herd drängen zu wollen. In Polen zum Beispiel bedient die PiS-Partei praktische Gender-Interessen, die Polinnen ihrem Wahlverhalten nach zu urteilen wichtiger sind als die strategischen Gender-Interessen. Das heißt, dass Wählerinnen der PiS größeren Wert legen auf eine bessere soziale Stellung für sich und ihre Familie, während rhetorische Auseinandersetzungen über Frauenrechte und Gleichstellung für sie eine untergeordnete Rolle spielen. Zu diesem Ergebnis kommen die Politikwissenschaftlerin Veronika Grzebalska und die Geschlechterforscherin Elena Zacharenko, die das Wahlverhalten von Polinnen untersucht haben.[365]

Die rechte Regierung hat im letzten Jahrzehnt umfangreiche Privilegien für Mütter eingeführt, im Rahmen des »teuersten und umfassendsten Umverteilungsprogramms in Polen nach 1989«.[366] Das Programm »Familie 500 Plus« gewährt Familien ab dem zweiten Kind eine monatliche Transferleistung. So konnte die Armut in Familien mit Kindern deutlich gesenkt werden, deshalb ist das Programm bei der Mehrheit der Bevölkerung beliebt. Um dem sehr erfolgreichen »Schwarzen Protest« von Abtreibungsgegnerinnen im Jahr 2016 etwas entgegensetzen zu können, führte die PiS außerdem eine einmalige Zahlung in Höhe von 1000 Euro für Frauen ein, die ein unheilbar krankes oder schwerbehindertes Kind zur Welt bringen. Das Rentenalter für Frauen wurde auf 60 Jahre herabgesetzt (für Männer auf 65) und neue Regelungen für Unterhaltszahlungen geschaffen, von denen alleinerziehende Mütter profitieren. Mütter mit mindestens vier Kindern haben Anspruch auf eine Grundrente, auch wenn sie nie gearbeitet haben. Wer gleich nach dem ersten Kind ein zweites bekommt, erhält einen Geldbonus. Studierende Mütter werden mit speziellen Stipendien gefördert. Frauen sollen mit diesen Maßnahmen ermutigt werden, mehr Kinder zu bekommen.[367] Das mag zwar ihren strategischen Gender-Interessen entgegenstehen, im Alltag aber profitieren Frauen und Familien deutlich davon, denn sie haben mehr Geld auf dem Konto und weniger existenzielle Sorgen. In der Regel seien es diese praktischen Gender-Interessen, so Grzebalska und Zacharenko, die populistischen und sogar extremistischen Kräften weltweit die Unterstützung und Loyalität von Frauen sichern, besonders in ärmeren Ländern mit prekären Arbeitsverhältnissen.[368]

Schlussbetrachtung: Männlichkeit in unsicheren Zeiten

Die erste Amtshandlung, mit der die nationalkonservative polnische Regierung nach der äußerst knappen Wiederwahl im Sommer 2020 international von sich reden machte, war die Ankündigung, aus der Istanbul-Konvention zur Verhütung und Bekämpfung von Gewalt gegen Frauen und häuslicher Gewalt auszutreten, die Polen 2015 ratifiziert hatte. Der Akt verdeutlicht einmal mehr, worum es im »Kulturkampf« zwischen Liberalen und Autoritären auch geht: um die Verteidigung des Patriarchats und männlicher Privilegien. Andrzej Duda von der PiS-Partei hatte die Stichwahl gegen den liberalen Bürgermeister von Warschau Rafał Trzaskowski mit 51 zu 49 Prozent gewonnen. Die polnische Gesellschaft scheint in zwei Lager gespalten. Ein Austritt aus der Istanbul-Konvention ließe sich als Versicherung an die autoritär gesinnte Hälfte verstehen: Entgegen dem Druck der EU und der internationalen Presse stehen wir für die Verteidigung »polnischer Werte« ein, versicherten die Rechtskonservativen ihrer Wählerschaft. Justizminister Zbigniew Ziobro von der Partei Solidarisches Polen begründete seinen Vorschlag, aus der Konvention auszusteigen, damit, dass der völkerrechtliche Vertrag »reine Gender-Ideologie« sei, die polnischen Frauen und Familien letztlich sogar schaden würde.

Manche sehen in der Verteidigung des Patriarchats schon eine neue Weltordnung entstehen. Ein Kommentator der liberalen polnischen Tageszeitung *Gazeta Wyborcza* warf Ziobro vor, er wolle einen Krieg anzetteln »um die Köpfe und eine neue Ordnung in Europa, vielleicht sogar auf der

Welt«.[369] Der Justizminister knüpfe mit seinem Vorstoß nahtlos an den »Hasswahlkampf« von Präsident Duda an, der sich besonders gegen die Rechte von sexuellen Minderheiten gerichtet hatte. Wer in der Europäischen Union gehofft hatte, dass Polen durch die Koppelung von EU-Geldern an die Einhaltung demokratischer Prinzipien bald wieder auf den Weg der Rechtsstaatlichkeit geführt werden könne, wurde von der Regierung in Warschau enttäuscht. Das Beispiel Polen zeigt einmal mehr, dass sich ganz im Gegenteil mit einer autoritären und antiliberalen Politik Wahlkämpfe gewinnen und Mehrheiten sichern lassen.

Woher kommt diese Lust der Bevölkerung an autoritärer Politik? Dafür gab es in den letzten Jahrzehnten viele Erklärungsansätze von Politikwissenschaftlerinnen und Soziologen. Seit wir einen neuen und unaufhaltbar scheinenden Aufstieg autoritärer Parteien erleben, von den Wahlerfolgen Marine Le Pens über die Brexit-Abstimmung hin zum Amtsantritt Donald Trumps oder Jair Bolsonaros, liefern Zeitdiagnostinnen vielschichtige Deutungen für die politischen Ereignisse, die als Umwälzungen, Aufruhr, Erschütterungen im globalen demokratischen System, kurz: als autoritärer Backlash beschrieben werden. Prominent ist vor allem eine ökonomische Ursachenerklärung. Demnach bringt die Globalisierung entsicherte Zeiten mit sich. Arbeitsformen verändern sich radikal, die Rolle von Gewerkschaften wandelt sich, die kollektive Verhandlungsmacht der Arbeiter nimmt ab, Beschäftigungsverhältnisse werden zunehmend prekär. Der Berufsweg, der spätestens seit Mitte des 20. Jahrhunderts die Norm darstellte – Eintritt ins Unternehmen, auch ohne Qualifikationen, vierzig Jahre später die sichere Rente –, ist heute nicht mehr garantiert. Diese Entsicherung wird als Kontrollverlust wahrgenommen und daraus erwächst eine neue Lust an autoritärer Politik, so eine Erklärung von Politik- und Sozialwissenschaftlerinnen. Neoliberalismus, Globalisierung und Finanzkapitalismus haben die demokratischen Grundlagen, auf denen sie sich einst entwickelten, erodieren lassen.

Der Soziologe Wilhelm Heitmeyer zum Beispiel nennt die ersten beiden Jahrzehnte des 21. Jahrhunderts »entsicherte Jahrzehnte«, weil sich »unser Gesellschafts- und Wirtschaftssystem einmal mehr als strukturell krisenanfällig erwiesen hat«.[370] Die wiedererwachte Sehnsucht nach Autorität und Ordnung führt Heitmeyer auf die starke Verunsicherung als Folge der Krisen zurück, die der »autoritäre Kapitalismus« verursacht habe.[371] Andere erklären die neue globale Wende hin zum Autoritarismus damit, dass immer breitere Teile der Gesellschaft als Effekt der Globalisierung von einer fatalen Mischung aus Neid, Erniedrigung und Machtlosigkeit vergiftet würden. Und darauf mit dem Zorn reagieren, den Demagogen wie Trump oder Bolsonaro politisch zu nutzen und für die eigene Popularität immer neu aufzupeitschen verstünden.

Sogar bis in die frühen neunziger Jahre lässt sich die Deutung zurückverfolgen, dass durch »entsicherte Zeiten« eine neue autoritäre Politik Auftrieb bekommen würde. Damals sagte der Politikberater Edward Luttwak in der *London Review of Books* die Wiederkehr des Faschismus in westlichen Ländern voraus.[372] Ökonomische Umstrukturierung führe dazu, dass nach den Arbeiterjobs immer öfter auch die sicher geglaubten Angestelltenverhältnisse dem unregulierten Turbokapitalismus in Form von Massenentlassungen und Prekarisierung anheimfielen. Hinzu komme die hohe Volatilität der »schönen neuen Dienstleistungswirtschaft«, die die Arbeitsverhältnisse noch unsicherer werden lasse. Der rasante soziale Abstieg und die enorme wirtschaftliche Unsicherheit betreffe in erster Linie »weiße männliche« Arbeiter und Angestellte und mache selbst vor Akademikern nicht halt. Eine neue faschistische Partei, die sich dem Leid dieser Neuabgehängten annehmen würde, hätte die allerbesten Chancen gewählt zu werden, resümierte Luttwak – im Jahr 1994.

Was bei den Deutungsangeboten jedoch unterrepräsentiert bleibt, ist die Geschlechterdimension dieser neuen unsicheren Verhältnisse. Diese besteht zum einen darin, dass der radikale wirtschaftliche Wandel durch den Neoliberalismus in erster Linie Männer betrifft. Die »Normalbeschäftigungsverhältnisse«, die es bis Mitte der neunziger Jahre gab, galten überwiegend für Männer. Die Umstrukturierung in Richtung Dienstleistungswirtschaft, die eine Prekarisierung der gewohnten Lebensverhältnisse zur Folge hatte, traf deshalb überwiegend Männer. Es gibt aber noch eine weitere Gender-Dimension. Rhetorisch zielt die neue autoritäre Politik darauf ab, die Kontrolle über die unsicher gewordenen Lebensverhältnisse zurückzugewinnen: »Take back control«, »America first«, »Make America great again«. Dabei wird explizit der Rückzug auf eine Lebenswelt propagiert, die man kontrollieren kann, in der es nicht möglich ist, dass Ereignisse am anderen Ende der Welt das eigene Leben aus den Fugen bringen. Zu dieser heilen Lebenswelt gehört, dass Frauen untergeordnet sind und nicht auf den Arbeitsmarkt drängen. Der autoritäre Backlash zielt deshalb ganz wesentlich darauf ab, Frauen herabzuwürdigen, ein bestimmtes altmodisches Bild von Geschlechterverhältnissen zu transportieren beziehungsweise die traditionellen Geschlechterrollen restaurieren zu wollen, und dem Feminismus sowie dem Konzept von Gender den Kampf anzusagen.

Wilhelm Heitmeyer hat »Gruppenbezogene Menschenfeindlichkeit« als wichtiges Symptom des autoritären Backlash identifiziert. Auch Frauen gehören zu den angefeindeten, diskriminierten und abgewerteten Gruppen. Rechtspopulistisch eingestellte Menschen sind in der Statistik des Soziologen überdurchschnittlich stark sexistisch, viermal mehr als nicht rechtspopulistisch eingestellte. Die Diskrepanz ist eine der höchsten im gesamten Feld der »Gruppenbezogenen Menschenfeindlichkeit«, höher als bei Einstellungen gegen Asylsuchende, Muslime oder Homosexuelle.[373]

Eine Erklärung dafür, warum gerade Misogynie Einzug gehalten hat in den autoritären Backlash, gibt es bisher nicht. Dabei scheint politisierte Männlichkeit, wie ich sie hier beschrieben habe, nicht ein Faktor unter vielen des Phänomens zu sein, sondern eine eigenständige Form davon. Das Gefühl, in der modernen Welt keine Kontrolle mehr zu haben, ist ein gegendertes Gefühl. Denn natürlich sind auch Frauen betroffen von unsicheren Arbeitsverhältnissen. Das ist bei Frauen aber nicht neu, sie waren historisch viel häufiger prekär beschäftigt. Es geht eben nicht darum, dass Männer ihre Jobs verlieren, sondern darum, dass Männer gewohnt sind, diese sicheren Jobs zu haben, und meinen, dass sie einen Anspruch hätten auf die gesellschaftliche Rolle als Ernährer, als Familienoberhaupt und als derjenige, der ganz selbstverständlich die Entscheidungen trifft. Das Gefühl des Kontrollverlustes ist daher geschlechtlich kodiert. Für Männer bedeutet der neoliberale Wandel einen Abstieg auf die Positionen, die Frauen gewohnt sind. Der autoritäre Backlash ist aus diesem Grund nicht zufällig eine Form politisierter Männlichkeit, Misogynie ist nicht zufällig ein Merkmal autoritärer Einstellungen und ein Präsident wie Trump formuliert nicht zufällig eine Art Besitzanspruch auf Frauen. All dies ist vielmehr ein ganz wesentlicher Bestandteil – der autoritäre Backlash ist männlich.

Anmerkungen

Einleitung

1 Marcus Werner, »Nasen-Depp, Nies-Lüpfer, Corona-Streber: Welcher Masken-Typ sind Sie?«, in: *Wirtschaftswoche* (6. Juli 2020); online verfübgar unter: {https://www.wiwo.de/erfolg/trends/werner-knallhart-nasen-depp-nies-luepfer-corona-streber-welcher-masken-typ-sind-sie/25979688.html}.

2 Vgl. zum Beispiel Avivah Wittenberg-Cox, »What Do Countries with the Best Coronavirus Responses Have in Common? Women Leaders«, in: *Forbes* (13. April 2020); online verfügbar unter: {https://www.forbes.com/sites/avivahwittenbergcox/2020/04/13/what-do-countries-with-the-best-coronavirus-reponses-have-in-common-women-leaders/}; Leta Hong Fincher, »Women Leaders Are Doing a Disproportionately Great Job at Handling the Pandemic. So Why Aren't There More of Them?«, cnn.com (16. April 2020); online verfügbar unter: {https://edition.cnn.com/2020/04/14/asia/women-government-leaders-coronavirus-hnk-intl/index.html}; Jon Henley und Eleanor Ainge Roy, »Are Female Leaders More Successful at Managing the Coronavirus Crisis?«, in: *The Guardian* (25. April 2020); online verfügbar unter: {https://www.theguardian.com/world/2020/apr/25/why-do-female-leaders-seem-to-be-more-successful-at-managing-the-coronavirus-crisis}; Amanda Taub, »Why Are Women-Led Nations Doing Better with Covid-19?«, in: *The New York Times* (18. Mai 2020); online verfügbar unter: {https://www.nytimes.com/2020/05/15/world/coronavirus-women-leaders.html}, und Nirandhi Gowthaman, »Coronavirus: How Have Women-Led Countries Flattened the Curve?«, in: *Yourstory* (17. April 2020); online verfügbar unter: {https://yourstory.com/herstory/2020/04/coronavirus-women-led-countries-flattened-curve} (alle Internetquellen Stand Juli 2020).

3 Siehe Michelle P. King, »Women Are Better Leaders. The Pandemic Proves it«, cnn.com (5. Mai 2020); online verfügbar unter: {https://edition.cnn.com/2020/05/05/perspectives/women-leaders-coronavirus/index.html}.

4 Gemma D'Auria und Aaron De Smet, »Leadership in a Crisis: Responding to the Coronavirus Outbreak and Future Challenges« (16. März 2020); online verfügbar unter: {https://www.mckinsey.

com/business-functions/organization/our-insights/leadership-in-a-crisis-responding-to-the-coronavirus-outbreak-and-future-chal lenges#}.

5 Vgl. beispielsweise Avivah Wittenberg-Cox, »8 (More) Women Leaders Facing the Coronavirus Crisis«, in: *Forbes* (22. April 2020); online verfügbar unter: {https://www.forbes.com/sites/avi vahwittenbergcox/2020/04/22/8-more-women-leaders-facing-the-coronavirus-crisis/}. In dem Artikel werden die Maßnahmen der Staatschefinnen gegen die Pandemie als effektiv bewertet.

6 Der Post ist online verfügbar unter: {https://www.instagram.com/p/B_NVSj5pv7R/}.

7 Vgl. zum Beispiel »Weibliche Stimmen im Fußball. Hass gegen Kommentatorinnen macht Schule«, ntv.de (22. Juni 2018); online verfügbar unter: {https://www.n-tv.de/sport/fussball_wm_2018/Hass-gegen-Kommentatorinnen-macht-Schule-article20493382.html}.

8 Der Trailer ist online verfügbar unter: {https://www.youtube.com/watch?v=w3ugHP-yZXw&app=desktop}.

9 Der Trailer ist online verfügbar unter: {https://www.youtube.com/watch?v=8Qn_spdM5Zg}.

10 Siehe Cornelia Korinth, »Die Wildnis bin ich«, in: *Zeit Online* (19. Juni 2020); online verfügbar unter: {https://www.zeit.de/kul tur/2020-06/feminismus-wandern-odenwald-frau-familie-maenn lichkeit-patriarchat-10nach8/komplettansicht}.

11 Zum Beispiel Frank Castorf, der sich das Händewaschen nicht aufdrängen lassen will und dazu ein Interview gibt; siehe dazu Philipp Hübl, »Maskuliner Trotz«, in: *Philosophie Magazin* (19. Mai 2020); online verfügbar unter: {https://philomag.de/maskuliner-trotz/?fbclid=IwAR02ab71tjkW}. Ein weiteres prominentes Beispiel ist der ehemalige US-Baseballspieler Aubrey Huff, der über Twitter mitteilte, dass er lieber an Covid sterben würde, als eine »verdammte Maske« zu tragen. Den Zusammenhang zwischen der Verweigerung von Regeln während der Coronazeit und Männlichkeit greift beispielsweise Julia Marcus auf in ihrem Artikel »The Dudes Who Won't Wear Masks«, in: *The Atlantic* (23. Juni 2020); online verfügbar unter: {https://www.theatlantic.com/ideas/archive/2020/06/dudes-who-wont-wear-masks/613375/}.

12 Vgl. die Studie von Valerio Capraro und Hélène Barcelo von Mai 2020: »The Effect of Messaging and Gender on Intentions to Wear a Face Covering to Slow down COVID-19 Transmission«; online verfügbar unter: {https://psyarxiv.com/tg7vz/}.

13 Vgl. zum Beispiel Kristin Joachim, »Frauen in der Corona-Krise:

Viel ›home‹ und wenig ›office‹«, tagesschau.de (4. Juni 2020); online verfügbar unter: {https://www.tagesschau.de/inland/corona-frauen-101.html}, oder Jutta Allmendinger, »Die Frauen verlieren ihre Würde«, in: *Zeit Online* (12. Mai 2020); online verfügbar unter: {https://www.zeit.de/gesellschaft/zeitgeschehen/2020-05/familie-corona-krise-frauen-rollenverteilung-rueckentwicklung}.

14 Gestützt wird diese Beobachtung von mehreren Studien, unter anderem von einer des Wissenschaftszentrums Berlin für Sozialforschung zur »Erwerbsarbeit in Zeiten von Corona« (15. April 2020); die Studie ist online verfügbar unter: {https://www.econstor.eu/handle/10419/216101}.

15 Wittenberg-Cox, »8 (More) Women Leaders Facing the Coronavirus Crisis«.

16 Siehe dazu Gloria Geyer, »›Destruktiver‹ als der Kommunismus: Polnischer Präsident bezeichnet Förderung von LGBTI-Rechten als ›Ideologie‹«, in: *Der Tagesspiegel* (14. Juni 2020); online verfügbar unter: {https://www.tagesspiegel.de/politik/destruktiver-als-der-kommunismus-polnischer-praesident-bezeichnet-foerderung-von-lgbti-rechten-als-ideologie/25914850.html}.

I
Organisierte Misogynie

1. Die Incel-Bewegung

17 Der Politikwissenschaftler und Publizist Roland Sieber setzt sich ausführlich mit Rechtsterrorismus als Onlinephänomen auseinander, vgl. u. a. »Anschlag von Halle – inszeniert wie ein Ego-Shooter«, in: *Der Rechte Rand* 180 (Oktober 2019); online verfügbar unter: {https://www.der-rechte-rand.de/archive/5454/halle-anschlag-ego-shooter/}.

18 Diesen Zusammenhang stellt auch Veronika Kracher in ihrem Buch über Incels her: *Incels: Geschichte, Sprache und Ideologie eines Online-Kults*, Mainz: Ventil Verlag 2020.

19 Siehe Tarrants Ankündigung im Web-Archiv von Steam mit dem Username Brent Tent: {https://web.archive.org/web/20190509221127/https://steamcommunity.com/groups/220716}.

20 Die feministische Philosophin Kate Manne setzt sich intensiv mit seinem Fall und der öffentlichen Debatte auseinander in *Down Girl. Die Logik der Misogynie*, Berlin: Suhrkamp 2019, S. 80-89.

2. Ein neuer Typus misogyner Männlichkeit

21 Ich beziehe mich auf den Begriff »hegemoniale Männlichkeit« der australischen Soziologin Raewyn Connell, die diesen Mitte der neunziger Jahre einführte. Siehe hierzu vor allem ihr Buch *Der gemachte Mann: Konstruktion und Krise von Männlichkeiten*, Opladen: Leske + Budrich 1999.

22 Die Frauenzeitschrift *Elle* hat sie zwanzig Jahre nach ihrem »Incel-Projekt« ausfindig gemacht und porträtiert; siehe Peter Baker, »The Woman who Accidentally Started the Incel Movement«, in: *Elle* (1. März 2016); online verfügbar unter: {https://www.elle.com/culture/news/a34512/woman-who-started-incel-movement/}.

23 Ebd.

24 Vgl. Denise Donnelly, Elisabeth Burgess, Sally Anderson, Regina Davis und Joy Dillard: »Involuntary Celibacy: A Life Course Analysis«, in: *The Journal of Sex Research* 38/2 (Mai 2001), S. 159-169, hier S. 165.

25 Vgl. den Wikipedia-Eintrag »Controversial Reddit Communities« unter: {https://en.wikipedia.org/wiki/Controversial_Reddit_communities#Incels}.

26 Vgl. Manoel Horta Ribeiro et al., »The Evolution of the Manosphere Across the Web« (Januar 2020); online verfügbar unter: {https://www.researchgate.net/publication/338737324_The_Evolution_of_the_Manosphere_Across_the_Web}.

27 Siehe den Thread auf der Website incels.co unter: {https://incels.co/threads/i-wanna-go-er-so-badly.133451/}.

28 Der Chat existiert nur noch als Screenshot und wurde bei Reddit zusammen mit dem Unterforum gelöscht: {https://i.redd.it/tijmvjoud9uz.jpg}.

29 Vgl. Ribeiro et al., »The Evolution of the Manosphere Across the Web«.

3. Die »Mannosphäre«: Sammelbecken der gekränkten Männer

30 Vgl. beispielsweise die Erklärungen zu beiden Regeln auf der Website »Know your Meme«: {https://knowyourmeme.com/memes/there-are-no-girls-on-the-internet} und {https://knowyourmeme.com/memes/tits-or-gtfo}.

31 Angela Nagle, *Die digitale Gegenrevolution: Online-Kulturkämp-*

fe der Neuen Rechten von 4chan und Tumblr bis zur Alt-Right und Trump, Bielefeld: Transcript 2018, S. 105. Im Text zitiere ich auch aus der Originalausgabe, wenn die englischen Begriffe treffender sind.

32 Vgl. den Wikipedia-Eintrag »Manosphere«, in dem die Mannosphäre ausschließlich über das Vorherrschen misogyner Ideologie definiert wird: {https://en.wikipedia.org/wiki/Manosphere}.

33 Angela Nagle, *Kill all Normies. Online Culture Wars from 4Chan and Tumblr to Trump and the Alt-Right*, Alresford: Zero Books 2017, S. 87.

34 Michael Kimmel, *Angry White Men. American Masculinity at the End of an Era*, New York: Nation Books 2017 [2013], S. 107.

35 Siehe: {https://www.reddit.com/r/TheRedPill/}.

36 Siehe ebd., Regel Nummer 10.

37 Es gibt auch eine Männerrechtsbewegung, die sich für die Rechte von Männern und Jungs einsetzt, ohne misogyn oder antifeministisch zu sein, aber um die soll es hier nicht gehen.

38 Siehe das Video »The #MeToo Trial Of The Century – The Fiamengo File« auf der Website »A Voice for Men«: {https://avoiceformen.com/video-post/the-metoo-trial-of-the-century-the-fiamengo-file/}.

39 Das Zitat findet sich ursprünglich in einem am 14. November 2010 veröffentlichten Text mit dem Titel »Challenging the Etiology of Rape«. Inzwischen ist der Inhalt von der Homepage gelöscht. Das Zitat lässt sich aber im Netz noch finden, beispielsweise bei der Plattform change.org, auf der erfolgreich eine Petition gegen Elams Vorträge eingereicht wurde: {https://www.change.org/p/administration-of-kennesaw-state-university-cancel-the-lectures-by-members-of-the-known-hate-group-a-voice-for-men-scheduled-for-november-1st-and-apologize-to-the-entire-student-body?source_location=topic_page}. Eine gekürzte Fassung findet sich auch in Nagle, *Die digitale Gegenrevolution*, S. 112.

40 Siehe Paul Elam, »Sex Robots – Part 3 – Disempowering Pussy« (8. Dezember 2019); online verfügbar unter: {https://www.paulelam.com/sex-robots-part-3-disempowering-pussy/}.

41 Ebd.

42 Vgl. Nagle, *Die digitale Gegenrevolution*, S. 112f.

43 Nagle, *Kill All Normies*, S. 88. In der deutschen Übersetzung ist »pedestalling pussy« mit »die Vergötterung von Weibern« übersetzt, was die wesentlichen Konnotationen des englischen Begriffs ausblendet; vgl. Nagle, *Die digitale Gegenrevolution*, S. 108.

44 Vgl. beispielsweise diese Buchankündigung von *The Feminist Lie* auf der MGTOW-Homepage: {https://www.mgtow.com/book/the-feminist-lie/}.

45 Im Wortlaut: »To perform an exorcism, and permanently eject, expel, and/or remove oneself from any presence of a Confrontational Unreasonable Narcissistic Tormentor«; siehe den Eintrag »UnC.U.N.T.« im Glossar der Website mgtow.com: {https://www.mgtow.com/glossary/}.

46 »Guru« ist eine Selbstbezeichnung für die oberste Stufe in der Hierarchie der PUAs.

47 Nagle, *Die digitale Gegenrevolution*, S. 108.

48 Ebd.

49 Roosh V, »How to Stop Rape« (16. Februar 2015); online verfügbar unter: {https://www.rooshv.com/how-to-stop-rape}.

50 Nagle, *Die digitale Gegenrevolution*, S. 110.

51 Ursprünglich war der nun gelöschte Eintrag zu finden unter: {https://www.rooshv.com/author/Roosh-2/page/103} (letzter Zugriff am 11. Februar 2020).

52 Roosh V, »5 Reasons Your Game Sucks« (19. März 2014); online verfügbar unter: {https://philsapproachjournal.wordpress.com/2014/03/19/5-reasons-your-game-sucks/}.

53 Siehe den Eintrag »Male Supremacy« auf der Website des Southern Poverty Law Center: {https://www.splcenter.org/fighting-hate/extremist-files/ideology/male-supremacy}.

54 Rachel Janik, »›I Laugh at the Death of Normies‹: How Incels Are Celebrating the Toronto Mass Killing«, Southern Poverty Law Center (24. April 2018); online verfügbar unter: {https://www.splcenter.org/hatewatch/2018/04/24/i-laugh-death-normies-how-incels-are-celebrating-toronto-mass-killing}.

55 Mehrere Autorinnen haben dieses Vorgehen beobachtet, siehe zum Beispiel Aja Romano, »How the Alt-Right's Sexism Lures Men into White Supremacy«, in: *Vox* (26. April 2018); online verfügbar unter: {https://www.vox.com/culture/2016/12/14/13576192/alt-right-sexism-recruitment}, Siyanda Mohutsiwa, »Über die Online-Radikalisierung weißer junger Männer«: kleinerdrei.org (13. Dezember 2016); online verfügbar unter: {http://kleinerdrei.org/2016/12/ueber-die-online-radikalisierung-weisser-junger-maenner/}, oder Marinela Potor, »Die deutsche Pick-Up-Szene ist eine Brutzelle für Rechtspopulisten«, in: *Vice* (29. März 2017); online verfügbar unter: {https://www.vice.com/de/article/43gba3/die-deutsche-pick-up-szene-ist-eine-brutzelle-fuer-rechtspopuli

sten}; vgl. außerdem den Aufsatz der Geschlechterforscherin Franziska Schutzbach, »Dominante Männlichkeit und neoreaktionäre Weltanschauungen in der Pick-Up-Artist-Szene«, in: *Feministische Studien* 36/2 (2018), S. 305-321.

56 Schutzbach, »Dominante Männlichkeit und neoreaktionäre Weltanschauungen in der Pick-Up-Artist-Szene«, 307.

57 Mohutsiwa, »Über die Online-Radikalisierung weißer junger Männer«.

58 Aja Romano bezeichnet Sexismus als Einstiegsdroge zur Alt-Right; siehe Romano, »How the Alt-Right's Sexism Lures Men into White Supremacy«.

59 Vgl. den deutschen Wikipedia-Eintrag zu 4chan unter: {https://de.wikipedia.org/wiki/4chan}.

60 Siehe die Studie von Gabriel Emile Hine et al., »A Longitudinal Measurement Study of 4chan's Politically Incorrect Forum and Its Effect on the Web«, International Conference on Web and Social Media (ICWSM), Montreal 2017; online verfügbar: https://www.researchgate.net/profile/Gabriel_Hine/publication/309008911_Kek_Cucks_and_God_Emperor_Trump_A_Measurement_Study_of_4chan's_Politically_Incorrect_Forum_and_its_Effects_on_the_Web/links/58275321 08ae950ace6cc158/Kek-Cucks-and-God-Emperor-Trump-A-Measurement-Study-of-4chans-Politically-Incorrect-Forum-and-its-Effects-on-the-Web.pdf}.

61 So das Ergebnis einer quantitativen Studie von Savvas Zannettou et al., »The Web Centipede: Understanding How Web Communities Influence Each Other Through the Lens of Mainstream and Alternative News Sources«, Internet Measurement Conference, London 2017, unter 5.3; online verfügbar unter: {https://conferences.sigcomm.org/imc/2017/papers/imc17-final145.pdf}; vgl. zu 4chans Unterforum /pol/ auch Jean-Philipp Baeck und Andreas Speit: »Von der virtuellen Hetze zum Livestream-Attentat«, in: dies. (Hg.), *Rechte Egoshooter. Von der virtuellen Hetze zum Livestream-Attentat*, Berlin 2020, S. 13.

62 Siehe seinen Eintrag »Make Männlichkeit Great Again« vom 10. November 2016; online verfügbar unter: {https://rotepilleblog.wordpress.com/2016/11/10/make-maennlichkeit-great-again/}.

63 Potor, »Die deutsche Pick-Up-Szene ist eine Brutzelle für Rechtspopulisten«.

64 Eintrag vom 28. Februar 2017; online verfügbar unter: {https://rotepilleblog.wordpress.com/2017/02/28/europaeische-werte/}.

65 Eintrag vom 6. Februar 2017; online verfügbar unter: {https://hear tiste.de/2017/02/06/stayin-all-white/}.
66 Vgl. Nagle, *Die digitale Gegenrevolution*, S. 113.
67 Der Eintrag ist online verfügbar unter: {https://de.wikimannia.org/Frau}.
68 Der Inhalt ist mittlerweile nicht mehr verfügbar; deshalb zitiere ich aus dem Screenshot der Wikimannia-Seite bei Potor, »Die deutsche Pick-Up-Szene ist eine Brutzelle für Rechtspopulisten«.
69 Vgl. Schutzbach, »Dominante Männlichkeit und neoreaktionäre Weltanschauungen in der Pick-Up-Artist-Szene«, S. 308.
70 Vgl. Manoel Horta Ribeiro et al., »From Pick-Up Artists to Incels: A Data-Driven Sketch of the Manosphere«, 2020; online verfügbar unter: {https://arxiv.org/pdf/2001.07600.pdf}.
71 Vgl. ebd., S. 10 und 3.

4. Gewalt gegen Frauen, online und offline

72 Siehe beispielsweise den Eintrag »Male Supremacy« auf der Website des Southern Poverty Law Center: {https://www.splcenter.org/fighting-hate/extremist-files/ideology/male-supremacy}.
73 Vgl. Mariah Blake, »Mad Men: Inside the Men's Rights Movement – and the Army of Misogynists and Trolls It Spawned«, in: *Mother Jones* (Januar/Februar 2015); online verfügbar unter: {https://www.motherjones.com/politics/2015/01/warren-farrell-mens-rights-movement-feminism-misogyny-trolls/2/}.
74 Der Blog ist inzwischen gelöscht, aber eine Dokumentation findet sich auf dem Blog »We Hunted the Mammoth«: {http://www.we huntedthemammoth.com/2012/08/15/ferdinand-bardamu-wo men-should-be-terrorized-by-their-men-its-the-only-thing-that-makes-them-behave-better-than-chimps/}.
75 Ebd.
76 Auch Angela Nagle zitiert das Ereignis und die mediale Verarbeitung; vgl. Nagle, *Die digitale Gegenrevolution*, S. 37.
77 Die Foreneinträge sind mittlerweile gelöscht, Screenshots können aber hier eingesehen werden: {https://i.kym-cdn.com/photos/ima ges/original/000/860/518/92e.png}.
78 Siehe hierzu Fred Barbash, »Those Photos of a Naked Woman's Dead Body on 4chan Were Real. The Alleged Killer just Surrendered«, in: *The Washington Post* (6. November 2014); online verfügbar unter: {https://www.washingtonpost.com/news/morning-mix/

wp/2014/11/06/those-photos-of-a-beaten-naked-womans-body-on-4chan-were-real-the-alleged-killer-turned-just-surrendered/}, und Diane Duthweiler und Alexander Smith, »4chan Murder Suspect David Kalac Surrenders to Police«, NBC News (5. November 2014); online verfügbar unter: {https://www.nbcnews.com/news/us-news/4chan-murder-suspect-david-kalac-surrenders-police-n241806}.

79 Vgl. hier und im Folgenden den rekonstruierten Tatverlauf in »The 4Chan Strangler – David Kalac«, in: *Parkaman* (8. Februar 2018); online verfügbar unter: {https://www.parkaman.com/4chan-strangler-david-kalac/}.

80 Siehe exemplarisch folgende Studien: Kristin Anderson, »Gendering Coercive Control«, in: *Violence Against Women* 15 (2009), S. 1444-1457; Michael Johnson und Janel Leone, »The Differential Effects of Intimate Terrorism and Situational Couple Violence«, in: *Journal of Family Issues* 26 (2005), S. 322-349, und Evan Stark, *Coercive Control: How Men Entrap Women in Personal Life*, New York: Oxford University Press 2007.

81 Manne, *Down Girl*, S. 34.

82 Kimmel zeigt an vielen konkreten Beispielen, wie das Wiederherstellen von hegemonialer Männlichkeit durch Gewalt funktioniert; vgl. Kimmel, *Angry White Men*, vor allem S. 169-198.

83 Vgl. ebd., S. 177.

84 Vgl. ebd., S. 178-181.

85 Ebd., S. 182.

86 Ebd., S. 182f.

87 Siehe zum Beispiel Jared Yates Sexton, *The Man They Wanted Me to Be. Toxic Masculinity and a Crisis of Our Own Making*, Berkeley: Counterpoint 2019. Sexton zeigt anhand seiner eigenen Biografie, wie auch jüngere Männer nach den althergebrachten Standards und Männlichkeitsidealen erzogen werden; vgl. auch Jack Urwin, *Boys Don't Cry. Identität, Gefühl und Männlichkeit*, Hamburg: Edition Nautilus 2017.

88 Klaus Theweleit, *Männerphantasien*, Berlin: Matthes und Seitz 2019 [1977/78], S. 1162.

5. Anschläge auf Frauen

89 Birgit Enzmann (Hg.), *Handbuch Politische Gewalt. Formen – Ursachen – Legitimation – Begrenzung*, Wiesbaden: Springer VS 2013, S. 338.

90 Vgl. Mark Follman, »Armed and Misogynist: How Toxic Masculinity Fuels Mass Shootings«, in: *Mother Jones* (Mai/Juni 2019); online verfügbar unter: {https://www.motherjones.com/crime-justice/2019/06/domestic-violence-misogyny-incels-mass-shootings/}.

91 Das Video ist online verfügbar unter: {https://www.youtube.com/watch?v=QI5YJdFoIVU}.

92 Vgl. Manne, *Down Girl*, S. 81.

93 Das Video ist online verfügbar unter: {https://www.youtube.com/watch?v=6GSrJZ7hFUw}.

94 Elliot Rodger, »My Twisted World«, S. 136; online verfügbar unter: {http://s3.documentcloud.org/documents/1173619/rodger-manifesto.pdf}.

95 Vgl. Greg Botelho und Shelby Lin Erdman, »Timeline: A Killer's Rampage Through a California College Town«, cnn.com (28. Mai 2014); online verfügbar unter: {https://edition.cnn.com/2014/05/24/us/california-rampage-timeline/index.html}.

96 Manne, *Down Girl*, S. 82.

97 Zitiert nach ebd., S. 83.

98 Laurie Penny, »Let's Call the Isla Vista Killings What They Were«, in: *New Statesman* (25. Mai 2014); online verfügbar unter: {https://www.newstatesman.com/lifestyle/2014/05/lets-call-isla-vista-killings-what-they-were-misogynist-extremism}.

99 Die Originalposts bei 4chan sind aus dem Forum gelöscht. Screenshots finden sich in Dave Urbanski, »Feds Warn of Threat Against Philadelphia-Area College Apparently Posted on Same Website Where Chilling Message Was Left Before Oregon Shooting«, *The Blaze* (4. Oktober 2015); online verfügbar unter: {https://www.theblaze.com/news/2015/10/05/fbi-atf-warn-of-threat-against-philadelphia-area-college-and-its-allegedly-from-website-where-northwest-school-threat-was-posted-day-before-oregon-mass-shooting}.

100 Experten weisen auf die mobilisierende Wirkmacht der Symbole hin, weil die »Funktion solcher rechtsextrem gewendeten Bildchen weit über selbstreferentielle Albernheiten hinausgeht: Sie sind Erkennungszeichen und Ideologieträger« (Baeck/Speit, »Von der virtuellen Hetze zum Livestream-Attentat«, S. 14).

101 Ebd.

102 Vgl. den deutschen Wikipedia-Eintrag »Amoklauf am Umpqua Community College« unter: {https://de.wikipedia.org/wiki/Amoklauf_am_Umpqua_Community_College}.

103 Wie zum Beispiel in diesem Thread »I Wanna Go ER So Badly« auf der Website incels.co unter: {https://incels.co/threads/i-wanna-go-er-so-badly.133451/}.

104 Ein Screenshot findet sich in Kira Ayyadi, »Der tödliche Wahn der Frauenhasser«, in: *Bell Tower* (11. Mai 2018); online verfügbar unter: {https://www.belltower.news/incel-der-toedliche-wahn-der-frauenhasser-47732/}.

105 Vgl. Jennifer Yang und Bruce Campion-Smith, »Number Cited in Cryptic Facebook Post Matches Alek Minassian's Military ID: Source«, in: *The Star* (25. April 2018); online verfügbar unter: {https://www.thestar.com/news/gta/2018/04/25/number-cited-in-cryptic-facebook-post-matches-alek-minassians-military-id-source.html}.

106 Vgl. beispielsweise Roland Sieber, »Terror als Spiel. Virtuell vernetzter Rechtsterrorismus rund um den Globus«, in: Baeck/Speit, *Rechte Egoshooter*, S. 46-66.

107 Vgl. zum Beispiel Stephanie Dube Dwilson, »Alek Minassian: 5 Fast Facts You Need to Know«, in: *Heavy* (29. April 2018); online verfügbar unter: {https://heavy.com/news/2018/04/alek-minassian-driver-van-hit-pedestrians-toronto-canada/}.

108 Die vollständige Aussage des Incel-Attentäters Alek Minassian bei der Polizei nach seinem Amoklauf in Toronto im April 2018, in der er auch seine verschwörungstheoretische Gedankenwelt darlegt, ist online verfügbar unter: {https://www.youtube.com/watch?v=VyHgtSy41VM&app=desktop}.

109 Vgl. Baeck/Speit, »Von der virtuellen Hetze zum Livestream-Attentat«, S. 13.

110 Vgl. zu diesem Thema Baeck/Speit, *Rechte Egoshooter*.

6. Eine neue Form von Terrorismus entsteht

111 Vgl. zum Beispiel Dube Dwilson, »Alek Minassian: 5 Fast Facts You Need to Know«.

112 Hier zum Beispiel: {https://www.bitchute.com/video/Z9aSh1LLZ7Xi/}.

113 Siehe etwa diese zwei Beispiele: {https://archive.org/details/eggwhi

tealekminassianunofficialmusicvideo} und {https://www.youtube.com/watch?v=d1AavTHCSJA}.

114 Gesammelt hat sie der Journalist und Incel-Experte David Futrelle auf seinem Blog »We Hunted the Mammoth«: {http://www.wehuntedthemammoth.com/2018/04/24/incels-hail-toronto-van-driver-who-killed-10-as-a-new-elliot-rodger-talk-of-future-acid-attacks-and-mass-rapes/}.

115 Vgl. beispielsweise David Futrelle in »Incels Hail Toronto Van Driver Who Killed 10 as a New Elliot Rodger, Talk of Future Acid Attacks and Mass Rapes« (24. April 2018); online verfügbar unter: {http://www.wehuntedthemammoth.com/2018/04/24/incels-hail-toronto-van-driver-who-killed-10-as-a-new-elliot-rodger-talk-of-future-acid-attacks-and-mass-rapes/}.

116 Zitiert nach »Terrorismus-Definitionen« auf der Website der Bundeszentrale für politische Bildung: {https://www.bpb.de/apuz/229101/terrorismus-definitionen}; dort wird als Quelle das Terrorism Research Center angegeben. übersetzt von und zitiert nach Monika Prützel-Thomas, »Neuer Terrorismus? Die Debatte um die Einordnung des Djihadismus«, in: Uwe Backes und Eckhard Jesse (Hg.), *Gefährdungen der Freiheit. Extremistische Ideologien im Vergleich*, Göttingen 2006, S. 477-492, hier S. 479.

117 Rahmenbeschluss des Rates vom 13. Juni 2002 zur Terrorismusbekämpfung; online verfügbar unter: {http://eur-lex.europa.eu/legal-content/DE/TXT/?uri=celex:32002F0475}.

118 Rodger, »My Twisted World«, S. 132f.

119 Zitiert nach »Incels Hail Toronto Van Driver Who Killed 10 as a New Elliot Rodger, Talk of Future Acid Attacks and Mass Rapes«.

120 Zitiert nach Zack Beauchamp, »Incel, the Misogynist Ideology that Inspired the Deadly Toronto Attack, Explained«, in: *Vox* (25. April 2018); online verfügbar unter: {https://www.vox.com/world/2018/4/25/17277496/incel-toronto-attack-alek-minassian}.

121 Die Podcast-Folge ist online verfügbar unter: {https://www.youtube.com/watch?v=AckNWokt1lY}.

122 J.M. Berger, »The Difference Between a Killer and a Terrorist«, in: *The Atlantic* (26. April 2018); online verfügbar unter: {https://www.theatlantic.com/politics/archive/2018/04/the-difference-between-killer-and-terrorist/558998/}.

123 Berger zeigt an einem Beispiel, wie schnell Amoktaten als islamistischer Terrorismus etikettiert werden. Eine Geiselnahme im australischen Sydney im Jahr 2014 wurde vom Geiselnehmer ausdrücklich als Terror deklariert. Aber die Situation warf mehr Fragen auf,

als dass sie Antworten gab. Der Angreifer hatte erst Tage vor der Tat sein Interesse am IS entwickelt und war spontan zum Islam konvertiert, seine IS-Gefolgschaft erklärte er in einem knappen Post. Eine seiner Forderungen, damit er die 17 Geiseln aus einem Lindt-Schokoladenladen, den er sich als Ziel ausgesucht hatte, gehen lassen würde, war eine richtige IS-Flagge, um diese ins Fenster hängen zu können – denn er hatte zuvor versehentlich die falsche gekauft. Der IS reklamierte die Tat später für sich, sie ist allgemein als Terrorismus anerkannt, trotz der merkwürdigen Umstände.

124 Vgl. Sieber, »Terror als Spiel. Virtuell vernetzter Rechtsterrorismus rund um den Globus«, S. 58.

125 Vgl. Bruce Hoffman und Jacob Ware, »Incels: America's Newest Domestic Terrorism Threat«, Lawfare Blog (12. Januar 2020); online verfügbar unter: {https://www.lawfareblog.com/incels-americas-newest-domestic-terrorism-threat}.

126 Vgl. »Texas Domestic Terrorism Threat Assessment«, Januar 2020, S. 29f.; online verfügbar unter: {www.dps.texas.gov/director_staff/media_and_communications/2020/txTerrorThreatAssessment.pdf}.

127 Vgl. zum Beispiel Leyland Cecco, »Canada Police Say Machete Killing Was ›Incel‹ Terror Attack«, in: *The Guardian* (19. Mai 2020); online verfügbar unter: {https://www.theguardian.com/world/2020/may/19/toronto-attack-incel-terrorism-canada-police?CMP=Share_iOSApp_Other}, und »Teenage Boy Charged in Canada's First ›Incel‹ Terror Case«, bbc.com (20. Mai 2020); online verfügbar unter: {https://www.bbc.com/news/world-us-canada-52733060}.

128 Das Statement ist online verfügbar unter: {https://www.rcmp-grc.gc.ca/en/news/2020/dufferin-and-wilson-avenue}.

II
Die Ideologien der Autoritären: Für die »natürliche Ordnung«

1. Gekränkte Ansprüche

129 Jess Hill, *See What You Made Me Do? Power, Control and Domestic Abuse*, Carlton: Black Inc. 2019, S. 7f.

130 Ebd., S. 8, kursiv im Original.

131 Rodger, »My Twisted World«, S. 81.

132 Ebd., S. 83.
133 Ebd., S. 82.
134 Ebd., S. 84.
135 Ebd., S. 99.
136 Vgl. Kimmel, *Angry White Men*, S. xxi-xxii.
137 Ebd., S. 17.
138 Rodger, »My Twisted Word«, S. 100.
139 Vgl. Manne, *Down Girl*, S. 187.
140 Rodger, »My Twisted Word«, S. 100.
141 Ebd., S. 131.
142 Ebd., S. 28.
143 Manne, *Down Girl*, S. 184.
144 Ebd.
145 Vgl. ebd., S. 191-193.
146 Der Blog von George Sodini ist gelöscht, findet sich aber vollständig dokumentiert auf der Website der Zeitung *New York Post*: {https://nypost.com/2009/08/05/full-text-of-gym-killers-blog/}. Kimmel führt das oben genannte Zitat an; vgl. *Angry White Men*, S. 169f.
147 Zitiert nach Kimmel, *Angry White Men*, S. 172f.
148 Ebd., S. 173.
149 Vgl. ebd., S. 176f.
150 Hill, *See What You Made Me Do?*, S. 8.
151 Vgl. Kimmel, *Angry White Men*, S. 177.

2. Männlichkeit politisiert sich

152 Tristan Garcia, *Wir*, Berlin: Suhrkamp 2018, S. 253.
153 Vgl. ebd., S. 257.
154 Ebd., S. 252.
155 Ebd., S. 255f.
156 Ebd., S. 257.
157 Paul Elam, »How to Build a Man Bomb« von 2010, archiviert unter: {https://archive.vn/8BS9J#selection-123.0-123.140}. Das Zitat findet sich in anderer Form auch bei Kimmel, *Angry White Men*, S. 116f.
158 Zitiert nach Kimmel, *Angry White Men*, S. 40.
159 »Balliet macht Musik an: ›Mask Off‹ des US-Rappers Future« wird in der *Spiegel-TV*-Sendung vom 14. Oktober 2019 bei Minute 9:35 gesagt. Inzwischen ist die gesamte Sendung gesperrt, weil das Inter-

view mit der Mutter von Stephan Balliet, das dort geführt wurde, wohl nicht hätte gezeigt werden dürfen. *Spiegel TV* hatte mit der Mutter vier Stunden nach Balliets Verhaftung in der gemeinsamen Wohnung gesprochen, noch bevor die Polizei eine Hausdurchsuchung durchführte, so wird in der Sendung gesagt.

160 Zitiert nach Annette Ramelsberger, »Unter Männern«, in: *Süddeutsche Zeitung* (29. März 2020); online verfügbar unter: {https://www.sueddeutsche.de/politik/anschlag-halle-rechtsextremismus-terror-synagoge-1.4860591}.

161 Die Liste ist online verfügbar unter: {http://www.deutschlandreform.com/maumlnnerdiskriminierung.html}.

162 Online verfügbar unter: {https://wgvdl.com/lohndiskriminierungsluege, letzter Zugriff 30.3.2020}.

163 »Rollentausch von der Rolle« (2. Februar 2020); online verfügbar unter: {https://das-maennermagazin.com/blog/rollentausch-von-der-rolle-oder-die-richtige-frau-finden}.

164 »Frauenunion (CDU) lobt männermordende Länder« (21. November 2019); online verfügbar unter: {https://manndat.de/geschlechterpolitik/frauenunion-cdu-lobt-maennermordende-laender.html}.

165 »Frauenhass: Die Verschwörung der Maskulisten«, in: *Emma* (1. April 2012); online verfügbar unter: {https://www.emma.de/node/265888}.

166 Garcia, *Wir*, S. 253.

167 Schutzbach, »Dominante Männlichkeit und neoreaktionäre Weltanschauungen in der Pick-Up-Artist-Szene«, S. 312.

168 Ebd., S. 311f.

3. Die Propheten der Maskulinisten

169 Siehe die Verkaufszahlen in dem Wikipedia-Eintrag »12 Rules for Life«: {https://en.wikipedia.org/wiki/12_Rules_for_Life}.

170 Siehe Kelefa Sanneh, »Jordan Peterson's Gospel of Masculinity«, in: *The New Yorker* (26. Februar 2018); {https://www.newyorker.com/magazine/2018/03/05/jordan-petersons-gospel-of-masculinity}.

171 Vgl. zum Beispiel Rob Beschizza, »Jordan Peterson Threatened to Sue Woman Who Called His Book Sexist«, boingboing (21. September 2018); online verfügbar unter: {https://boingboing.net/2018/09/21/jordan-peterson-threatened-to.html}.

172 Jordan Peterson, *12 Rules for Life. An Antidote to Chaos*, Toronto: Random House 2018, S. 6f. In der deutschen Ausgabe findet sich das Zitat auf Seite 53. Ich zitiere die englische Originalausgabe, weil die deutsche Übersetzung vieles von der Schärfe in Petersons Argumentation schleift. Das genannte Zitat beispielsweise lautet: »Sein ursprüngliches Hirn ist nicht flexibel genug, um den tiefen Fall von ganz oben nach ganz unten mitzumachen, es wickelt sich ab, um sich anschließend neu zu organisieren.«

173 Ebd., S. 8.

174 Ebd., S. 14.

175 Ebd., S. 9.

176 So zum Beispiel von Kate Manne, die Peterson Cherry-picking vorwirft; siehe Sean Illing, »A Feminist Philosopher Makes the Case Against Jordan Peterson«, in: *Vox* (6. Juni 2018); online verfügbar unter: {https://www.vox.com/conversations/2018/6/6/17409144/jordan-peterson-12-rules-for-life-feminism-philosophy}.

177 Peterson, *12 Rules for Life*, S. 9f.

178 Ebd., S. 313.

179 Vgl. Philipp Sarasin, »Von Tieren und Menschen. Was ist falsch am #Biologismus?«, in: *Geschichte der Gegenwart* (27. Mai 2018); online verfügbar unter: {https://geschichtedergegenwart.ch/von-tieren-und-menschen-was-ist-falsch-am-biologismus/}. Ein zweiter Kritikpunkt von Sarasin bezieht sich auf die menschliche Sprache, das arbiträre, das heißt willkürlich festgelegte, Zeichensystem. Menschliches Handeln, Denken und Fühlen ist immer vermittelt durch Sprache, durch Zeichensysteme geformt – und nicht einfach direkt aus der Biologie ableitbar. Durch die riesige Vielfalt arbiträrer Zeichensysteme, ihrer unendlichen Kombinationsmöglichkeiten und Differenzen werden Denken und Handeln von Menschen unendlich komplex und viel vielfältiger, als es die biologischen Möglichkeiten, Bedingungen und evolutionär erworbenen Eigenschaften nahelegen würde. »Weil Menschen Zeichensysteme hervorgebracht haben (deren Evolution nochmals eine andere Frage wäre), können sie in einer Vielfalt und Komplexität denken, sprechen und handeln, die Tieren unerreichbar ist. Und deshalb ist der Kosmos menschlicher Verhaltensweisen auch nicht auf die hormonelle ›Steuerung‹ von Paarungsverhalten, Nahrungstrieb, Brutpflege und Fluchtreflexe reduzierbar« (ebd.).

180 Peterson, *12 Rules for Life*, S. 298.

181 Siehe Illing, »A Feminist Philosopher Makes the Case Against Jordan Peterson«.

182 Siehe zum Beispiel Irin Carmon, »Jordan Peterson Threatened to Sue a Critic for Calling Him a Misogynist«, in: *The Cut* (20. September 2018); online verfügbar unter: {https://www.thecut.com/2018/09/jordan-peterson-threatened-to-sue-feminist-critic-kate-manne.html}.

183 Peterson, *12 Rules for Life*, S. 234.

184 Ebd., S. 235.

185 Siehe Mannes Rezension von *12 Rules* »Reconsider the Lobster. Kate Manne on Jordan Peterson's Failed Antidote for ›Toxic Masculine Despair‹«, in: *Times Literary Supplement* (12. Mai 2018); online verfügbar unter: {https://www.the-tls.co.uk/articles/jordan-peterson-12-rules-kate-manne-review/}.

186 Harris' Tagebuch zitiert nach Peterson, *12 Rules for Life*, S. 147.

187 Zitiert nach Manne, »Reconsider the Lobster«.

188 Ebd.

189 Peterson, *12 Rules for Life*, S. 40f.

190 Jack Donovan, *The Way of Men*, Oregon; Dissonant Hum 2012, auf der Seite vor dem Schmutztitel. Wie im Fall von Jordan Petersons *12 Rules for Life* zitiere ich nicht aus der deutschen Fassung von Donovans Buch, sondern aus der Originalausgabe.

191 Ebd., S. 1f.

192 Ebd., S. 163.

193 Mit diesem Text und Donovans Biografie beschäftigt sich zum Beispiel Maureen O'Connor, »The Philosophical Fascists of the Gay Alt-Right«, in: *The Cut* (20. April 2017); online verfügbar unter: {https://www.thecut.com/2017/04/jack-donovan-philosophical-fascists-of-the-gay-alt-right.html}.

194 Ebd.

195 Donovan, *The Way of Men*, S. 5.

196 Ebd., S. 6f.

197 Ebd., S. 8.

198 Vgl. ebd., S. 89-92.

199 Ebd., ab S. 17, hier S. 20.

200 Ebd., S. 29.

201 Ebd., S. 47.

202 Ebd., S. 54f.

203 Ebd., S. 62.

204 Ebd., S. 82.

205 Einen guten Überblick über die verschiedenen Spielarten des Akzelerationismus geben Stefan Lauer und Daniel Jakobson, »Akzelerationismus. Schneller in den Untergang«, in: *Bell Tower* (17. Januar

2020); online verfügbar unter: {https://www.belltower.news/akzelerationismus-schneller-in-den-untergang-94829/}.

206 Donovan, *The Way of Men*, S. 158.

207 Ebd., S. 105.

208 Ebd., S. 112.

209 Ebd., S. 112f.

210 Vgl. ebd., S. 114.

211 Ebd., S. 122.

212 Ebd., S. 149.

213 Der Vortrag ist online verfügbar unter: {https://www.youtube.com/watch?v=4v48H9FreyY}.

214 Das Video ist online verfügbar unter: {https://www.youtube.com/watch?v=YbFFUonJhzE}.

4. Die weiße Scharia

215 Ausnahmen im deutschsprachigen Raum sind vor allem der Sammelband Baeck/Speit, *Rechte Egoshooter*. Einige der dort enthaltenen Aufsätze beschäftigen sich mit Breiviks antifeministischen Männlichkeitsvorstellungen. Zu nennen sind weiterhin Franziska Schutzbachs bereits zitierter Aufsatz »Dominante Männlichkeit und neoreaktionäre Weltanschauungen in der Pick-Up-Artist-Szene« von 2018, in dem an einer Stelle Breiviks Terrorismus mit Antifeminismus in Zusammenhang gebracht wird, sowie die Monografie *Frauen*rechte und Frauen*hass. Antifeminismus und die Ethnisierung von Gewalt* des Autor*innenkollektivs Fe.In von 2019, Berlin: Verbrecher Verlag, die Breiviks Antifeminismus einen Abschnitt widmet. Am Rande wird der Nexus außerdem bei Klaus Theweleit diskutiert in *Das Lachen der Täter: Breivik u. a. Psychogramm der Tötungslust*, Salzburg: Residenz Verlag 2015, sowie bei Claus Leggewie, *Anti-Europäer. Breivik, Dugin, al-Suri & Co.*, Berlin: Suhrkamp 2016, ab S. 47.

216 Vgl. den Eintrag »Anders Behring Breivik« bei Wikipedia: {https://de.wikipedia.org/wiki/Anders_Behring_Breivik#cite_ref-46}.

217 Vgl. Fe.In, *Frauen*rechte und Frauen*hass*, S. 113.

218 Anders Behring Breivik, *2083: A European Declaration of Independence*, London 2011, S. 25; online verfügbar unter: {https://www.webcitation.org/67A04cygA?url=http://www.fas.org/programs/tap/_docs/2083_-_A_European_Declaration_of_Independence.pdf}.

219 Ebd.

220 Die Idee durchzieht das gesamte Dokument, ein ganzer Abschnitt inklusive des beschriebenen Bildes findet sich unter dem Untertitel »Demografie und die Islamisierung Europas« auf S. 388.

221 Ebd., S. 791.

222 Ebd., S. 14.

223 Vgl. ebd. ab S. 234.

224 Ebd., S. 234.

225 Siehe Stephen Walton »Anti-feminism and Misogyny in Breivik's ›Manifesto‹«, in: *NORA – Nordic Journal of Feminist and Gender Research* 20/1 (2012), S. 4-11, S. hier 7.

226 Breivik, *2083*, S. 639.

227 Vgl. Michelle Goldberg, »Norway Massacre: Anders Breivik's Deadly Attack Fueled by Hatred of Women«, in: *The Daily Beast* (13. Juli 2017); online verfügbar unter: {https://www.thedailybeast.com/norway-massacre-anders-breiviks-deadly-attack-fueled-by-hatred-of-women}.

228 Theweleit, *Das Lachen der Täter*, S. 11.

229 Vgl. ebd., ab S. 786.

230 Vgl. Walton, »Anti-feminism and Misogyny in Breivik's ›Manifesto‹«, S. 7.

231 Vgl. Breivik, *2083*, ab S. 816.

232 Leggewie, *Anti-Europäer*, S. 51.

233 Walton, »Anti-feminism and Misogyny in Breivik's ›Manifesto‹«, S. 9.

234 Breivik, *2083*, ab S. 811.

235 Ebd., S. 786.

236 Walton, »Anti-feminism and Misogyny in Breivik's ›Manifesto‹«, S. 9.

237 Sacco Vandal, »In Defense of White *Sharia*«, Counter-Currents (9. Juni 2017); online verfügbar unter: {https://www.counter-currents.com/2017/06/in-defense-of-white-sharia/}; vgl. hierzu auch Brendan Joel Kelley, »›White Sharia‹ and Militant White Nationalism«, Southern Poverty Law Center (27. November 2017); online verfügbar unter:{https://www.splcenter.org/hatewatch/2017/11/27/white-sharia-and-militant-white-nationalism}.

238 Zitiert nach Kelley, »›White Sharia‹ and Militant White Nationalism«.

239 Zitiert nach ebd.

240 Das Video »Frauen was ist los mit euch?« vom 17. Dezember 2016 existiert nicht mehr, seit Sellners YouTube-Account gesperrt wur-

de. Zitate daraus lassen sich der Berichterstattung darüber entnehmen, zum Beispiel aus dem Artikel von Sebastian Dörfler, »Ihre große Erzählung«, in: *taz* (16. Februar 2018); online verfügbar unter: {https://taz.de/Antifeminismus-und-Rassismus/!5482501/}.

241 Ein Chad-Meme von Tarrant findet sich zum Beispiel hier: {https://i.4pcdn.org/pol/1559945378478.png}, eines von Breivik hier: {https://archive.4plebs.org/pol/thread/219382368/}.

III
Die Politik der Männlichkeit

1. Gekränkte Ansprüche in politisches Handeln übersetzen

242 David Paternotte und Roman Kuhar gehen in ihrer Einführung zum Sammelband *Anti-Gender Campaigns in Europe* ausführlich auf das Phänomen der »Wächter«, die verschiedenen nationalen Akteure und deren transnationale Verbindungen ein; siehe Roman Kuhar und David Paternotte (Hg.), *Anti-Gender Campaigns in Europe. Mobilizing against Equality*, London: Rowman & Littlefield 2017, S. 1-22. Die einzelnen Beiträge des Sammelbands widmen sich den nationalen Bewegungen aus zwölf europäischen Ländern in transnationaler Perspektive.

2. Unheilige Allianzen

243 Vgl. Eszter Kováts und Maari Põim (Hg.), *Gender as Symbolic Glue. The Position and Role of Conservative and Far Right Parties in the Anti-Gender Mobilizations in Europe*, Foundation for European Progressive Studies und Friedrich-Ebert-Stiftung Budapest 2015; online verfügbar unter: {https://library.fes.de/pdf-files/bueros/budapest/11382.pdf}.

244 Siehe zum Beispiel die Meldung von United Families International »Spain Pro-life Rally a Huge Success« vom 19. Oktober 2018; online verfügbar unter: {https://www.unitedfamilies.org/abortion/spain-pro-life-rally-a-huge-success/}.

245 Kuhar/Paternotte (Hg.), *Anti-Gender Campaigns in Europe*, S. 82.

246 Und darüber hinaus: Er fungiert ebenso als Brücke, die antidemokratische, anti-EU, ethnonationalistische Haltungen zusammenbringt – also alle, die glauben, dass sie etwas zu verlieren haben;

Paula Irene Villa, »›Anti-Genderismus‹: German Angst?«, in: Kuhar/Paternotte (Hg.), *Anti-Gender Campaigns in Europe*, S. 99.

247 Interessanterweise wird Simone de Beauvoir von »Anti-Genderisten« viel weniger ernst genommen, obwohl sie gemeinhin als die Mutter der Gender-Theorie gilt, seit sie 1949 schrieb, dass man nicht als Frau geboren sei, sondern dazu werde. Sie war die Erste, die die Essenz des Weiblichseins (und Männlichseins) prominent infrage stellte und die Konstruiertheit von Geschlecht entlarvte, mehr als vierzig Jahre vor Butler; vgl. zum Beispiel das Pamphlet von La Manif pour tous »L'idéologie du genre« vom November 2013; online verfügbar unter: {www.lamanifpourtous.fr/wp-content/uploads/2016/07/LMPT-L-ideologie-du-genre.pdf}.

248 Vgl. Kuhar/Paternotte (Hg.), *Anti-Gender Campaigns in Europe*, S. 8f.

249 Der Begriff geht zurück auf die politische Theorie von Ernesto Laclau, der sich schon in den neunziger Jahren mit dem Populismus beschäftigte; siehe Ernesto Laclau, *Emancipation(s)*, London/New York: Verso 1996, S. 36. Für eine Anwendung des Begriffs auf den Gender-Kontext siehe Stefanie Mayer und Birgit Sauer, »Gender Ideology in Austria: Coalitions around an Empty Signifier«, in: Kuhar/Paternotte, *Anti-Gender Campaigns in Europe*, S. 23-40.

3. Netzwerke und Strategien der Anti-Gender-Bewegung

250 Vgl. Agnieszka Graff und Elżbieta Korolczuk, »›Worse than Communism and Nazism Put Together‹: War on Gender in Poland«, in: Kuhar/Paternotte (Hg.), *Anti-Gender Campaigns in Europe*, S. 175-193.

251 Ebd., S. 176.

252 Auf Polnisch: Parlamentarny Zespół ds. Przeciwdziałania Ateizacji Polski. Siehe die Selbstdarstellung auf der Website des polnischen Parlaments unter: {https://www.sejm.gov.pl/Sejm7.nsf/agent.xsp?symbol=ZESPOL&Zesp=150}.

253 Graff/Korolczuk, »›Worse than Communism and Nazism Put Together‹«, S. 181f.

254 Vgl. Eszter Kováts und Andrea Pető, »Anti-Gender Discourse in Hungary: A Discourse without a Movement?«, in: Kuhar/Paternotte (Hg.), *Anti-Gender Campaigns in Europe*, S. 117-131, hier S. 120.

255 Vgl. Graff/Korolczuk, »›Worse than Communism and Nazism Put Together‹«, S. 178.

256 Vgl. zum Beispiel »Parlament lehnt Konvention zum Schutz von Frauen ab«, in: *Zeit Online* (5. Mai 2020); online verfügbar unter: {https://www.zeit.de/politik/ausland/2020-05/ungarn-parlament-istanbul-konvention-europarat-gewalt-gegen-frauen}.

257 Vgl. Kováts/Pető, »Anti-Gender Discourse in Hungary«, S. 118 f.

258 Vgl. ebd., S. 117-121.

259 So zitieren die Soziologinnen Graff und Korolczuk den polnischen Bischof Tadeusz Pieronek, siehe Graff/Korolczuk, »›Worse than Communism and Nazism Put Together‹«.

260 Ebd., S. 176.

261 Vgl. zum Beispiel »Fünf Warnungen von Papst Franziskus zur Gender-Ideologie«, Catholic News Agency Deutsch (2. Dezember 2016); online verfügbar unter: {https://de.catholicnewsagency.com/story/funf-warnungen-von-papst-franziskus-zur-gender-ideologie-1391}.

262 Michael Klonovsky, »Ein Nagel im Sarg des westlichen Menschen«, in: *Focus* 52 (2010), S. 64-66. Auch auf seinem Blog: {https://www.michael-klonovsky.de/artikel/item/132-ein-nagel-im-sarg-des-westlichen-menschen}. Auf Klonovskys Artikel bin ich gestoßen dank Kathleen Heft, »Der Osten Deutschlands als (negative) Avantgarde. Vom Kommunismus im Anti-Genderismus«, in: Sabine Hark und Paula-Irene Villa (Hg.), *Anti-Genderismus: Sexualität und Geschlecht als Schauplätze aktueller politischer Auseinandersetzungen*, Berlin: Transcript 2015, S. 183-199.

263 Vgl. Villa, »›Anti-Genderismus‹: German Angst?«, S. 109 f.

264 Siehe beispielsweise Stefanie Schüler-Springorums, »Gender and the Politics of Anti-Semitism«, in: *The American Historical Review* 123/4 (Oktober 2018), S. 1210-1222.

265 Die Katholische Kirche verlor immer mehr Anhänger: Bezeichneten sich 1981 noch 17 Prozent der Französinnen als aktive Katholiken, waren es 30 Jahre später nur noch 9 Prozent, vgl. Michael Stambolis-Ruhstorfer und Josselin Tricou, »Resisting ›Gender Theory‹ in France: A Fulcrum for Religious Action in a Secular Society«, in: Kuhar/Paternotte, *Anti-Gender Campaigns in Europe*, S. 79-98, hier S. 82 f.

266 Vgl. Stambolis-Ruhstorfer/Tricou, »Resisting ›Gender Theory‹ in France: A Fulcrum for Religious Action in a Secular Society«, S. 85.

267 Vgl. ebd., S. 85 f.

268 Vgl. ebd., S. 79.

269 Vgl. ebd.

270 Vgl. Sara Garbagnoli, »Italy as A Lighthouse: Anti-Gender Protests between the ›Anthropological Question‹ and National Identity«, in: Kuhar/Paternotte, *Anti-Gender Campaigns in Europe*, S. 151-174, hier S. 151.

271 Vgl. ebd., S. 159-161.

272 So Kardinal Carlo Caffarra, zitiert nach Garbagnoli, »Italy as A Lighthouse: Anti-Gender Protests between the ›Anthropological Question‹ and National Identity«, S. 155.

273 Vgl. ebd., S. 156.

274 Ebd., S. 152f.

275 Vgl. ebd., S. 154.

276 Vgl. ebd., S. 163.

4. Follow the Money: Wie transnationale Bewegungen aufgebaut werden

277 So schätzt die parlamentarische Beraterin in Brüssel Elena Zacharenko, unter anderem in der Studie »Defending Sexual and Reproductive Rights in Europe« für die finnische Europaabgeordnete Heidi Hautala sowie in »Zwei auf einen Streich«, in: *Internationale Politik und Gesellschaft* (4. Oktober 2019); online verfügbar unter: {https://www.ipg-journal.de/regionen/europa/artikel/detail/zwei-auf-einen-streich-3773/}.

278 Mary Fitzgerald und Claire Provost, »The American Dark Money Behind Europe's Far Right«, in: *The New York Review of Books* (10. Juli 2019); online verfügbar unter: {https://www.nybooks.com/daily/2019/07/10/the-american-dark-money-behind-europes-far-right/?fbclid=IwAR01__wcCpVTrFogAV5OPJlUjDruB60MfJSA_TNWNmd27-54YIkDC1xTU3U}.

279 Ebd.

280 Ebd.

281 Vgl. den Eintrag »World Congress of Families« auf der Website des Southern Poverty Law Center: {https://www.splcenter.org/fighting-hate/extremist-files/group/world-congress-families}.

282 Von der NYRB und OpenDemocracy, die für ihre Recherchen Undercoverreporter beim Weltfamilienkongress einschleusten; siehe Fitzgerald/Provost, »The American Dark Money Behind Europe's Far Right«.

283 Rozi Bazsofy und Elliott Goat, »Fresh Evidence of Hungary Vote-

Rigging Raises Concerns of Fraud in European Elections«, OpenDemocracy (17. Mai 2019); online verfügbar unter: {https://www.opendemocracy.net/en/breaking-fresh-evidence-hungary-vote-rigging-raises-concerns-fraud-european-elections/}.

284 Siehe Jessica Boutchie, »Globalized Hatred«, in: *Harvard Political Review* (15. März 2019); online verfügbar unter: {http://harvardpolitics.com/covers/globalizing-hatred/}.

5. Durch hegemoniale Männlichkeit an die Macht

285 Vgl. Ana Campoy, »A Conspiracy Theory about Sex and Gender Is Being Peddled around the World by the Far Right«, in: *Quartz* (4. November 2016); online verfügbar unter: {https://qz.com/807743/conservatives-have-created-a-fake-ideology-to-combat-the-global-movement-for-lgbti-rights/}.

286 Vgl. Ana Campoy, »Colombian Women Made Sure Gender Equality Was at the Center of a Groundbreaking Peace Deal with the FARC«, in: *Quartz* (29. August 2016); online verfügbar unter: {https://qz.com/768092/colombian-women-made-sure-gender-equality-was-at-the-center-of-a-groundbreaking-peace-deal-with-the-farc/}.

287 Wie eine Umfrage des Meinungsforschungsinstituts Polimétrica kurz vor dem Referendum im August 2016 zeigt, waren 62 Prozent der Befragten für und nur 28 Prozent gegen den Friedensprozess; die Ergebnisse sind online verfügbar unter: {cifrasyconceptos.com/wp-content/uploads/2016/09/Presentacio%CC%81n-final-Polime%CC%81trica-agosto.pdf?8ab3a8}; siehe Folie 6.

288 Siehe beispielsweise folgendes Video von einem der führenden Aktivisten der Anti-Gender-Bewegung, Oswaldo Ortiz, in welchem er die Abstimmung darauf zuspitzt und das kurz vor dem Referendum viral ging: »Wenn du mich fragst, ob ich Frieden mit der FARC will, sage ich ja – wenn ich gefragt werde, ob ich möchte, dass mit dem Abkommen die Gender-Ideologie als öffentliche Politik gefördert wird, ist meine Antwort natürlich nein«; online verfügbar unter: {https://youtu.be/ix2kNiAeE3Q}.

289 Vgl. zum Beispiel Dan Collyns, »Peru: Why a Fundamentalist Sect Became an Unexpected Winner in Elections«, in: *The Guardian* (30. Januar 2020); online verfügbar unter: {https://www.theguardian.com/world/2020/jan/30/peru-why-a-fundamentalist-sect-became-an-unexpected-winner-in-elections#maincontent}.

290 Zitiert nach Meg Wagner und Brian Ries, »Trump Meets with Brazil's President«, cnn.com (19. März 2019); online verfügbar unter: {https://edition.cnn.com/politics/live-news/trump-brazil-president-jair-bolsonaro-march-2019/index.html}.

291 Vgl. Glenn Greenwald und Andrew Fishman, »The Most Misogynistic, Hateful Elected Official in the Democratic World: Brazil's Jair Bolsonaro«, in: *The Intercept* (11. Dezember 2014); online verfügbar unter: {https://theintercept.com/2014/12/11/misogynistic-hateful-elected-official-democacratic-world-brazils-jair-bolsonaro/}.

292 Vgl. Claudia Zilla, »Die Evangelikalen und die Politik in Brasilien. Die Relevanz des religiösen Wandels in Lateinamerika«, SWP-Studie 26 (November 2019), Berlin, S. 28; online verfügbar unter: {https://www.swp-berlin.org/fileadmin/contents/products/studien/2019S26_zll_WEB.pdf}.

293 Ebd., S. 28.

294 Eine Aufnahme der Äußerung ist online verfügbar unter: {https://www.youtube.com/watch?v=yRV98Im5zRs}.

295 Vgl. zum Beispiel Caroline Rosales, »Brasiliens Präsident Bolsonaro demütigt Brigitte Macron«, in: *Hamburger Abendblatt* (27. August 2019); online verfügbar unter: {https://www.abendblatt.de/vermischtes/article226906717/Brasiliens-Praesident-Bolsonaro-demuetigt-Brigitte-Macron.html}.

296 Vgl. Pedro Bassan, »Casos de violência doméstica no RJ crescem 50% durante confinamento«, globo.com (23. März 2020); online verfügbar unter: {https://g1.globo.com/rj/rio-de-janeiro/noticia/2020/03/23/casos-de-violencia-domestica-no-rj-crescem-50percent-durante-confinamento.ghtml}. Ich danke der Brasilienspezialistin Madalena Görne für ihre Hinweise zu Bolsonaro, insbesondere zur Situation von Frauen während der Corona-Pandemie.

297 Vgl. Zilla, »Die Evangelikalen und die Politik in Brasilien. Die Relevanz des religiösen Wandels in Lateinamerika«, S. 27.

298 Vgl. Alex Morris, »Why the Christian Right Worships Donald Trump«, in: *Rolling Stone* (2. Dezember 2019); online verfügbar unter: {https://www.rollingstone.com/politics/politics-features/christian-right-worships-donald-trump-915381/}.

299 So zum Beispiel der evangelikale Prediger Mike Evans, der den Vergleich mit König Kyros bei einem Abendessen im Weißen Haus zog; vgl. Adam Gabbatt, »›Unparalleled Privilege‹: Why White Evangelicals See Trump as Their Savior«, in: *The Guardian* (11. Januar 2020); online verfügbar unter: {https://www.theguardian.

com/us-news/2020/jan/11/donald-trump-evangelical-christians-cyrus-king}.

300 »Would You Rather Your Child Had Feminism or Cancer?«, Breitbart News (19. Februar 2016); online verfügbar unter: {https://www.breitbart.com/clips/2016/02/19/would-you-rather-your-child-had-feminism-or-cancer/}.

301 Siehe Danielle Paquette, »The Alt-Right Isn't Only about White Supremacy. It's about White Male Supremacy«, in: *The Washington Post* (25. November 2016); online verfügbar unter: {https://www.washingtonpost.com/news/wonk/wp/2016/11/25/the-alt-right-isnt-just-about-white-supremacy-its-about-white-male-supremacy/}.

302 Zitiert nach »Memes to an End: Thots, ›White Sharia‹, and the Misogynistic Heart of White Nationalism«, Angry White Men (1. Juli 2017); online verfügbar unter: {https://angrywhitemen.org/2017/07/01/memes-to-an-end-thots-white-sharia-and-the-misogynistic-heart-of-white-nationalism/}.

303 Matt Forney, »Who Cares What Women Think?« (11. August 2012); online verfügbar unter: {https://mattforney.com/cares-women-think/}.

304 Vgl. Sexton, *The Man They Wanted Me to Be*, S. 3f.

305 Ebd., S. 209-211.

306 Vgl. »Donald Trump Wants to Bring in Torture ›Much Stronger than Waterboarding‹«, cbc.com (17. Februar 2016); online verfügbar unter: {https://www.cbc.ca/news/world/donald-trump-torture-waterboarding-1.3452657}.

307 Vgl. Michael Patrick Leahy, »Donald Trump Blasts Obama's Military Weakness; ›Bring Back Patton‹«, in: Breitbart News (4. Oktober 2015); online verfügbar unter: {https://www.breitbart.com/politics/2015/10/04/donald-trump-blasts-obamas-military-weakness-bring-back-patton/}.

308 Ein Video von dem Wahlkampfauftritt in Las Vegas vom 23. Februar 2016 ist online verfügbar unter: {https://www.youtube.com/watch?time_continue=10&v=IrXS8jNh58I}.

309 Ein Video von dem Wahlkampfauftritt in St. Louis vom 11. März 2016 ist online verfügbar unter: {https://www.youtube.com/watch?time_continue=485&v=PCZEAcSsx7w}.

310 Vgl. Hannah Fraser-Chanpong, »Hillary Clinton Condemns Donald Trump after Protests Shut Down Chicago Rally«, CBS News (12. März 2016); online verfügbar unter: {https://www.cbsnews.com/news/hillary-clinton-condemns-donald-trump-after-protests-shut-down-chicago-rally/}.

6. Biologismus als Angriff auf die Demokratie

311 Nicht zufällig tragen zahlreiche zeitdiagnostische Studien den Begriff »Zorn« im Titel; siehe Arjun Appadurai, *Geographie des Zorns*, Frankfurt am Main: Suhrkamp 2009; Pankaj Mishra, *Zeitalter des Zorns. Eine Geschichte der Gegenwart*, Frankfurt am Main: Fischer 2017; Uffa Jensen, *Zornpolitik*, Berlin: Suhrkamp 2017, und Cornelia Koppetsch, *Die Gesellschaft des Zorns. Rechtspopulismus im globalen Zeitalter*, Bielefeld: Transcript 2019.

312 Jürgen Habermas, *Legitimationsprobleme im Spätkapitalismus*, Frankfurt am Main: Suhrkamp 1973, S. 10.

313 »AfD-Vize Gauland sieht Flüchtlingskrise als Geschenk«, in: Spiegel Online (12. Dezember 2015); online verfügbar unter: {https://www.spiegel.de/politik/deutschland/afd-alexander-gauland-sieht-fluechtlingskrise-als-geschenk-a-1067356.html}.

314 Ein Video des Auftritts ist online verfügbar unter: {https://www.youtube.com/watch?v=enUBcTp3njk}.

315 Björn Höcke und Sebastian Hennig, *Nie zweimal in denselben Fluß*, Lüdinghausen und Berlin: Manuscriptum 2018, S. 111 f.

316 Ebd., S. 113.

317 Ebd., S. 115.

318 Ebd., S. 113.

319 Ebd., S. 114.

320 Vgl. zum Beispiel den Band »Angriff auf die Demokratie« der Zeitschrift für feministische Politikwissenschaft *Femina Politica* (1/27 [2018]), und dort besonders den Aufsatz »Geschlecht als Natur und das Ende der Gleichheit. Rechte Angriffe auf Gender als Element autoritärer politischer Konzepte« von Stefanie Mayer, Edma Ajanovic und Birgit Sauer (ebd., S. 47-61).

321 In einem Facebook-Eintrag vom 7. Dezember 2015; online verfügbar unter: {https://www.facebook.com/Bjoern.Hoecke.AfD/photos/a.1424703574437591.1073741828.1424631334444815/1639745522933394/}.

7. Postergirls und Architektinnen

322 Den Begriff prägte besonders Terri Givens, »The Radical Right Gender Gap«, in: *Comparative Political Studies* 37/1 (2004), S. 30-54.

323 Einen guten Überblick über die wissenschaftliche Beschäftigung

mit dem Gender-Gap der Rechten bis 2015 samt Überprüfung der Gründe gibt Tim Immerzeela, Hilde Coffé und Tanja van der Lippe, »Explaining the Gender Gap in Radical Right Voting: A Cross-National Investigation in 12 Western European Countries«, in: *Comparative European Politics* 13/2 (2015), S. 263-286.

324 Vgl. beispielsweise »›Besser an einer Stange tanzen‹: Sexismus-Eklat auf AfD-Parteitag«, in: *Stern* (3. Dezember 2017); online verfügbar unter: {https://www.stern.de/politik/sexismus-eklat-auf-afd-parteitag--besser-an-einer-stange-tanzen-7772164.html}.

325 Siehe zum Beispiel Angelique Chrisafis, Kate Connolly und Angela Giuffrida, »From Le Pen to Alice Weidel: How the European Far-Right Set its Sights on Women«, in: *The Guardian* (29. Januar 2019); online verfügbar unter: {https://www.theguardian.com/lifeandstyle/2019/jan/29/from-le-pen-to-alice-weidel-how-the-european-far-right-set-its-sights-on-women}.

326 Elisa Gutsche (Hg.), *Triumph der Frauen? The Female Face of the Far Right in Europe*, Berlin: Friedrich-Ebert-Stiftung 2018, S. 34.

327 Vgl. für eine Analyse des Programms die »Länderfallstudie Deutschland« von Enrico Glaser, Marius Hellwig, Simone Rafael, Judith Rahner, Jan Riebe und Rachel Spicker in: Elisa Gutsche (Hg.), *Triumph der Frauen? The Female Face of the Far Right in Europe*, Berlin: Friedrich-Ebert-Stiftung, 2018, S. 24-50.

328 Vgl. Beate Küpper und Andreas Zick, »Geschlecht und Vorurteile. Eine empirische Analyse«, in: Ursula Birsl (Hg.), *Rechtsextremismus und Geschlecht*, Opladen: Barbara Budrich 2011, S. 187-210.

329 Vgl. für die Ergebnisse der Einstellungsforschung Gutsche (Hg.), *Triumph der Frauen?*, S. 33.

330 Vgl. ebd., S. 28.

331 Das Zitat findet sich auf der Homepage des AfD-Landesverbandes Nordrhein-Westfalen: {https://afd.nrw/beschluesse-des-landesverbands-zur-programmatik/2014/04/grundpositionen-zum-thema-familie/}.

332 Siehe aber beispielsweise die ausführliche Auseinandersetzung mit den Wahlprogrammen von 2013 und 2017 hinsichtlich der Geschlechterpolitik der AfD bei Glaser et al., »Länderfallstudie Deutschland«, S. 28f.

333 Siehe Norbert Blech, »Beatrix von Storch: Ich organisiere die ›Demos für Alle‹«, queer.de (10. Februar 2015); online verfügbar unter: {https://www.queer.de/detail.php?article_id=23190}.

334 Zitiert nach Anne Hähnig, »Rechtspopulismus: Die Wut der Frauen«, in: *Die Zeit* (9. März 2017). Das Beispiel stammt aus Gut-

sche (Hg.), *Triumph der Frauen? The Female Face of the Far Right in Europe*, S. 34.

335 Siehe zum Beispiel Jan Schumann und Markus Decker, »AfD-Politiker fordert Gefängnisstrafe für Homosexuelle«, in: *Mitteldeutsche Zeitung* (3. Juni 2016); online verfügbar unter: {https://www.mz-web.de/sachsen-anhalt/landespolitik/landtag-afd-politiker-fordert-gefaengnisstrafe-fuer-homosexuelle-24166818}.

336 Beide Beispiele finden sich bei Gutsche (Hg.), *Triumph der Frauen?*, S. 29.

337 »›Die AfD ist die einzige echte Schutzmacht für Schwule und Lesben in Deutschland‹«, Interview mit Alice Weidel, Philosophia Perennis (20. September 2017); online verfügbar unter: {https://philosophia-perennis.com/2017/09/20/alice-weidel-interview/}.

338 Gutsche (Hg.), *Triumph der Frauen? The Female Face of the Far Right in Europe*, S. 30.

339 »›Die AfD ist die einzige echte Schutzmacht für Schwule und Lesben in Deutschland‹«, Interview mit Alice Weidel.

340 Ebd.

341 Siehe den deutschen Wikipedia-Eintrag zu »Rassemblement National«: {https://de.wikipedia.org/wiki/Rassemblement_National}.

342 Vgl. zum Beispiel Nina Schönmeier, »Madame Le Pen und die Juden«, in: *Jüdische Allgemeine* (16. März 2015); online verfügbar unter: {https://www.juedische-allgemeine.de/juedische-welt/madame-le-pen-und-die-juden/}.

343 Siehe die »Länderfallstudie Frankreich« in: Gutsche (Hg.), *Triumph der Frauen?*, S. 53.

344 Vgl. ebd., S. 54.

345 Rede anlässlich der Ehrung von Jeanne d'Arc am 1. Mai 2015, zitiert nach ebd., S. 54.

346 Ebd.

347 Vgl. ebd., S. 65.

348 Vgl. ebd., S. 66.

349 Inzwischen ist das Video als »privat« gekennzeichnet und auf YouTube nicht mehr frei zugänglich; siehe {https://www.youtube.com/watch?v=dsclp7k67nY&feature=share}.

350 Catherine Newmark, »Tradwives: Unsere lieben Hausfrauen«, in: *Zeit Online* (28. Februar 2020); online verfügbar unter: {https://www.zeit.de/kultur/2020-02/tradwives-feminismus-1950er-social-media-10nach8/komplettansicht}.

351 Annie Kelly, »The Housewives of White Supremacy«, in: *The New York Times* (1. Juni 2018); online verfügbar unter: {https://www.ny

times.com/2018/06/01/opinion/sunday/tradwives-women-alt-right.html}.

352 Ihr YouTube-Video »Good Mothering With Wife With A Purpose« ist inzwischen als privat gekennzeichnet: {https://www.youtube.com/watch?v=FJ3Pf1X7AIQ}.

353 Ein Screenshot findet sich in Abby Heugel, »Mormon Blogger Issues ›White Baby Challenge‹ to Combat ›Black Ghetto Culture‹«, 22 Words; online verfügbar unter: {https://twentytwowords.com/mormon-mommy-blogger-issues-white-baby-challenge-to-combat-black-ghetto-culture/}.

354 »100 % antifeministisch, 0 % egalitär: Das Geschlechter- und Familienbild der Identitären Bewegung«; online verfügbar unter: {https://identitaereinbochum.noblogs.org/antifeminismus/}.

355 Takis Würger, »Das Postergirl der neuen Rechten«, in: *Spiegel Online* (28. Mai 2017); online verfügbar unter: {https://www.spiegel.de/politik/melanie-schmitz-der-star-der-ultrarechten-identitaeren-bewegung-a-3a3f3d21-4dfc-4c57-9c67-5c18808840a}.

356 Das YouTube-Video mit dem Titel »Radikalfeminin – Frauen gegen Gender-Wahn« ist inzwischen nicht mehr verfügbar.

357 Enis Maci, *Eiscafé Europa. Essays*, Berlin: Suhrkamp 2018, S. 83.

358 Ebd., S. 89.

359 Ebd., S. 90.

360 Ebd.

361 Ebd., S. 72.

362 Vgl. Gutsche (Hg.), *Triumph der Frauen?*, S. 33. Die Autorinnen ziehen dafür Ergebnisse heran aus der Erhebung über »Rechtspopulistische und rechtsextreme Einstellungen in Deutschland« von Andreas Zick, Beate Küpper, Daniela Krause, *Gespaltene Mitte – Feindselige Zustände. Rechtsextreme Einstellungen in Deutschland 2016*, Bonn: Dietz 2016, S. 143-167.

363 Gutsche (Hg.), *Triumph der Frauen?*, S. 34. Hier unter Rückgriff auf die Studie »Feindselige Frauen. Zwischen Angst, Zugehörigkeit und Durchsetzungsideologie« von Beate Küpper und Wilhelm Heitmeyer, in: *Deutsche Zustände*, Bd. 3, Frankfurt am Main: Suhrkamp 2005, S. 108-127.

364 Héloïse Michaud, »›Parce que mon copain me traite bien‹. Étude du tumblr ›Women against Feminism‹«, in: Christine Bard, Mélissa Blais und Francis Dupuis-Déri (Hg.), *Antiféminismes et masculinismes d'hier et d'aujourd'hui*, Paris: PUF 2019, S. 205-240, hier S. 223.

365 Siehe die »Länderfallstudie Polen« in: Gutsche (Hg.), *Triumph der Frauen?*, S. 86-97.

366 Ebd., S. 91.
367 Vgl. ebd.
368 Vgl. ebd., S. 92.

Schlussbetrachtung: Männlichkeit in unsicheren Zeiten

369 Vgl. Ulrich Krökel, »Istanbul-Konvention: Polnischer Abgang aus Europa«, in: *Zeit Online* (30. Juli 2020); online verfügbar unter: {https://www.zeit.de/politik/ausland/2020-07/istanbul-konvention-polen-gewalt-gegen-frauen-eu}.
370 Wilhelm Heitmeyer, *Autoritäre Versuchungen. Signaturen der Bedrohung I*, Berlin: Suhrkamp 2018, S. 89.
371 Siehe ebd., vor allem S. 89, 106, 112-118, 242 und 296-299.
372 Vgl. Edward Luttwak, »Why Fascism Is the Wave of the Future«, in: *London Review of Books* 16/7 (7. April 1994); online verfügbar unter: {https://www.lrb.co.uk/the-paper/v16/n07/edward-luttwak/why-fascism-is-the-wave-of-the-future}.
373 Heitmeyer, *Autoritäre Versuchungen*, S. 213.

Dank

Ich danke Jakob Krais, Renata Jakovac, Laurence Erdur, Jule Govrin, Elise Landschek und Marion Kaiser für das genaue Lesen meines Manuskripts, die offene Kritik an meinen Thesen und die intensiven Diskussionen über das Thema, ohne die das Buch nicht so wäre, wie es ist. Mein Dank gilt außerdem meinem Lektor Christian Heilbronn, der sich tief in die Materie eingegraben und mit Herz und Seele am Text gearbeitet hat.